ドイツ観念論からヘーゲルへ

栗原 隆｜著

未來社

ドイツ観念論からヘーゲルへ◆目次

III ドイツ観念論の基礎づけと体系化

Ⅳ　超越論的観念論の方位

ドイツ観念論からヘーゲルへ

装幀——岸顯樹郎

凡例

一、本書における引用の出典表記は、特に断りのない場合は、「引用略号一覧」に掲げられている「略号」をもって典拠を表わし、ローマ数字で巻数を、アラビア数字で頁数を示している。
二、原文にあってイタリック体で強調されている部分には、傍点を付した。
三、括弧に関しては、『 』は書名を示し、引用文は「 」で示している。( )は原文で用いられている括弧である。引用文のなかの、〔 〕は、筆者による補足説明である。また、文脈を整理するためや、筆者の判断で、特定の語句を強調するため、〈 〉で括ったところがある。「――」は、テクストにある場合と、引用者が訳文の整理に用いた場合とがある。
四、なお、『エンツュクロペディー』の第二版と第三版とでテクストの異同がある場合、第二版にのみ見出される表現を《 》で示し、第三版でのみ見出される表現を【 】で示した。その他のテクストにあっても、版によって異同がある場合には、これに準じた。
五、註は章末にまとめて掲載した。

引用略号一覧

Aenesidemus: G. E. Schulze, Aenesidemus Oder über die Fundamente der von dem Herrn Prof. Reinhold in Jena gelieferten Elemenatar-Philosophie. 1792–(Aetas Kantiana) 1969.

Beyträge: K. L. Reinhold, Beyträge der Berichtigung bisheriger MIßverstandnisse der Philosophie. Bd. I (1790), Bd. II (1794) (Johann Michael Mauke)

Beytr.: C. L. Reinhold, Beyträge zur leichtern Ueberssicht des Zustandes der Philosophie beim Anfange des 19. Jahrhunderts. Bd. I-VI. 1801-1805.

Br: Briefe von und an Hegel. Hrsg. v. J. Hoffmeister (Felix Meiner)

BüKP. I: C. L. Reinhold, Briefe über die Kantische Philosophie. Erster Band. (Georg Joachim Goeschen) Leipzig. 1790.

BüKP. II: C. L. Reinhold, Briefe über die Kantische Philosophie. Erster Band. (Georg Joachim Goeschen) Leipzig. 1792.

EdpW: G. E. Schulze, Encyklopädie der philosophischen Wissenschaften. (Aetas Kantiana)

EGdP: G. W. F. Hegel, Einleitung in die Geschichte der Philosophie. Hrsg. v. J. Hoffmeister (Felix Meiner)

FdpW: K. L. Reinhold, Über das Fundament des philosophischen Wissens. (Felix Meiner) 1978.

FiG: J. G. Fichte im Gesprach (F. Frommann)

Forberg: J. G. Fichte, Auswahl in sechs Bänden. Herausgegeben und eingeleitet von Fritz Medicus. Bd. III, (Felix Meiner)

GA: J. G. Fichte, Gesamtausgabe der Beyerischen Akademie der Wissenschaften. (F. Frommann)

Gespräche: Moses Mendelssohn, Philosophische Schriften. (Aetas Kantiana)

Gl: G. W. F. Hegel, Samtliche Werke. Jubilaumsausgabe in zwanzig Banden.

Goethe, Briefe: J. W. Goethe, Briefe der Jahre 1764-1786 (Artemis Verlag)

GW: G. W. F. Hegel, Gesamelte Werke (Felix Meiner)

Hanser-Lessing: G. E. Lessing, Werke in drei Baenden. Bd. III (Carl Hanser)

Herder: J. G. Herder, Sämtliche Werke. (Georg Olms)

Hermeneutik: Seminar, Philosophische Hermeneutik. hrsg. v. Hans-Georg Gadamer und Gottfried Böhm (Suhrkamp)

Hume: Friedrich Heinrich Jacobi, David Hume über den Glauben, oder Idealismus und Realismus. Ein Gespräch. 1787

Jacobi: F. H. Jacobi, Gesamtausgabe. Hrsg. v. Klaus Hammacher und Walter Jaeschke (Felix Meiner)

Jerusalem: Moses Mendelssohn, Philosophische Schriften. (Aetas Kantiana)

JW: F. H. Jacobi, Werke. (Wissenschaftliche Buchgesellschaft)

KdpV: I. Kant, Kritik der praktischen Vernunft. (1788)

KdrV: I. Kant, Kritik der reinen Vernunft.

KdtP. I: G. E. Schulze, Kritik der theoretischen Philosophie. (Carl Ernst Bohn.) 1801-(Aetas Kantiana) 1973

KFSA: F. Schlegel, Kritische Ausgabe. Hrsg. v. E. Behler (Verlag Ferdinand Schöningh)

KW: I. Kant, Werke in sechs Bänden. (Wissenschaftliche Buchgesellschaft)

Lessing: G. E. Lessing, Werke. (Carl Hanser Verlag)

Methode: F. W. J. Schelling, Vorlesungen ueber die Methode (Lehrart) des akademischen Studiums. (Philosophische Bibliothek)

Morgenstunden: M. Mendelssohn, Morgenstunden. (Aetas Kantiana)

Neue Logik: S. Maimon, Versuch einer neuen Logik oder Theorie des Denkens. hrsg. v. Kantgesellschaft (Verlag von Reuther & Reichard) 1912

Organon: W. T. Krug, Entwurf eines Neuen Organon's der Philosophie oder Versuch über die Prinzipien der philosophischen Erkenntniss. (Karl Friedlich Wilhelm Erbstein) 1801.-(Aetas Kantiana) 1969

Preisschriften: Preisschriften über die Frage, Welche Fortschritte hat die Metaphysik seit Leibnitzens und Wolffs

Zeiten in Deutschland gemacht? (Wissenschaftliche Buchgesellschaft)

Sch: F. W. J. Schelling, Schellings Werke. hrsg. v. M. Schröter (Beck)

Schellng: F. W. J. Schelling, Historisch-Kritische Ausgabe (Frommann)

Schiller: F. Schiller, Samtliche Werke. Hrsg. v. Wofgang Riedel (Carl Hanser Verlag) Bd. V

Spi. Br: F. H. Jacobi, Ueber die Lehre des Spinoza in Briefen. (Aetas Kantiana)

StA: F. Hölderlin, Stuttgarter Hölderlin-Ausgabe. Hrsg. v. F. Beißner (Kohlhammer)

Storr: G. C. Storr, Bemerkungen ueber Kants philosophische Religionslehre. (Aetas Kantiana)

SW: G. W. F. Hegel, Werke in zwanzig Bänden (Suhrkamp Verlag)

Theorie: K. L. Reinhold, Versuch einer neuen Theorie des menschlichen Vorstellungsvermogens. (C. Widtmann und I. M. Mauke) 1789

Trans. u. Spek.: Walter Jaeschke (Hsrg.), Transzendentalphilosophie und pekulation.–Der Streit um die Gestalt einer Ersten Philosophie (1799 - 1807). Bd. 2 - 1 (Felix Meiner)

Troxler: Schellings und Hegels erste absolute Metaphysik (1801-1802). hrsg. v. Klaus Dusing (Dinter)

Versuch: K. L. Reinhold, Versuch einer neuen Theorie des menschlichen Vorstellungsvermögens. 1789

VidG: G. W. F. Hegel, Vernunft in der Geschichte. Hrsg. v. J. Hoffmeister (Felix Meiner)

Vorlesungen: G. W. F. Hegel, Vorlesungen. Ausgewählte Nachschriften und Manuskripte. (Felix Meiner)

Wegner-Goethe: J. W. Goethe, Goethes Werke. (Christian Wegner Verlag)

Wörterbuch: C. C. E. Schmid, Wörterbuch zum leichtern Gebrauch der Kantischen Schriften nebst einer Abhandlung. (die Eroekerschen Buchhandlung) Jena. 4. aufl. 1798.– (Aetas Kantiana) 1974

はじめに

本書は、ヘーゲルが自らの哲学を語るその基底を探究するために、ヘーゲル自身の「哲学的な経験」を明らかにしようと進められた研究をまとめたものである。

ドイツ観念論研究にあって、そうした方向性を自覚するに到ったのは、『講座ドイツ観念論5』（弘文堂、一九九〇年）に収められた本書の第六章、「事実から事行へ――ヘーゲルによるシュルツェ批判、クルーク批判の前哨」がきっかけであった。ヘーゲルのイェーナ時代初期の論考「常識は哲学をどのように理解しているのか」（一八〇二年）の最後で、「どうしてあのように多くの空騒ぎがいたずらに生じえたのか、どうしてカントは、〈我々は世界の内の諸事物について推論することができる〉という、非常に単純な命題を証明するためにあれほどものものしい準備をしなければならなかったのか」（GW. IV, 185――加藤尚武・門倉正美・栗原隆・奥谷浩一訳『懐疑主義と哲学との関係』未來社、一九九一年）という不可解な思いが表明されている。ヘーゲルが抱いた訝しさの根底を明らかにするには、ヘーゲル自身が経験した哲学の現場を訪ねなければならないと考えて、初期ドイツ観念論へと遡ったのが、先の「事実から事行へ――ヘーゲルによるシュルツェ批判、クルーク批判の前哨」であった。

「真なるものは体系としてのみ現実的なのであって、言い換えるなら実体は本質的に主体なのである」（GW. IX, 19）と『精神の現象学』で語られるように、スピノザ哲学という実体形而上学を主体の哲学へと改鋳するところに、ヘーゲル哲学のグランド・デザインが捉えられることはしばしばである。その実体から主体への理路を探究したのが、第三章の「実体から主体へ」（初出「ヘーゲルとスピノザ——実体と主体」、『知の教科書　ヘーゲル』講談社選書メチエ、二〇〇四年）である。ヘーゲルのスピノザ理解は当初、その多くをヤコービの『スピノザ書簡』に拠っている。ヤコービ自身は、スピノザ哲学を、無神論として忌み嫌う一方で、そこに哲学を突き詰めたあり方を見ていた。そのヤコービという思想家はなかなか摑み難い。常に論争のなかで自らの立場を形作っていたからである。そのヤコービの思索のそれぞれの断面を照射しようとしたのが、第一章と第二章、そして第五章である。

ヤコービにはまた、カントへの批判的な視座から、ヒュームやトマス・リードの思想を紹介することによって、初期ドイツ観念論の方向性に決定的な影響を与えたという意義もある。そのドイツ観念論は、カントによる観念論論駁を踏まえながらも、懐疑論の発想を取り入れながら、意識内在主義の傾向を強めつつ、体系の樹立をめざす。その中心的な役割を果たした哲学者がラインホルトであり、シュルツェであった。彼らの論争がドイツ観念論の原動力になるとともに、ヘーゲルがリアルタイムで体験した哲学的な原風景だったと言っていい。この局面を解明しようとしたのが、第七章、第八章、第九章である。そうした局面からドイツ観念論を眺望すると、実体の主体化という大きな流れに合流してくる、第一章で描出したような、もう一つの潮流が見えてきたのも事実である。

カント哲学も、ドイツ観念論も、時間上の源泉は啓蒙であることに間違いはない。人間が自己知に到ることは、哲学本来の使命であると同時に、主体の哲学の目指すところでもあり、また、啓蒙された教養が向かうところでもあったはずだ。ところが啓蒙の方向性とは逆に、哲学の「秘教化」の傾向を強めつつ、超越論的観念論の樹立へと向かった現場を、第四章と第五章が問う。超越論的観念論こそ、ヘーゲルの思想が拠って立つ土壌であることを第八章と第九章とで描き出したあと、ヘーゲルの思弁哲学がドイツ観念論の精華として結晶化してゆく理路を、ヘーゲル自身の人生経験と併せ示そうとしたのが第十章であり、全体を通して、ヘーゲルの「哲学的な経験」の様相を呈示しようというわけである。

したがって、ヘーゲルが若き日に接した思潮を形成していたヤコービやヘルダー、ラインホルトやシュルツェらについて、本書では多くの紙幅が充てられている。そのシュルツェに興味深い論述がある。『エーネジデムス』はラインホルト批判を基軸としながらも、カント批判やヒュームの紹介など、多面的な論争の風景を呈示していた。そこでシュルツェは、外的対象の存立を、観念の働きを通して再確認することに向かう。「我々が、無媒介的に所有しているのは表象に他ならず、そして我々は単に表象を意識しているだけである。我々が見たり、聞いたり、感じたり、考えたり等々している諸事物は、それ自身、無媒介的には、我々の心情において存するのではなく、むしろ、それらについての表象が存在しているだけである。しかしそれにもかかわらず、諸表象からは独立的に実在して、諸表象とともに生成したり亡んだりすることはないが、しかし諸表象に関連づけられるべきであるような、そうした事物が確実に、我々の表象の外部に実在的に現存するという確信は、普遍的に人間の間に拡がっている」(Aenesidemus, 226ff.)。

我々の感覚する外的な対象が、我々の表象とは別物でありながら、しかし我々の表象に関連づけられるべき形で現存していることを確認するために、シュルツェはヴォルテールに論及する。「新生児の最初の表象が、新生児に、彼の表象の外部の何らかのものの実在的な現存在を指示しているなんてことは、疑ってかかっても良いだろう。そうなると、新生児は、自分自身の外部に確実な諸事物が現存していることについて何がしかを予感することなどないまま、自らの活動的な力や受苦的な力を初めて応用することによって、常に、多様な様式や様態へと変容されている自分自身の自我を、認識しているのかもしれない。後年になって盲目から救済された人々にあって、視覚の最初の性状や見えの感覚が次第に変化してゆくことについて、我々がもっている情報は（とりわけ、一七二九年のチェセルデンの手術によって視力を回復した先天性の盲人の話〔原注――この話は、ヴォルテールの『ニュートン哲学の要素』第六章に記録されている。〕(1)は、こうしたことを明らかに認識させてくれる。それゆえ根源的には、我々の表象は、我々の外部そして我々の表象の外部のものと関連することを何ら含んでいるのではなく、むしろ、もっぱら、我々のうちなる我々に即した純然たる主観的なものだと見なされよう。」(Aenesidemus, 230-231)

ここでの論述は、いわゆるモリヌー（Molyneux: 1658-1698）問題の一環、チェセルデン（Chesselden: 1688-1752）の報告に関わるものである。ただ、私たちは、チェセルデンの報告に含まれている哲学的な問題と、モリヌーによって提起された問題とが、まったく同一の問題だとは必ずしも言えないことを踏まえておかなければならない。というのは、モリヌー問題が、先天盲の開眼手術後に、立方体と球体との識別に関して〈視覚〉だけで把握できるのか、それとも〈触覚〉の協働が必要なのかという議論であったのに対して、チェセルデンの報告から際立つのは、〈奥行〉知覚や〈距離〉知覚の問題だからである。そもそもヴォルテールの『ニュートン哲学の要素』を引用しながら、モリヌー問題を考察したコンディヤックこそ、〈立方体〉と〈球〉だけではなく、「ものの距離や位置関係や大きさや広がりといったことについても（……）推論せねばならない」（『人間認識起源論（上）』岩波文庫、二三四頁）と、ロックを批判した人であった。

「そこで、人間がさしあたり、まずもって単に主観的なものだと見なす諸表象に、自らの外部や表象の外部の何らかのものへの関連を付与するに到るのはどうしてなのか？　自らが表象している自我の変容を単に認識することから、実在的で現前している諸事物の認識へと人間が移行するのはどのようにしてなのか？　そしてこうした移行は何に基づいているのか？――我々がもっている確実な表象における特殊な性質についての曖昧な論弁に、そして我々にとって判明でないにもかかわらず、次第になじんでゆくことで、我々が、我々の表象の外部に見出すべき諸事物の現存在を、もはや、推論されたものとしてではなく、無媒介的に認識されたものだと見なすようになる推論に基づいている。」(Aenesidemus, 231-232)

視覚の問題をシュルツェは、〈表象〉と〈客体〉、〈観念〉と〈実在〉、〈感覚〉と〈対象〉の問題へと応用した。ここにこそ私たちは、観念論における認識の基礎づけを模索する現場に立ちあうことになる。すなわち、私たちの表象は、あくまで主観的なものである、にもかかわらず外的な対象は、推論されるのではなく、無媒介的に認識されている、とシュルツェは言う。たとえば、一軒の家を感覚している場合、私たちには、さまざまな家の部分が見えたり、いや樹木で家の一部が隠されていたとしても、家だと表象できるためには、家の周りの樹木や車などを捨象して、家であることを認識している、というのである。

「我々がもっている確実な表象において、つまり二重の必然性が現われている。しかも、一つは、諸表象が現存在することに関して、もう一つは、諸表象の内容を構成している多様なものを結合していることに関して、必然性が現出している。例えば、我々が家を見る場合、見る状態が続いている間は、家を見ないことは我々には不可能である。なるほど我々は、我々が家を見ているその場所に即して、人が、樹木が、あるいはそうでなければ何か別のものが立っているということも考えられる。しかしながら、我々は端的にこの場所に、家しか見ることができない。さらに我々は、家を感覚している間、家に属している諸部分を結びつけて、感覚が別のものに変わってしまうことなくあるがままであるようにしておかなければならない。(……)しかし、こうしたことを感覚することはできない。我々は、我々が見ている家の諸部分を感覚している間、そこにあるように結びつけておかなければならない。」(Aenesidemus, 232)

シュルツェは真理性の基準を、表象と対象、主観と客体、観念と実在との一致に求めるのではなく、諸表象の現前と、その多様な内容を結合しているところに見た。「心情から我々の認識のあらゆる部分が導出されたなら、おそらく多くの人が観念論に広く好意的になったであろうに」(Aenesidemus, 234) というのである。

ドイツ観念論が意識内在主義の方向性を強める起点の一つを、ここに看て取ることができよう。そして、このことが物語るのは、ドイツ観念論が、ともすると、カント以後に成立した独特の思想動向だと捉えられかねないにもかかわらず、実のところ、近世哲学のまっとうな嫡流の所産でもあった、ということである。ヤコービによるスピノザ理解、そしてヒュームやリードの受容、シュルツェによるチェセルデンの報告への論及、ラインホルトによる哲学史への目配りなどがそのことを裏づけている。こうした思想史の水脈が、ヘーゲルの「哲学的な経験」の原風景を織り成していたのである。

註

(1) シュルツェの原文では、チェセルデンの報告は一七二九年とされているが、実際には一七二八年であることを、鳥居修晃「先天盲における開眼手術の視覚とバークリ」(G・バークリ『視覚新論』下條信輔・植村恒一郎・一ノ瀬正樹訳、勁草書房、一九九〇年、二八一〜二八三頁、参照) が明らかに伝えている。

I　ドイツ観念論の源流域を訪ねて

第一章　信念と懐疑——ヤコービによるヒュームへの論及とドイツ観念論の成立

はじめに

私たちは日常的な確信のなかで生きているものの、それをもって哲学的な認識だとするわけにはいかない。〈常識〉はいつ〈真理〉になり得るのかという問題を、表象は客観的な実在にいかにして関わり得るのか、と言い換えるなら、ドイツ観念論を貫く問題となる。

「どうしてカントは、〈我々は世界のうちの諸事物について推論することができる〉という非常に単純な命題を証明するために、あれほどものものしい準備をしなければならなかったのか」(GW. IV, 185)。これは、一八〇二年のヘーゲルによる「常識批判論」に見られる感慨である。この時ヘーゲルは既に、〈意識の事実〉から〈理性〉への道筋を見通すことができるようになっていた。一八〇一年冬学期での「論理学および形而上学」講義でヘーゲルは、次のように論理学の手続きを語っていた。すなわち「有限性の普遍的な諸形式もしくは法則を、(……)絶対的なものの反照として叙述すること」、「有限性の主観的な諸形式もしくは有限な思惟を、悟性を考察すること」、「理性による有限な認識の止揚」という三段階である。そして、「論理学のこの第三部、つまり理性の否定的で無化作用をもつ側面から、本来の哲学もしくは形而上学への移行がなされるでありましょう」(GW. V, 272f.) と続ける。

こうした〈理性の否定的で無化作用をもつ側面〉に、懐疑論の働きを見定めようとして執筆されたのが、「懐疑論論文」(一八〇二年)であった。

シェリングも時を同じくして一八〇二年夏学期に講じた『大学における学問研究の方法についての講義』で懐疑論を、哲学へと到る契機として捉えた。「意識の事実を超えて、即自的にはそれ自身で絶対的であったであろう何らかのものへ到ることこそ、すべての哲学の根源的な意図」(Methode, 62)だと見たシェリングにとっては、「もし、論理学が絶対的なものとの関係において、有限性の諸形式を純粋な形で叙述しなければならないとすると、それは学問的な懐疑論でなくてはならなかった」(Methode, 63)と述べたのである。

このように懐疑論をもって哲学への突破口にする試みは、ドイツ観念論を振り返るなら、カントによる観念論論駁を踏まえたうえで、知の確実性が「意識の事実」において基礎づけられた時に、単に感覚をもって知とすることができない以上、必然的に導入されたストラテジーであった。本章は、観念論論駁を瞥見したうえで、それを受けて観念論の基礎づけに向かったラインホルトとシュルツェの思索を確認することを通して、ヒュームの思索を紹介したヤコービ哲学の方位を探ることを目的とする。

1　内的な知覚から外的なものの現存在を推論する観念論への論駁

知の探究はさながら、経験の岸辺を離れ、果てしない大海へ漕ぎ出すことのようにカントには思われたようである。「この大海原こそ、常に惑わせるさまざまな景色へと我々を誘い込み、挙句の果てに、厄介で面倒ないっさいの労苦を、見込みのないものとして投げ捨てることを余儀なくさせる」(KdrV. A. 395f.)。すなわち、理性の誤謬推理について、カントが語っていた文脈である。

「肯定する者も、否定する者も、誰一人として何も把握していない対象について、何がしかのことを知っていると思い込むか、さもなくば自分自身の表象を対象に仕立てる」ような「独断的な目くらまし(Blendwerk)」(KdrV. A. 395)によって、あてのない海路に乗り出すことを、理性批判は自信をもって引き止めるという。

たとえばそうした答えることのできない問題の一つをカントは、思惟と延長、心と物の相互関連に見た。すなわち、「思惟する主観一般において、外的直観、すなわち空間の(空間を占めるもの、すなわち形態および運動の)直観はどうして可能なのか」(KdrV. A. 393)と問うことだとされる。私たちは感覚を通して、外的事物について知る。なかでも観念論は、外的なものを実際に知覚することができているのではなく、「私の内的な知覚から外的なものの現存在を推論することができるだけである」(KdrV. A. 368)という立場を貫くが、これを論駁したのが「第四パラロギスムス」であった。

カントによれば、経験的観念論者だとされているのは、実は超越論的実在論者であって、彼は、感覚的認識の対象について、外的なものだとしたうえで、これが感覚されない場合でも実在するに違いないとの誤った前提に立って、我々がそれを表象しているからといっても、「直接的な知覚」(KdrV. A. 368)によって認識されることを認めないまま、対象が現実的であることを確実にするのは表象ではない、と推論するという。これに対してカントは、超越論的観念論、すなわち二元論の立場に立つことを、第四パラロギスムスで鮮明にした。

『純粋理性批判』B版(一七八七年の第二版)の「観念論論駁」はA版(一七八一年の第一版)での第四パラロギスムスを改稿して成立した、とされている。すなわち、デカルトのように、我々の外部の対象が実在していることを「疑わしくて証明できない」(KdrV. B. 274) とする蓋然的観念論、さらには、我々の外部の対象が実在することについて、「虚妄であって不可能」(KdrV. B. 274) だとするバークリーの独断的な観念論、そうした観念論が誤って想定していた前提が剔抉される。

カントによれば、「観念論が想定したのは、すなわち唯一の無媒介的な経験は内的な経験であって、外的な諸事物はこの内的な経験から推論されたものに他ならない、ということである。しかし、与えられた結果から規定された原因へ推論する場合には常にそうであるように、それは信頼の置けない前提でしかない。なぜなら、我々がおそらく間違って外的な諸事物に帰してしまう表象の原因が、我々自身の内にも存していることもあるからである」(KdrV. B. 276)。カントによって論難されたのは、表象から外界の事物を推論することの確実性であった。他方、カントは、「私の外部の空間の内なる対象が現存在することを証明するのは、私自身が現存在しているという、純然たる、とはいえ経験的に規定された意識である」(KdrV. B. 275) という立場をとり、懐疑論的な観念論とも一線を画す。したがって、カント自身は、懐疑論を一定評価するも、これをもって哲学だとは認めない。カントは懐疑論を、「いっさいの認識を崩壊させ、できるものなら、およそ認識というものの信頼性や確実性を根絶やしにしようとする、技術的でかつ学問的な〈分からない〉という原則」(KdrV. B. 451) だとする一方で、「弁証論の競技場」(KdrV. B. 450) なる比喩を用いながら、「懐疑的方法 (die skeptische Methode)」(KdrV. B. 451) について語る。つまり対立する主張の争いを引き起こして、「争いの対象はおそらく純然たる目くらまし (Blendwerk) ではないのかどうかを研究する」(KdrV. B. 451) やり方であって、「超越論哲学だけに本質的に特有」(KdrV. B. 452) なのだという。

このように懐疑論から区別された「懐疑的方法」によって、二律背反が構成されることを指摘して、そうした認識が仮象に基づくことを、カントは指摘する。「懐疑的な進め方 (das skeptische Verfahren) は、なるほどそれ自体として、理性の諸問題を十分に解決するものではないが、しかし、理性に慎重さを呼び覚まし、また理性のうちで合法的に所有されているものを確実にできるところの根本的な手段を指示するための準備（*vorübend*）となるものである」（KdrV. B, 797）。

そうであればこそ、「懐疑的方法」は、理性の批判を進める手続きに他ならない。他方、懐疑論は、感覚的な認識から真理性を剝奪するという意味では、〈知〉への方向を指し示しはする。カントは次のように、懐疑論について総括する。「懐疑論は人間の理性にとって安らぎの場所である。ここで理性は自らの独断的な逍遥について反省して、これからは今までより遥かに確実な道を選ぶことができるために、現在佇んでいる辺りの見取り図を描くことができるからである。しかし、懐疑論は永続的に居住するために住まいを構える場所ではない。こうした永住の地は、完全に確実な場所にしか見出され得ないからである」（KdrV. B, 789）。

2　ラインホルトによる観念論の基礎づけ

懐疑論といっても、日常的な認識を疑うものではないと見た哲学者にヒュームがいる。そのヒュームの思想を哲学的懐疑論だと称える一方で、懐疑論者を標榜していたシュルツェを、独断的な懐疑論だと非難したのは、ラインホルトであった。ラインホルトが一七九四年に公刊した、『哲学者たちの従来の誤解を正すための寄与（第二巻）』に、「否定的な独断論もしくは形而上学的な懐疑論のより詳細な叙述」なる論考が収載されていた。繰り返しラインホルトは、「人は（ある対象についての）自らの判断を最終的には差し控えなくてはならない」（Beyträge.

II, 169）という哲学的な確信に、懐疑論の本質を見定めていた。

従来の哲学に対して、ピュロン主義は、「そうした実在的な真理を拒否して、その際に、とりわけ外的な感官の表象に際する感覚器官の証言の相対性に依拠した」（Beyträge. II, 179）と捉えられる。「私たちの外部の客体は、それが私たちの内部で表象されるような性質であるのは不可能であり、それらの客体についての私たちの表象と、物自体としての客体そのものとの一致は端的に不可能」（Beyträge. II, 180）であることを指摘するところにピュロン主義が成り立つと、ラインホルトは見た。

ところが、ロックが経験論に与して、客観的真理や物自体を第一性質として捉え直した一方、ライプニッツが合理論の立場から、理性を感性から切り離して、理性的認識によるなら客観的な真理に達しうるとした近代にあっては、「懐疑論にとって必要なのは、もっと深く基礎づけられた基礎であり、懐疑論にそうした基礎を与えることができたD・ヒュームのような人物だった」（Beyträge. II, 180）とラインホルトはヒュームの意義を語る。

こうしてラインホルトは、『人間知性研究』におけるヒュームの思想（二章〜七章）を要約、概念を生み出すオリジナルの像であろうと、私たちの外部のオリジナルに比するならコピーだとする思索を紹介する。「私たちは、概念の客体を、客体の表象として、客体から区別する。それはたとえば、私の意識の事実である。すなわち、私が目に見える諸客体を私の外部のものとして知覚するという私の意識の事実である。しかしながらそれは、私が、私の概念にとって、ただ印象においてのみ、印象によってのみ現存しているこの客体を、それらの印象とは違う何ものかとして考える場合に、私の理性を誤用している想像の窃取（Erschleichung）である。目に見える対象については、理性が概念によって実際に問題にしているが、そうした対象は単に印象なのであって、いわゆるマテリアルな理念、目の網膜上の像である。諸概念によってももっぱらこうした像に制約されている理性は、私たちの外部に存するオリジナルのコピーだとこの像を見なすためには、いかなる検証にも耐えうる根拠をもちはしない。像はそれ自身、オリジナルなのであって、その像についての概念だけがコピーであり、これはただ私たちの内に存していて、徹底的に私たちの外部に存在しているオリジナルのいずれとも比較されようのないコピーである」(Beyträge. II, 186)。まるで、ヒュームに仮託して、観念論論駁を展開している趣きなのである。

しかしながら翻ってみるに、意識律に基づくラインホルトの表象一元論こそ、観念論そのものではなかっただろうか。とはいえ、明らかにカントによる観念論論駁を回避するかのように、『哲学者たちの従来の誤解を正すための寄与（第一巻）』（一七九〇年）に収められていた「根元哲学の主要契機の新叙述」の第九節では、次のように論じられていた。

第九節――純然たる表象は、二つの相違している構成要素から成り立っていなければならない。これらの構成要素は、合一されたり区別されたりすることを通して、純然たる表象の本性もしくは本質を構成する。

純然たる表象は意識において、客観と主観とに関連づけられ、かつ双方から区別されるところのものである。したがって、純然たる表象は、純然たる表象のうちで関連づけられているものにして、かつ、純然たる表象をして自らを客観と主観とに関連づけるとともに、客観や主観から区別されるところのもの、から成り立っていなければならない。しかし、客観と主観は、ただ、純然たる表象から区別されるだけでなく、意識のうちでも相互に区別されるので、表象のうちでは、表象を客観に関連づけるものと、表象を主観に関連づけるものとが、区別されなくてはならない。そこで、どのような表象においても二つの異なった構成要素が考えられなくてはならない。それらは、結びつけられることによって、客観と主観とに関連づけられるものを構成する一方で、区別されることによって一にして同一の表象が二重に関連づけられる根拠を包括しているのである。(Beyträge. I, 180f.: Vgl. Aenesidemus, 181)

表象における〈区別〉と〈連関〉を介して、認識主体と認識される客体との対応を映すように、主観と客観とが成立することを、ラインホルトは、「表象するものそのものを自らの客観にする意識、すなわち自己意識 (*Selbstbewußtsein*)」(Beyträge. I, 181) に、さらには「自我 (das *Ich*)」(Beyträge. I, 182) に見定めていた。自我とは、「〈表象されたもの〉という客観の特性における自己自身から、特殊な表象によって自らを区別する、〈表象するもの〉という主観の特性における主体」(Beyträge. I, 182) を意味するのだという。

ここに私たちは、観念論の正当化、それも、カントによって誤りとされたような、内的な経験・知覚から外的対象を推論することの不確実性に立脚して、外的な実在について疑ったり、否定したりする観念論ではなく、外的対象を表象として生み出す自己意識に根差した意識内在主義としての、主観的真理に自足しながら、これを客観的な真理へと転釈するというやり方での主観的な観念論の正当化を見出すことができよう。

3　シュルツェによるラインホルト批判とこれへの反論

ラインホルトに対して、一七九二年の『エーネジデムス』でシュルツェは、根元哲学が、表象や表象能力、認識の生成、それらの構成要素の性質など、どのように考えなければならないのかを示そうとしたにもかかわらず、何も決めることができなかったとして非難した（Vgl. Aenesidemus, 225 Anm.）。「我々の認識の真理性や実在性の本質に必要なのは、つまりそこから認識が成立する表象と、表象の外部の諸事物との関係である」（Aenesidemus, 226f. Anm.）。ラインホルトの主観主義への攻撃も鋭い。「ラインホルトは（……）根元哲学におけるきわめて重要な命題が実在的に真であることを基礎づけるために、何らかのものを考えることができるために条件となるものを、事柄そのものの客観的な可能性や実在的な条件へと転釈（Uebertragung）することによっている」（Aenesidemus, 194）。

　真理の対応説では観念論論駁に抵触すると考えたのか、ラインホルトにあって真理は、認識の明証性にこそ帰されるものであったが、そこにシュルツェは「真理性の本質の歪曲」（Aenesidemus, 227Anm.）を感じ取って難詰する。「これまで人は、哲学において常に、実在的な洞察に向けて努力してきたし、実在的な洞察は、我々の表象と表象の外部に客観的に現前するものとが実際に連関していることを認識することによって基礎づけられてきた。言い換えるなら、そうした連関の確実性から哲学の領域における人間の洞察の信頼性と真理性とが導出されてきた。そして、『純粋理性批判』の著者でさえもこうしたやり方で、彼の体系の結論が変わることなく真理であることを示そうとしていた。ところがラインホルト氏は、根元哲学において、思弁的理性の諸問題を解決するための、まったく新たな道を切り拓いた。彼は、果たして、我々の表象に対応する何ものかが実際に現前するのか、そしてそれはそもそも本来、何であって何でないのか、ということをまったく決定しないままにしておいた。彼が説いたのは、ただ、いかにして我々は、我々の知識の性質を考えなければならないかということ、そして我々は我々の知識におけるかなりのものを、所与として考えなくてはならない一方、かなりのものを、表象する主観によって生み出されたものとして考えなければならないこと（……）でしかない」（Aenesidemus, 198f.）。ここにシュルツェはむしろ、ラインホルトにおける懐疑論的な「未決定」をさえ感じ取った。「主要な箇所での根元哲学の帰結はほとんど、懐疑論の結論と合致しているように思われる」(Aenesidemus, 200) とまで揶揄されたのである。

むしろ、『エーネジデムス』は、外的対象の存立を、観念の働きを通して再確認することに向かう。「我々が無媒介的に所有しているのは表象に他ならず、そして我々は単に表象を意識しているだけである。我々が見たり、聞いたり、感じたり、考えたり、等々している諸事物は、それ自身、無媒介的には、我々の心情において存するのではなく、むしろ、それについての表象が存在しているだけである。しかしそれにもかかわらず、諸表象からは独立的に実在して、諸表象とともに生成もしなければ、ともに亡びもしないが、しかし諸表象に関連づけられるべきであるような、そうした事物が確実に、我々の表象の外部に実在的に現存するという確信は、普遍的に人間の間に拡大している」(Aenesidemus, 226ff.)。シュルツェが、古代の懐疑論というよりは、むしろ『エーネジデムス』でも紹介していたヒューム的な発想で語っていることは容易に看て取れる (Vgl. Aenesidemus, 108-117)。

もとより、ラインホルトが哲学の根本命題として樹てた意識律に対して、シュルツェは論理的な真理である矛盾律こそ哲学の原理だとして、意識律を斥けた。「命題そして判断である以上、意識律は、あらゆる判断の最高の規範に、つまり、考えられ得るべきものなら矛盾する徴標を含んではならないとする矛盾の原理に従属している」(Aenesidemus, 60)。

これに反論するかのようにラインホルトは、『哲学者たちの従来の誤解を正すための寄与(第二巻)』で、哲学的な懐疑論者なら、自らの体系を基礎づけるために、論理的な真理と主観的な真理とを前提していたであろう、とする。すなわち、「論理的な真理は、単なる思想相互の間の調和においてある。(……)主観的な真理は、表象と、表象するもの(主観)において表象されたもの(客観)との調和において存する」(Beyträge. II, 173)。

ラインホルトによる懐疑論把握は、シュルツェのそれとは様相を異にする。「懐疑論者が闘う、といっても唯一闘うことのできる真理というのは客観的な真理である。これはすなわち、表象の一致、つまり思想や感情と、〈実在的にして、すべての単なる表象とは異なっていて、単なる表象に依存しない客体的なもの〉との一致（……）のことである」（Beyträge. II, 176）。懐疑論なら、真理の対応説は斥けるはずだというわけである。なるほど、従来の哲学にあっては「実在的かつ純粋な真理は、一般的には、表象と事物の一致、それもそれ自体で表象から独立して存在している事物との一致だとされてきた」（Beyträge. II, 179）。これに対して「ピュロン主義は、そうした実在的な真理を拒否して、その際にとりわけ外的な感官の相対性に依拠した」（ibid.）という。しかも、「ヒュームを通して哲学的な懐疑論が洗練された根拠性の高い段階を獲得するに到っても、ヒュームは、表象と表象されたものについての懐疑論者の把握に従っていた」（ibid.）というのである。

「ラインホルト氏によれば、根元哲学においては第一に、純然たる表象の概念について、唯一可能な説明がなされているそうだが、その説明は、哲学を構成する思弁の全系列を規定して、我々が我々の思索において表象能力に付与しなければならない限界を提示しているそうである。しかしながら彼によれば、我々は、我々の思索の徴標以上に我々の認識でもって超え出ることはまったくできないという。そして、果たして現在の生における我々の思索と表象の全系列が、その外部にある何らかのものに実際に関連して、そのものに何らかの仕方で対応するのかどうかは少しも分からない」（Aenesidemus, 199f.）。シュルツェは、観念論論駁を回避しようとしたラインホルトが、結局は懐疑論的な判断保留に陥っていることを攻撃する。

しかし、ラインホルトはヒュームに論及して、自らの正当化を図る。ヒュームも「表象一般の類概念をまったく決定しないまま（……）印象や概念もしくは根源的な知覚や派生的な知覚へと移り行くことで自足した」（Beyträge. II, 182f.）という。「ヒュームが理性ということで考えたのは、概念における一致と対立とを知覚する能力であった。真理と必然性というのは、理性が単なる概念そのものを問題にする限りにおいてこそ、理性にふさわしいのであるが、そうした真理と必然性は単に論理的なのであって、果たしてその思索が実在的な客体をもつかどうかなどということを顧慮しないまま、純然たる思索に関わる。（……）概念と印象の一致は、純然たる主観的な真理を、表象と物自体との一致だと見なすことであるが、これは肯定的な独断論の虚偽である」(Beyträge. II, 196f.)。

必然性や普遍性をラインホルトは、論理的なものか、あるいは習慣から構想されたものだと見なす。となると、意識律にもましてシュルツェが重んじた矛盾律は論理的な真理性を明らかにするものに他ならない。しかし、「懐疑論そのものが提起する原則は（……）決して単なる論理的な規範からできているだけでなく、論理的である以上に真理でなくてはならない」(Beyträge. II, 175.) とラインホルトは切り返す。もとより「主観的な真理は、表象と、表象するもの（主観）において表象されたもの（客観）との調和において存する」(Beyträge. II, 173.)。主観的な真理はラインホルトの見るところ、論理的な真理以上だという。こうしてラインホルトは主観における表象の真理で自足することになったのである。

4　観念論の生まれる現場

振り返ってみるに、こうした主観的な真理を打ち出した思想家として私たちはヤコービに想到する。ヤコービの思想的立場を端的に示す言葉として夙《つと》に知られているのは、『スピノザ書簡』（一七八五年）に出てくる次の言葉であろう。「親愛なるメンデルスゾーン、私たちは皆、社会へと生まれ出て、社会に留まらなければならないように、信じているなかで生まれ、信じているなかに留まらなければなりません」(Jacobi. 1-1, 115)。「信じることによって私たちは身体をもつことを、そして私たちの外部に他の身体や他の思惟する実在が現前することを知るのです。真の驚くべき啓示です！」(Jacobi. 1-1, 116)。「信じる」ことこそ、ある意味で究極の主観的真理に他ならない。この言葉は多くの反響を呼ぶことになった。

この初版と増補第二版との間に、『信念についてのデヴィッド・ヒュームもしくは観念論と実在論』（一七八七年）が刊行され、そこでヤコービは「私の本で、私が闇雲に〈信じること〉を説いていたなどと非難されるきっかけになったものは、いささかなりともありません」(Hume, 18) と強弁する。そして感覚や表象の原因が感覚や表象の外部に存在するのか、それをどのように確認するのか、という問題をめぐって対話が織り成される。主観的な表象にはいかにして客観的な確実性が担保され得るのか、と言い換えても良い。「私がそのことについて知るのは感性的な明証を介してです。私がそれについてもっている確信は、私自身の現存在について抱いているような、無媒介的な確実性です」(Hume, 21) と答える、カント学派と目される対話者に対して、「私」は、それなら、自らの〈信じること〉に通じることを指摘する。

むしろ外部の諸事物は、「私たちの内部の単なる現象でない」(Hume, 22) ことは言うまでもなく、表象としてはなにものでもない。同じように、「私たち自身の〈自己〉の純然たる規定が、私たちの内部の表象としてありながら、実際に外的でそれ自体として現前している諸実在に関連したり、それらからとられてきたりしていることに反対」(Hume, 22) する「疑い」は、理性根拠によっても払拭できない以上、外的な対象は〈信じること〉や、自分自身の現存在について抱いているような無媒介的な確信から知られるというのである。

こうしてヤコービは、自らに向けられた非難は、「すべて、私の良きデヴィッド・ヒュームが背負わなければなりません」(Hume, 30) と、ヒュームの『人間知性研究』第一二章における懐疑論の記述を引き合いに出す。「私たちは、いっさいの理性推論がなかったなら、いやそれどころか理性をいかなる形であれ使用する以前より、外的な世界をたえず前提していたが、その外的世界は、私たちの知覚とは独立的に、たとえ、私たちやあらゆる感覚する実在がもはや、その外的世界のなかで現在できなくなってまったく無化されてしまったとしても、なお存続するであろうことは否定できないように思われる」(Hume, 34f.)。古代の懐疑論にあっても、感覚される世界の実在性は首肯される、と見たヤコービは、さらにヒュームの叙述に、自らの語る「信念」の「根拠」ならぬ「権威」(Hume, 29) を求める。

『人間知性研究』の第五章第二部の、ヤコービによる独訳である。「信念が基づいているのは、さまざまな表象 (idea: Vorstellung) の秩序の特殊な本性ではなく、むしろそれらを知覚する仕方や、それらが心によって感覚される仕方であるのは明らかである。私は告白するが、この感情ないしは知覚の仕方を完全に明らかにすることは不可能である。何か似ていることを表現する言葉はある。しかし、その〔感情ないし知覚の仕方の〕ための本当の本来的な言葉は信念という、誰しもが日常生活において理解している表現である。このように哲学は、信念が心によって感じられたものであって、この感じられたものは、現実的なものの肯定とそのものの表象 (ideas of judgment: die Bejahung des Wurklichen und seine Vorstellung) とを構想力の虚構から区別する、ということだけを解き明かして、そこに留まらなければならない」(Hume, 47f.)。

こうしてまたよく知られたヤコービの態度表明がなされる。「私たちは信念なくしてはドアの前に行くことができませんし、机にもベッドにも辿り着くことができないことがお分かりになるでしょう」(Hume, 49)。こうした信念が「啓示によって支えられている」(Hume, 53) というように説明されてこそ、「観念論は、思弁的理性と唯一折り合いのつくものとして、その全面的な強みにおいて存立する」(Hume, 52) とまで自負を開陳する。

ヤコービは、『信念についてのデヴィッド・ヒュームもしくは観念論と実在論』に付録として「超越論的観念論について」という小論を付した。そこで、カントによる「第四パラロギスムス批判」にこそ、ヤコービは『純粋理性批判』の狙いを読み取り、A版のテクストを再掲しながら、徹底的な批判を展開したのである。「カントの『純粋理性批判』が立脚している超越論的観念論もしくは批判的観念論は、カント哲学の何人かの支持者たちによって十分なまでには入念に取り扱われてはいないように私には思われる。――言い換えるなら、むしろそこから、私の思っていることを忌憚なく言うならば、すなわち、彼らはおよそ観念論だという非難を恐れているように思われる」(Hume, 209)。

カントが内的な知覚に確実性を帰すとともに、他方で外的な対象の実在性をも保証する形で二元論を標榜したことをヤコービは批判する。「我々実在論者が実際の対象だと、すなわち、我々の表象から独立した諸事物だと呼ぶところのものは、超越論的観念論者にとっては内面的な実在でしかない。これらの内面的な実在は、いわば我々の外部に存在しているものについては、あるいは現象が関連しているかもしれないところのものについては、何も呈示していない」(Hume, 216f.)。ロックやヒュームのように、外的な対象から感官が印象を受け取るように認識の構図を描くカント主義者たちをも批判する。「カント主義の哲学者は、さまざまな対象について、それらが印象 (*Eindrück*) を感官に与えて、それによって感覚を惹起して、そしてこうして表象を成就すると語るとき、カントの体系の精神をまったく捨て去っている」(Hume, 220)。

そして次のようにカントの言うところの二元論を問い詰める。「我々の感官に印象を与えて、そうやって表象を惹起するさまざまな対象を前提することと、この前提を支えている一切の根拠を水泡に帰すような学説とを一緒にすることがどうしてできるのか」(Hume, 226) と。カントは、さまざまな外的な対象や外的な事物は「我々自身の〈自己〉の単なる規定でしかない」(Hume, 223) と見て、「経験の一切の対象は、単なる現象であって、この現象のマテリーと実在的な内容とは、まったくもって我々の感覚でしかない」(Hume, 224) と捉えた。他方で、「我々独自の本質の規定でしかないこの単に主観的な本質には、超越論的な何か (Etwas) が、原因として対応している」(Hume, 224) と想定されているのは、「単に主観的な現象としてではなく、物自体として、我々の外部の諸対象についての我々の知覚が客観的に妥当するという確信が、この前提の根底にあるからである」(Hume, 223)。それにもかかわらず、この原因がどこにあって、どのように結果に関連しているのかは、まったく明らかにされていない、というわけである。

人口に膾炙される有名な嘆きは、こうしたカント批判の文脈で登場する。「カント哲学の研究に際して、私には躊躇いが少なからずあり、そのために数年もの間、『純粋理性批判』を繰り返し、新たに読み始めなければならなかった、と。なぜなら、あの前提なくしては、体系のなかに入ることはできないが、またあの前提を携えていては、その体系のなかに留まることができないということについて、私はたえず、迷っていたからである」(Hume, 222f.)。

しかしながら、結局のところヤコービが説いているのは、常識的な実在論に通じる構えではないであろうか。実にヤコービは、自らの語る〈信念〉を基礎づけるために、一七八六年四月の『一般文芸新聞』一〇〇号に掲載された、「トマス・リード著『人間の知的な力についての試論』批評」から引用する。「彼 (リード) は、概念 (*Conception*) と……おそらく最も良く感覚によって与えられるものであろう知覚 (*Perception*) とを区別している。なぜなら、彼の定義によれば、ある物件の表象 (Vorstellung) は、表象の外的な対象について信じることと結びついているからである」（Hume, 27）。厳密ではないが、原文に沿った引用である。『一般文芸新聞』一八二頁の記事は次のようになっている。「リードは、（一六頁で）我々が明晰な表象（Vorstellung）と翻訳することのできた概念（Conception）と知覚（Perception）とを区別した。なぜなら彼は、意識に結びつけられた心の動きによって、概念を定義しているからである。知覚というのはおそらく感覚によって最も良く与えられることになる。なぜならそれは、リードの定義によると、ある事柄の外的な対象についての信じること（Glauben）に結びつけられたその物件の表象だからである」（一八二頁）。

だが、これに該当するリードのテクストの箇所は、次のようになっていて、「信念」についての言及はない。「知覚は概念や想像から区別される。次に、知覚は外的な対象だけに適用されて、心（mind）そのものの中にあるものには適用されない。私が痛がっているとき、私は痛みを知覚するとは言わない。痛みを感じるのである。さもなければ痛みを自覚していると言う。こうして知覚は意識からも区別される」（Intellectual powers. 16）。

従って、ヤコービは、トマス・リードについての書評を読んではいたが、『人間の知的な力についての試論』そのものを読んだのではないかもしれない。とはいえ、リードの書評者が間違っていたわけでないのは、リード自身、別の箇所で次のように述べてもいるからである。「私たちは、私たちの外的な感覚によって、外的な対象について、それらが実在するという信念（belief）に結びつけられた概念（conception）をもつ。これを私たちは知覚（perception）と呼ぶ」（Intellectual powers. 227）。

となると、私たちにとって疑わしく思えてくるのは、「信念」の出典としてヤコービはヒュームに依拠しているように見えて、実はリードに身を寄せていたのではないか、ヤコービの「信じること」は観念論というより、リードのように、経験的実在論ではなかったのか、ということである。加えて、既に一七八二年に、リードの主著『コモン・センスの原理に基づく人間の心についての探究』の独訳が刊行されていたことを考え合わせるなら、むしろ、リードに共鳴していたメンデルスゾーンと、信仰・信条はともかく、認識論においては通じ合うものがあったのかもしれない、などという疑念である。(1)

結語　ドイツ観念論の方位

「信じる」ことによって主観的な観念論を打ち出すかに見せて、私たちの外界の日常的な事物の現存在を認めることで、経験的な実在論にも通じるようなヤコービの発想は、カントにしてみれば姑息な戦略に見えたに違いない。

一七八七年四月、カントが『純粋理性批判』の第二版の序文を書き終えてのち、註を付した。そこでは、書き上げたばかりの「観念論論駁」の一部の書き換えが指示されているのである。カントは第二版で次のように書いていた。「知覚における持続的なものといっても、私のうちにある何ものかではない。なぜなら、時間における私の現存在はこの持続的なものによって初めて規定されることができるからである。それゆえ、この持続的なものの知覚は私の外部の物によってのみ可能であって、私の外部の物の純然たる表象によって可能なのではない」(KdrV. B. 275)。これが、註で次のように改められた。「知覚における持続的なものといっても、私のうちにある直観ではない。なぜなら、私のうちに見出されうる私の現存在を規定するいっさいの根拠は、諸表象であり、しかもそのようなものであるためには、表象とは区別された持続的なものさえをも必要とするからである。この持続的なものへの関係において、諸表象の移り変わりが、したがって、諸表象がそのうちで移り変わるところの時間における私の現存在が規定されうるのである」（KdrV. B. Anm. XL）。

確かに、一旦は書いた第二版本文の叙述では、外界の事物の現存在を事実上、前提しているかのような印象さえ受ける。しかし、本文を書き改める余裕のない段階で、急遽、序言への註という形で、「私の現存在を規定するいっさいの根拠は、諸表象」ではあるものの、「表象とは区別された持続的なものさえをも必要とする」と書き換えられた。そこにはどのような事情があったのか。置き換えられるべき文章の直前の叙述がその背景を如実に物語っている。

「観念論は形而上学の本質的な目的に鑑みるなら、まだ害のないものだと見なされるかもしれない（実際はそうではない）。だから、我々の外部に諸事物が現存することを（そうした諸事物から、我々の内的感覚のためだからといっても、我々は認識するに必要な全素材を獲得するのであるが）、そうした外部の諸事物の現存在を、ただ〈信じる（*Glauben*）〉ことに基づいて想定しなければならなかったり、誰かがそうした現存在を疑わしく思う（bezweifern）ことに想到した場合に、その彼に十分な証明を樹てることができなかったりすることは、常に哲学と一般人間理性のスキャンダルに留まる」（KdrV. B. Anm. XL）。つまり、カントに『純粋理性批判（第二版）』が組版に入ってから急遽、書き換えを迫ったものは、三月二八日に序文が脱稿していたヤコービの『デヴィッド・ヒューム』から受け止められるような、〈信念〉に観念論の基礎づけを求めたり、あるいは懐疑論に倣って表象の真理性を疑わしいものとすることに対する懸念であったに違いない。

そうであればこそ、カントによる観念論論駁を回避する方位がそこに、カント自身によって明らかにされたことは衆目の一致するところであっただろう。すなわち、ヤコービのように常識的な実在論に秋波を送るのではなく、主観的観念論を超越論的観念論へ向けて徹底化すること、そして懐疑論という二つの方位であって、これはまさしくラインホルト、そしてシュルツェさらにはマイモンの進んだ道筋を暗示するものであった。だとすると、カントによって慌てて付されたこの註記こそが、初期ドイツ観念論を育んだ揺籃であったと言えるかもしれない。

註

（1） 事実、スコットランド啓蒙主義は、カントの批判哲学の時代にはドイツでかなりの影響を与えていたと言われていて、ヤコービやメンデルスゾーンの名前が挙げられている（Vgl. Manfred Kuehn: Scottish Common Sense in Germany. 1768-1800. (McGill-Queen's University Press) pp. 7-8.）。

付記

本稿の成稿にあたり、次の研究から多くの教示を得た。
G. di Giovanni: Hume, Jacobi, and Common Sense. An Episode in the Reception of Hume in Germany at the Time of Kant. In: KANT-STUDIEN, 89. Jahrgang, Heft 1, 1998.

第二章　ヤコービとヘルダー

はじめに

ドイツ観念論はさまざまな論争に彩られている。一七九〇年代前半には、ラインホルトの意識律をめぐる論争からフィヒテの自我論が成立するに到っていた。[1]一八〇〇年を超えてからは、同一哲学の正当性をめぐって、ラインホルトそしてバルディリと、シェリングそしてヘーゲルとの間で争われ、そのなかからヘーゲルの哲学的思索が形成されていった。[2]そうした幾多の論争のなかでも最も長きに亘ったのは、ヤコービとヘルダーの間での論争であろう。すなわち、『スピノザの学説について、モーゼス・メンデルスゾーン氏に宛てた書簡』（以下、『スピノザ書簡』と略記）によって惹起された汎神論論争のさなかに刊行されたヘルダーの『神——幾つかの対話』（一七八七年）は、『スピノザ書簡（増補第二版）』でヤコービからの批判を招来する。それから一〇年余りを経て、フィヒテが巻き込まれた無神論論争に際して、二人は再び論争の渦中に相まみえるのである。本章では、二度にわたる無神論論争を主導したヤコービの思想を、同じく『神』をもって論戦に加わったヘルダーと対比しつつ、やがてヘーゲルに結実する思弁哲学の成立に限りない影響を与えることになる、そうしたスピノザ理解をめぐるヤコービとヘルダーの思索の跡を訪ねる。

1　ヤコービとヘルダー

無‐知の哲学

フリードリヒ・ハインリヒ・ヤコービ（Friedrich Heinrich Jacobi, 1743-1819）は、理性的な認識を哲学知として確証しようとしたドイツ観念論の時代において、人格を有する神を仰視しつつ、「知る」ことよりも「信じる」ことに立脚して、「論証」することより、「憧れ」たり「予感」したりすることを重んじることによって、哲学論争の契機を演出した。他方、当時は無神論者として忌み嫌われていたスピノザ哲学の根本性格として、論証に基づく決定論を見て、これを紹介しながら、心胸や心情における直接知を擁護するために論駁した『スピノザの学説について、メンデルスゾーン氏に宛てた書簡』（一七八五年八月二八日前書き脱稿――以下、『スピノザ書簡』と略記）は、逆にスピノザ主義を当時のドイツの思想界に伝えることとなって、とりわけフィヒテを初め、若き日のヘーゲル、シェリング、ヘルダーリンらに、スピノザへの深い共感を醸成させることになった。

ヤコービにとっては、知られうるような神は神ではなく、真理は予感や憧れの対象とされた。人間の認識はすべて、啓示と信じることに由来すると捉える彼の思想は、「信仰哲学」とも称されたが、その実、信じる対象を、超感性的なものだけでなく、感性的なものにまで引き下ろすことになった。自我の自己措定に哲学知の根拠を見定めたフィヒテと厳しく対立することになったのは、当然の帰結であり、『フィヒテ宛公開書簡』（一七九九年）では自らは「無‐知の哲学」を標榜するとともに、フィヒテの自我論に対して自我以外のものはすべて無に帰するとして「ニヒリズム」だと断罪、これが西洋哲学史上の「ニヒリズム」の初出だとされている(3)。

ヤコービ小伝

ヤコービは一七四三年一月二五日、デュッセルドルフの事業家の家に生まれ、一時的には家業を継ぐも、講壇に立たないまま多くの文学者や思想家と交誼を育み、ドイツ観念論に影響を与えることになった。若い時期にジュネーヴに行き、そこで当時のフランス思想に触れるとともに、ルソーの友人たちと知己を結んだという。その後、デュッセルドルフに戻り二一歳で結婚、関税業務に携わり、多くの著名人と知り合うことになる。しかし、学問への思いを断ち切ることはできず、カントを通してスピノザを知ることになる。

また、一七七四年七月二四日、ベンスベルクの、花咲き誇る庭園に接した園亭で、ヤコービは、兄で詩人のヨーハン・ゲオルク・ヤコービ (Johann Georg Jacobi, 1740-1814) とともに、ゲーテ (Johann Wolfgang von Goethe, 1749~1832) との昼食に同席し、前年来、スピノザ研究を手がけていたゲーテから、スピノザについての話を聞いている。またその際に、ゲーテから、ヘルダーの天分を賛美する話を聞いて関心を抱くようになった。

一七八〇年七月五日にヤコービが、ヴォルフェンビュッテルに、『人類の教育』で知られるドイツ啓蒙主義の思想家にして劇作家のレッシング (Gotthold Epharaim Lessing, 1729-1781) を訪ねたのは、前の年にレッシングが出版されたばかりの『賢人ナータン』をヤコービに贈った答礼の意味合いがあった。六日の朝から二人の間で重要な対話が行なわれ、そのなかで、ゲーテから未発表の詩「プロメテウス」を手に入れていたヤコービがこれをレッシングに見せた際に、世界を創造した超越的な神に対して抗議するこの詩にレッシングが共感を示したところに、スピノザ論争の発端があった。

当時、スピノザの哲学はその汎神論的な性格のゆえに無神論と見なされて、忌み嫌われていた。スピノザ主義者と目されることは無神論者と非難されることを意味していた。スピノザ論争とは、レッシングをスピノザ主義者だと捉えたヤコービに対し、レッシングの生涯を書こうとしていたメンデルスゾーンが親友を無神論者という嫌疑から救おうとして、レッシングがスピノザ主義者であったかどうか、そもそもスピノザ主義とはどういうものかをめぐって繰り広げられた論争で、『スピノザ書簡』は、ヤコービとメンデルスゾーンとの間の往復書簡を中心に、スピノザの思想を紹介する資料から成り立っていて、増補が重ねられた。この言うなれば第一次無神論論争でヤコービは完膚なきまでにメンデルスゾーンによるスピノザ理解を斥け、その厳しさは、メンデルスゾーンの衰弱を早めたと言われたほどであった。

一七八七年には、『信念についてのデヴィッド・ヒュームもしくは観念論と実在論』を発表、一七八九年にはブルーノの『原因・原理・一者について』からの抜き書きを付録に付した『スピノザ書簡（第二版）』を公刊した。その後、ラインホルトと近づき、そうした人間関係のなかから、フィヒテをめぐる無神論論争の最中に生まれたのが、フィヒテ哲学をニヒリズムと断罪する『フィヒテ宛公開書簡』（一七九九年）であった。一八〇一年には、ラインホルトが編集・発行した『一九世紀初頭における哲学の状況についていっそう容易に概観するための寄稿』に、「理性を悟性にもたらそうとする批判主義の企てについて」を発表した。

一八〇四年にヤコービは、ミュンヘンのアカデミーから招聘を受けて、総裁に就任、七〇歳までその任にあたった。一八一一年にミュンヘンで発表した「神的なものについて」がシェリングから仮借ない批判を浴びる。ヤコービは、自らの全集が刊行され始めた中、一八一九年三月一〇日に亡くなった。

ヘルダー小伝

ヨハン・ゴットフリート・ヘルダー（Johann Gottfried Herder, 1744-1803）は、一七四四年八月二五日、東プロイセンのケーニヒスベルク近くのモールンゲンにて生まれた。カントより二〇歳の年少、ゲーテよりは五歳の年長である。一七六二年にケーニヒスベルクで、最初は医学の勉強を志したものの、神学部で神学の勉強を始め、その間、大学では、前批判期のカントの講義を聴いている。カントの授業を多数聴講したものの、大学においてよりもケーニヒスベルク市中で、「北方の賢人」と言われていたハーマン（Johann Georg Hamann, 1730-1788）の知己を得たヘルダーは、師として心酔、そのハーマンの紹介の労によって、一七六四年の秋にヘルダーは、リガへ、教師兼説教師として赴任している。この地でヘルダーは、『批判論叢』（一七六八年）を著わし、のちの『人間性形成のための歴史哲学異説』に連なる歴史哲学的な発想、すなわち、完成へと向かう原動力が内在されている精神の地理的な発展行程の理念を得るとともに、文芸批評家としても立つことになる。

一七六九年五月、ヘルダーは、『批判論叢』に対する批判に嫌気がさして、住み心地の良かったリガを駆り立てられるように離れて、旅に出る。その間に『旅日記』（一七六九年）を執筆、「嘆かわしいことに私は何年間も本当に人間らしい生活が送れなかった」（嶋田洋一郎訳『ヘルダー旅日記』九州大学出版会、五頁）と著作家になって多忙を極めてゆとりを失った結果、旅立たざるを得なくなった自らを反省して、自らの内面との問答を重ねる。この『旅日記』には、その後に結実を見ることになる思索の結晶が散りばめられていて、きわめて重要なドキュメントである。

たとえば、言語起源論のモチーフはもとより、「世界という舞台の歴史を次から次へと明らかにするための（……）壮大な展望」（前掲書、一〇頁）を物語る歴史哲学、さらには「神話を信じる気持ちと物語の創作を信じる気持ちを説明する哲学的理論」（前掲書、一九頁）としての美学思想、さらには触覚論などの原型ともいうべき思索が『旅日記』には現われている。

パリに赴いたヘルダーは百科全書派の思想家たちと知り合う。そのなかには、ヘルダーも『彫塑』（一七七八年）で論及することになる、いわゆるモリヌー問題と共通の問題圏に関わりながら、『盲人書簡』（一七四九年）を著わしていたディドロ（Denis Diderot, 1713-1784）もいた。モリヌー問題とは、先天盲の開眼手術が行なわれるようになったことを受けて、目の見えない時に触ることで、球か立方体か識別できた人が、手術で視力を得たのちに、それらを見るだけで判別できるのか、触覚による経験が必要かという、ロック以来の近世哲学を貫いた論争である。ディドロは、事物と事物から受け取る像との一致について正確に知るには、触覚が大いに貢献していることを主張していた。ヘルダーもやがて『彫塑』で、立体を認識する際の触覚の重要性を主張することになる。一七六九年から七〇年にかけて、ドイツへ帰る途中にヘルダーは、ハンブルクにレッシングを訪ねて、親交を結んでいる。

一七七〇年九月四日から翌年の四月まで、眼疾の治療のためにシュトラスブルクに滞在したヘルダーは、同年四月より勉学のため当地に来ていたゲーテと知り合い、ゲーテは頻繁にヘルダーを訪問、ヘルダーから人間的な感化のみならず、言語学、文学、美学など多方面にわたって影響を受け、その後も続く親交が育まれることになる。

一七七一年、『言語起源論』を発表、人間にとって言葉は神から与えられたものではなく、自然に発せられる感情の叫び声であるとともに、理性の働きの所産でもあるとして、「言語の起源は、それが人間に求められる限りにおいてのみ、神的なものと呼ぶにふさわしい」（『言語起源論』大阪大学ドイツ近代文学研究会訳、法政大学出版局、一七一頁）という。この論考のなかでヘルダーは、理性と感性を二元論的に捉えるのではなく、知性、理性、意識、感受性など身体とを統合的に捉える人間観を提示している。「人間の魂は一個の創造者として、神の本質の似姿として、理性のあらわれとしての言語を自らつくるのである」（『言語起源論』、一七一頁）。言語能力を、「神的な自然」の語りかけに対する人間理性の呼応として捉える時、ヘルダーには完成に向かって進む人間理性に、神の御業に通じるものを見ていたと言える。こうした発想は、歴史哲学に結実して、『人間性形成のための歴史哲学異説』（一七七四年）、『人類歴史哲学考（第一部〜第四部・未完）』（一七八四〜一七九一年）という大著が刊行される。

論争の経緯

一七七六年一〇月には、ゲーテの尽力によってヘルダーはヴァイマールの宗務管区総督の地位に就くために転居、以後『彫塑』など、この地で執筆を続けることになる。一七八〇年の初夏には、ヤコービとレッシングがヘルダーを訪ねたとも伝えられているが、確たる証拠は残されていない。しかし、スピノザ論争が展開される前夜とも言うべき時に、ヤコービとヘルダー、レッシングとゲーテが交誼を結んでいたという事実、そしてヘルダーとモーゼス・メンデルスゾーンとが旧知の間柄であって、しかも一七八三年には、ゲーテと共同でヘルダーがスピノザについて研究を深めているということなどを考え合わせると、スピノザ論争は、その影響が広範に及んだことももとより、発端も、単にヤコービとメンデルスゾーンとの間の私信を通した個人的な論争と見るべきでないことは言うまでもない。

一七八四年八月一日にメンデルスゾーンが『回想録』という小論をヤコービ宛書簡に付して反論するも、メンデルスゾーンが直接、スピノザの原典を読んでいなかったことをヤコービが看破、一七八五年以降、公然となった論争のなかで、メンデルスゾーンの『朝の時間』（一七八五年）が刊行されると、メンデルスゾーンとの文通の経緯を直接伝えるものとして、ヤコービが『スピノザ書簡』を刊行、一七八六年にメンデルスゾーンは『レッシングの友人たちに』を出版すると、ヤコービも『メンデルスゾーンの告発に抗して』（一七八六年四月一九日序文脱稿）で対抗する。こうした時局に臨んでヘルダーも『神――幾つかの対話』（一七八七年四月二三日序文脱稿）を世に問うことになる。ところが、一七八九年にヤコービが、一連の関係文書と八つの付論を新たに付け加えて刊行した『スピノザ書簡（増補第二版）』（一七八九年四月一八日序文脱稿）では、ヘルダーの『神』まで批判されることになったのである。

レッシングがスピノザ主義者であったかどうかという問題をきっかけとして、スピノザ哲学が無神論かどうかをめぐる論争から実に一〇年を経て、無神論論争の第二幕目とも言うべき論争が生じた。一七九八年末から湧き起こったフィヒテをめぐる無神論疑惑をきっかけにフィヒテ哲学を「ニヒリズム」だと追及したのが、ヤコービの『フィヒテ宛公開書簡』（一七九九年）であった。そしてこの期に合わせたかのように、ヘルダーも『神――スピノザの体系ならびにシャフツベリの自然賛歌についての幾つかの対話――（削除され増補された第二版）』を一七九九年一一月（刊行本の扉では一八〇〇年と記載）に出版することになる。つまり、ヤコービとヘルダーは二度にわたって、一〇年余りの時を隔てて無神論論争を展開したのであった。

次に、とりわけスピノザ哲学の受け止め方に着目しながら、個人的には友誼を結ぶところまで行っていたヤコービとヘルダーが、なぜ論戦を戦わせなければならなかったのか、その思想的境位を明らかにする。

2　ヤコービとメンデルスゾーンの論争

無限な実体

ヤコービは、一七八〇年七月五日から一一日まで、レッシングをヴォルフェンビュッテルに訪れた。七月七日の朝に行なわれたレッシングとの対話では、次のように語ったことをメンデルスゾーンに伝えていた。(4)「無限なものにおいては、どのような生成が生じようと、いかなる比喩を用いてそれを擬装しても、無限なものにおいてどんな変化が起きようと、何らかのものが無から措定されることになると彼〔スピノザ――引用者〕は見たのでした。そこで彼は、無限なものが有限なものへ移行することをいっさい斥けたわけです。彼は、いっさいの過渡的原因を、二次的な原因であろうと、遠隔的な原因であろうと、斥けたのです。そして流出的な原因の代わりに、ただ、内在的な原因（Ensoph）を措定した。内在していて、永遠に自らにおいて変わることのない世界の原因を立てたのです。この原因は、そのすべての結果と一緒に総括されるなら、一にして同一のものということでしょう。この内在的で無限な原因は、そのものとしては、明らかに知性も意志ももっていません。なぜなら、それらの原因は、その超越論的な統一と一貫した絶対的な無限性のゆえに、思惟や意欲の対象をもつことができないからです」（Spi. Br. 14f.: Jacobi. I-1, 18f.: JW. IV-156f.）。

ここでヤコービは的確にスピノザの根本的な考え方をまとめている。ヤコービの見るところ、スピノザの根本的な思想は、〈無からは何も生じない〉であって、無限な実体にあって何か変化が生じるなら、その実体は唯一にして無限ではないことになる。したがって、流出論のように現象する世界へ無限な実体が移行するという考え方はスピノザにあっては斥けられ、世界の原因を結果としての世界に内在させたと理解したのである。この考え方こそ、ヤコービがスピノザに対する忌避感情の根源ともなった原点であるとともに、やがてシェリング、ヘーゲルらに決定的な影響を与えることになる、ドイツ観念論の発端ともいうべき論点である。

さらにヤコービは、メンデルスゾーンに宛てて、「無限なもの、永遠なもの、変転を蒙らないものにおいては、いっさいのものは無限にして変転せず、永遠に現実的である」(Spi. Br. 120: Jacobi. I-1, 94: JW. IV-1, 174) と、無限な実体においては何も始まらず、始まりがあったとしたら、無からの創造になりかねないことを的確に指摘した書簡を送ってもいる。さらに、メンデルスゾーン宛の書簡に、メンデルスゾーンのスピノザ理解を助けるために同封した「ヘムスターホイス宛書簡の写し」においても、ヤコービは、「人が原因から原因へと辿るなら無際限に進んでしまいます。すなわち、ある行為の絶対的で純粋な端緒を想定できるには、無が何かを産出することを想定しなくてはならないのです」(Spi. Br. 107: Jacobi. I-1, 84: JW. IV-1, 157f.) とスピノザに語らせている。まさしく「無から生じ得るものは何もなく、また無へと還帰し得るものもない」(Spi. Br. 159: Jacobi. I-1, 57: JW. IV-1, 125f.) というわけである。

こうした的確なスピノザ理解を示しながら、ヤコービはスピノザには与さない。「スピノザの神は、ありとあらゆる現実的なもののなかの、現実性の純然たる原理であり、あらゆる現存における存在の純然たる原理であり、徹底的に個体性に欠けていて、端的に無限である。こうした神の統一性は、区別されるべきではないものの同一性に基づいているので、ある種の数多性を排除しない。しかし、単にこうした超越論的統一というように見られるなら、神性は端的に、ただ、特定の個別的なものにおいてのみ表現され得る現実性を欠くことになるに違いない」(Spi. Br. 41f.: Jacobi. I-1, 39: JW. IV-1, 87)。この引用の後半は、スピノザの思想の要約としてはそぐわない印象をも受けるが、このようになったのにはわけがある。実は、レッシングが『人類の教育』（一七八〇年）で次のように語る七三節を、ヤコービがスピノザと重ね合わせにして捉えたからこそ、先のような紹介になったと考えられる。「三位一体論が人間悟性を限りなくああだこうだと惑わした挙句、結局のところ神は有限な諸事物が一つであるという意味で一つであることはできないということを、すなわち神の統一はある種の数多性を排除しない超越論的統一でもあるに違いないということを、認識する途上まで連れてきただけであったなら、どうだろう？——神は少なくとも、自分自身についての完全な表象を、すなわち神自身の内にあるすべてのものを含み込んでいる表象をもっていてはいけないのか？」(Hanser-Lessing, III, 653)。

もとより、「知性的で人格的な世界の原因を信じている」(Spi. Br. 17; Jacobi I-1, 20; JW. IV-1, 59) ヤコービは、レッシングがゲーテの詩「プロメテウス」に共感を示し、「ヘン・カイ・パン（一にして全）」をモットーとすると明言する対話がなされる以前から、彼に対してスピノザ主義者との疑念を抱いたのかもしれない。会話を終えてヤコービには、「レッシングは、世界から区別されない諸事物の原因を信じている。言い換えるならレッシングはスピノザ主義者である」(Spi. Br. 44; Jacobi I-1, 41; JW. IV-1, 90) という確信が生じたことを、対話の内容ともども詳細に、一七八三年九月四日付けの書簡でメンデルスゾーンに書き送ったというわけである。

翻ってみるに、内在的で無限な原因は、対象をもたない以上、そのものとしては、知性も意志ももっていないことは言うまでもない。ヤコービは言う。対象性を欠いたまま、内在的な原因が想定されている以上、結果が無限に続くということになる。そのうえ、世界の目的因が想定されない場合は、すべて作用因のメカニズムになりかねないことにヤコービは危惧を抱く。「純然たる作用因のみでいかなる究極原因も存在しないとしたら、思惟する能力は、全自然のうちに、単に観望するしかないことになる。観衆の唯一の仕事は、作用する力の機構にお伴することでしかない」(Spi. Br. 18: Jacobi. I-1, 20f.: JW. IV-1, 59)。目的や自由さえないままに、ヤコービとレッシングとの対話でさえ、私たちの身体の接近でしかなくなるという。そして対話の全内容は、延長、運動、速度というような要素に還元されてしまうというわけである。

メンデルスゾーンの反論

これに対してメンデルスゾーンは、一七八四年八月一日付けのヤコービ宛書簡に付した『回想録』で、ヤコービのスピノザ理解が解決できない難点に逢着すると反論する。「(1) 端緒なき系列がスピノザにとって不可能でないように思われるなら、諸事物の流出的な生成は、必ずしも、〈無からの生成〉に帰着しない。(2) これらの諸事物がスピノザにとって有限なものであるなら、無限なもののうちに有限な諸事物が内在することは、無限なものから流出することと同様、いやそれ以上に、理解されないように思われる」(Jacobi. I-1, 171: JW. IV-1, 104) というのである。

しかし、ヤコービの論点は、スピノザにあっては、無限なものにおいては何も生ずることはなく、無限なものから有限なものへの移行もありえないので、世界の原因として、内在的で無限な原因が想定されたというものであった。仮に、端緒のない原因―結果の無限の連鎖がスピノザにあって考えられているとヤコービが理解しているのなら、メンデルスゾーンのように、無限なものから有限なものが流出したからといって、〈無からの生成〉ではないというように反論してみても、ヤコービへの反論たり得たであろうか。「内在する (Inwohnen)」とメンデルスゾーンが言う時、そこには、〈部分〉として含まれるというニュアンスさえ感じられる。もちろん、スピノザの実体が有限なものを部分として含むものでないことは言うまでもない。

「内在的で無限な原因は、そのものとしては、明らかに知性も意志ももっていません。なぜなら、その原因は、その超越論的な統一と一貫した絶対的な無限性のゆえに、思惟や意欲の対象をもつことができないからです」(Spi. Br. 15; Jacobi I-1, 19; JW. IV-1, 57)。レッシングに対してヤコービがスピノザの根本思想を説明した箇所を取り上げて、メンデルスゾーンは次のように言う。

「あなたはさらに説明しておいでです。すなわち第一原因は、単に個別的な思想や個別的な意志の規定を否認する無限な自然だと。(……)ですからあなたは、第一原因のうちに、知性と意志という内在的な第一にして普遍的な原素材を付け加えようとなさっているのです。私はこうした説明をスピノザ自身の言葉としてはまったく理解できないことを認めざるを得ません。第一原因は思想をもっていますが、知性をもってはいません。第一原因は思想をもっているのです。なぜなら思想というのはスピノザによれば、唯一の真なる実体の主要特性だからです」(Jacobi I-1, 172; JW. IV-1, 105f.)。原因が結果としての世界に内在し、個別が実体の変様としてしかありえないスピノザの世界観が、メンデルスゾーンには理解できなかったのである。

すなわちポイントは、『人類の教育』でレッシングが神を、カテゴリーの区別を超えているという意味で、「超越論的な統一」として語ったくだりである。ヤコービはこう総括している。「レッシングが正しき信仰の有神論者だという証言に基づいて確固たる確信を抱くなら、私には、彼の『人類の教育』の若干の箇所がまったく不可解になる。とりわけ七三節が。私は誰かがこの箇所を、スピノザの考えとは別の仕方で明らかにすることができるかどうかを知りたい。だけど、スピノザの考えに従ってこそ、非常に容易に注釈を付すことができる」(Spi. Br. 41; Jacobi I-1, 39; JW. IV-1, 86f.)。「超越論的な統一」としての神を語るレッシングに対して、スピノザ主義者ではないかとヤコービが考えた根拠がここにある。

スピノザと比較するように、超越論的な統一として神を捉えるなら、規定された個別者のうちにこそ表現されている現実性が欠けてしまうではないかと難詰するヤコービに対して、メンデルスゾーンは、ただ規定された個別的な本質だけが実際に実在している諸事物だと認めたうえで、「ところが無限なもの、もしくは現実性の原理は、こうした個別性の〈総合（*Zusammen*）〉のうちに、〈総括（*Inbegriff*）〉のうちに存しています」(Jacobi. I-1, 180: JW. IV-1, 116f.) と言う。要するに、レッシングの疑惑を晴らそうとしてメンデルスゾーンは、無限性を意味している「超越論的な統一」を、有限性の〈総合〉や〈総括〉として釈明したというところかもしれない。しかしそうであるなら、〈ヘン・カイ・パン〉としての無限性は全一性を失ってしまうことになろう。あるいはメンデルスゾーンには、〈無限性〉もしくは〈統一〉について、理解できていなかったか、どちらかだということになろう。

メンデルスゾーンは言う。「さて、どのような集合体も、多様なものを総合する思想に基づいています。思想の外部では、言い換えれば、客観的に考察されるなら、どのような個別的なものも孤立しています。すなわち一つの独立したものです。ただ関連づけが働いてこそ、個別的なものが、全体の部分になるわけです。〈総合（*Zusammen*）〉の分肢になるのです。ところが関連づけは、思索の作用です。さて、スピノザ主義の観点をとると陥る混乱から私を救ってください。まず私は訊ねます。どこに、こうした思想が、こうした集合体が、〈個別者を全体へと関連づけること〉が自存しているでしょうか。個別的なものにおいてではありません。なぜなら個別者は、それぞれ全体の部分としてのみ自存しているからです。私たちがこうしたことを認めようとしないなら、私たちは、神性のうちに一種の数多性だけでなく、本当の無数の多数性をもつことになってしまうでしょう。また集合体においてでもありません。なぜなら集合体は明らかな不合理に逢着するからです。したがって、この〈パン〉が、この〈総合〉が真理をもつという時に、実際の超越論的な統一において、〈個別者を全体へと関連づけること〉は自存するのです」(Jacobi. I-1, 180f.: JW. IV-1, 117f.)。

すなわち、「超越論的な統一」を、言うなれば量的なものとして理解することによって、メンデルスゾーンは、レッシングをスピノザ主義者という嫌疑から晴らそうとしたのかもしれない。しかしながらこの点に、メンデルスゾーンが〈ヘン・カイ・パン〉を誤解するに到った根源を見定めることができよう。

「これまで私は常に、スピノザに従うなら、単に、唯一の無限なものだけが真の実体性だと信じてきました。これに対して多様な有限なものは、無限なものの単なる変様もしくは思想だと。あなたはこうした把握をひっくり返したのです。あなたは個別的なものに、真の実体性を与えました。その結果、全体は単に個別的なものの思想となってしまうに違いありません」(Jacobi. I-1, 181: JW. IV-1, 118)。こうしたメンデルスゾーンの論述に出会った時、ヤコービにしてみれば、いつ自らが、個別的なものに実体性を与えるようなことを述べたか、理解に苦しんだであろう。メンデルスゾーンは言う。「私がスピノザの体系のうちに見出した最大の難点は、私にしてみれば、彼が、制限されたものの総括から、制限されないものを成立させようとしたところにあります」(Jacobi. I-1, 182: JW. IV-1, 118)。レッシングを擁護する必要のない文脈でのメンデルスゾーンのスピノザ把握である。やはりここでも、メンデルスゾーンにおける「無限性」や「統一」の理解が、諸部分の量的な〈集積〉のニュアンスを帯びていることを看取しなくてはならない。

3　スピノザ研究の地平の拡大

スピノザへの予定調和説の読み込み

メンデルスゾーンによるスピノザ研究は実は遥か以前に遡る。一七五五年に刊行した『対話』で既にスピノザを、ライプニッツの予定調和の先行者として描出している。そこでは「ライプニッツ以前にライプニッツ主義者であった」(Gespräche, 174) 哲学者の言葉として、「身体が精神 (Seele) を思惟へと決定することはできないし、また精神が身体を、運動ないし静止へと、或いは他の或るもの（もしそうしたものがあるならば）へと決定することもできない」(Gespräche, 175) という、『エチカ』第三部定理二が示されている。それぞれに、思惟するものである限りの神、あるいは延長の様態に変様している限りの神から生ずるからである。スピノザにあっては、身体と精神は同一のものであって、ある時には思惟の属性のもとで把握され、またある時には延長の属性のもとで把握されるから、精神であり、身体なのである。

メンデルスゾーンによれば、「スピノザの意見の弁護人は、その媒介によってこそ身体と精神とが相互に結びつけられるところの本質に、必ずや、自由な意志を容認しなければなりません」(Gespräche, 177)。なぜなら、スピノザにあっていっさいの変化は、「純然たる機械的な根拠に基づいて、そうした根拠とともに」(Gespräche, 177) 語られる機械論的な体系だから、というのである。

「スピノザの意見はひどく不合理だと、世の人はすべて認めています。しかし、スピノザの意見は本来、彼がこの私たちの外部の可視的な世界に適用する限りでのみ不合理なだけです。これに対してライプニッツの言い方で語るなら、神の思し召しに先立って、さまざまな事物のあり得る連関として神の知性のなかに実在していた世界を考察する際に、スピノザの意見の多くは、真なる世界知や宗教と両立しうるのです」（Gespräche, 179）。スピノザにライプニッツの予定調和説の先行形態を読み込むことによって、メンデルスゾーンはスピノザを誹謗中傷から救おうとしたのかもしれない。

さらに、スピノザに予定調和説を読み込むことは、一七六三年五月の、レッシングに宛てた書簡からも看て取れる。そこでは、「予定調和の本質的な諸命題を、スピノザは、ライプニッツに先駆けて主張していました」（Lessing. Werke, VIII, 721）と、自説が繰り返されていた。メンデルスゾーンによれば、『エチカ』第二部定理七、心身並行論を定式化する〈観念の秩序及び連結は物の秩序及び連結と同一である〉という命題は、「おそらくライプニッツの体系では、スピノザによる場合と異なる仕方で論証されています。しかし、その命題はスピノザにおける場合とライプニッツにおける場合とでは、絶対的に違った意義をもつことになるでしょうか？（……）命題の意味は完全にライプニッツ的です」（Lessing. Werke, VIII, 721）というのである。メンデルスゾーンは「予定調和」と「並行」とを混同していた。確かに、「身体と精神とは、一にして同一の実体の相違せる様態です」（Lessing. Werke, VIII, 720）と理解してはいた。しかしまた次のようにも言う。「それゆえ、スピノザが身体と精神とを同じ実体だと、同じ個体だと見なすにしても、彼はそれらを、同じものだとは見なさずに、前述のように、まったく異なったものだと見なしました。これらの間には調和が生起するのです」（Lessing. Werke, VIII, 720）。

そもそもメンデルスゾーンのこの書簡は、一七六三年四月一七日付で書かれたレッシングのメンデルスゾーン宛書簡への返書であった。二人の間では、スピノザ哲学の枢要を、精神と身体との調和として捉えて、論議されていたのである。メンデルスゾーンに宛ててレッシングはこう書いていた。「身体と精神とが一にして同一のものであって、人はそれを思惟の特性のもとで表象したり、延長の特性のもとで表象したりしているだけなのだと、スピノザがはっきり主張しているのはどこか、私に仰ってください。スピノザにとってその際にどのような調和が思い描かれていたのでしょうか？」(Lessing. Werke, VIII, 517)。

スピノザをライプニッツの先行者として捉えて、精神と身体との予定調和説を説いたと見なしたところに、メンデルスゾーンが〈無限な統一〉に個別的なものの総合を見ることになった要因を求めることもできよう。

しかし、レッシングは、メンデルスゾーンのように、ライプニッツの予定調和説の先行形態をスピノザに読み込むことを批判していたのである。「だけどスピノザとライプニッツの二人が同じような言葉を用いる時、彼らは、同じ概念をそれに結びつけるのでしょうか？　そんなことは不可能です！」(Lessing. Werke, VIII, 518)。レッシングは、ヴォルフ的な二元論的世界観をも論駁した「神の外なる事物の実在について」という小論を著してもいる。そこでレッシングは、「神の外部に実在しているとされるすべてのものが、神のうちに実在している」(Lessing. Werke, VIII, 515) ことを主張している。レッシングのこの世界観は、個物を神の属性の様態と見るスピノザとは違っていて、万有内在神論とも呼ばれるべき考え方だと言える。すなわち、『人類の教育』の七三節で語られた「ある種の数多性を排除しない超越論的な統一」としての神に繋がる発想である。

そうだとすると、「スピノザ主義」ということで、メンデルスゾーンとヤコービとの理解が食い違っていたという事態が浮かび上がる。すなわち、メンデルスゾーンはスピノザの思想を、万有内在神論に引きつけて理解していた、と考えられる。そうすると逆にヤコービも、レッシングの万有内在神論とスピノザ主義とを同一視していたということになる。

スピノザを読むゲーテ

ゲーテに、「スピノザに倣いて」という草稿がある。成立時期は、ヘルダーと一緒にスピノザを研究していた一七八三年頃だとされる。そこでも、思索の中心は、どのようにして無限なもののうちで有限なものが存立し得るか、ということである。「無限なものが諸部分をもっているなどと言うことはできない。すべての制約された実存は、無限なもののうちにあるが、無限なものの部分ではない。それらはむしろ、無限性に関与しているのである。私たちは、制約されたものが自己自身によって実在するなどと考えるわけにはいかない、それでも、すべてのものは、たとえ〈あるものが他のものから展開されなければならない〉という状況が鎖のように繋がっているにせよ、実際には自己自身によって実在している、などと考えるわけにはいかない。それゆえ、ある事物が、存在していない他の事物から産出されるようだ、などと考えるわけにはいかない。むしろ、生き生きとした本質が、他のものに、存在のきっかけを与えるのであって、特定の状況において実在することを余儀なくする」（Wegner-Goethe, XIII, 7）。

あらゆるものを存立させる「生き生きとした本質」がゲーテにおける無限なものである。「どのような生き生きとした本質においても私たちが諸部分と呼ぶものは、全体と不可分に、〈諸部分はただ、全体のなかで全体と一緒であってこそ把握され得る〉、というように叙述されている。諸部分が全体の尺度に適用されることもできないし、全体が諸部分の尺度に適用されることもできない。そこで前述のように、制約された生き生きとした本質は、無限性に関与する、あるいはむしろそれは無限なものを自らのうちにもっている」（Wegner-Goethe, XIII, 8）。無限性は、部分として制約された生き生きとした本質を自らのうちに含むとともに、制約された生き生きとした本質も自らのうちに無限性を担っている。こうした有機的な自然観の枠で、無限と有限が捉えられている。

そうした観点は、ゲーテの書簡からも看て取れる。「スピノザの眼差しの前ではいっさいの個物が消え去るように思われても、単一の事物（rebus singularibus）の内でしか、またそこからしか認識できないところの神的な本質について話題に耽っている場合に、より詳細かつ深遠な考察へと励ましたのは他ならぬスピノザその人を措いて他にいなかったことをご理解下さい」（Goethe, Briefe, 851）。このように、ゲーテ自身、スピノザから触発されたことを明言して、一七八五年六月五日に書き送った相手は、実に、メンデルスゾーンと書簡を通して論争を始めていたヤコービその人であった。ゲーテは言う。「ここで私は山を上り下りして、神的なものを草や石のうちに求めます」（Goethe, Briefe, 852）。

しかし、ゲーテ自身がスピノザから触発されたと述べている思想も、本論で見てきたように、必ずしもスピノザに即したものではなく、アニミズム的な自然観だったと言える。(5) そして実にゲーテは、刊行された『スピノザ書簡』の「前書き」が書かれる以前、一七八四年の一一月一二日付のヤコービ宛書簡で既に、ヤコービの『スピノザ書簡』の内容について知っていて、これに「歓迎」の意を示していた（Vgl. Goethe, Brife, 812）。このような人間関係と、スピノザ研究の地平で、無神論論争が始まったのである。

4　ヘルダーの『神――幾つかの対話』とヤコービ

神的な力の表現

ヘルダーの『神――幾つかの対話（初版）』は、スピノザ論争に異を差し挟むように、スピノザを、無神論でも汎神論でもなく、「神の現存在を熱狂的に夢想する人」（Herder. XVI, 439）として描き出す。そしてスピノザの神に対しては、ヘルダーは、「神の本性の内的な必然性」（Herder. XVI, 473）に無限な能力を見定める一方、「知性も意志も」（Herder. XVI, 473）、そして「人格」（Herder. XVI, 497）さえも認めなかった。そのうえでヘルダーは、人格神を認めていないという理由でもって無神論だとする非難に対抗する。

スピノザにあって現象が「様態」（Herder. XVI, 440）とされたところに、スピノザ哲学の受容され難さを捉えたヘルダーは、様態を、ライプニッツ学派の「実体の現象」（Herder. XVI, 441）に通じるものであって異端の考えではないこと、そして、デカルトの「機会原因」（Herder. XVI, 441）よりは、スピノザの唯一の実体という考え方のほうがまだましなことを指摘する。

スピノザへの反感を促した更なる論点を、神をもって「万物の、一時的ではなく持続的な、内在的原因」（Herder. XVI, 443）として把握した点に見定めたヘルダーは、神であるならば過ぎ去ることがどうしてあり得ようか、世界以外に神は住み得ないのだと反論することを通して、「世界はすなわち（……）相互に並んで前後に秩序づけられた事物の持続の体系」（Herder. XVI, 445）だという。その世界は言わば生気に満ちていて、「発生にこそ、神の、植えつけられた内在する力の奇跡がある」(Herder. XVI, 456) ので、ヘルダーによれば「私たちは全能に取り囲まれて、全能の大洋を泳いでいる」(Herder. XVI, 456) というのである。

とはいえ、「自己自身によって無限なものと、空間と時間とによって想像力のうちで考えられた無際限なものとの違い」(Herder. XVI, 456f.) をヘルダーは明確に指摘する。「もしこの区別が把握されていたならば、世界的(weltlich) にしてかつ世界外(ausserweltlich) の神について、こんなに論じられることはなかったことでしょう。いわんやスピノザが、神を世界のなかに包含して、神と世界とを同一視したなどと咎められることもなかったでしょう。スピノザの、無限できわめて現実的な本質は、理性の無限なものと想像力の無際限なものとが一つでないように、世界そのものではありません。世界のどの部分も神の一部ではあり得ないのです」(Herder. XVI, 457)。こうしてヘルダーは、あらゆるものを、様態であって、「神的な力の表現」(Herder. XVI, 457) だとするのである。

この力をヘルダーは、デカルト流の二元論を避けるためにスピノザが探したけれどうまくゆかなかった「精神と物質との媒概念」(Herder. XVI, 451) だとして、その後の近代自然科学によって発見された引力、重力、磁力、電力、分解や反発のエネルギーなどとして具体的に確証されたもの (Vgl. Herder. XVI, 453f.) に見る。これによってメンデルスゾーンに見られたような、スピノザにおける「万有もしくは真なる実体」(Morgen, 230) を、「現実的な実在や思惟する実在すべての総括(Inbegriff)」(Morgen, 230f.) と見なすスピノザ把握を斥けるのである。

こうしてヘルダーは、レッシングが予感するに留まった「あらゆる思惟を超出しているより高次の力」(Herder. XVI, 503: Vgl. JW. IV-1, 61) を、スピノザにおいては「すべての諸力の基礎になっているだけでなく、これらが一緒になってもそれを汲み尽くすことのない実在的な概念」(Herder. XVI, 502) だと見なして、これを「現存在」(Herder. XVI, 502) と呼ぶ。「神の実存はあらゆる現実性の根拠です。すべての力の総括です」(Herder. XVI, 503)。このように把握することによってヘルダーは、「レッシングは、スピノザへの道を中途半端にしか進まなかった」(Herder. XVI, 502) と判断したのである。

ヘルダーの力概念は、有機体をモデル (Vgl. Herder, XVI, 456 u. 546) としたものであった。「生き生きとした諸力の領域」の連関をなすものとして、次のように力を描き出す。「私たちが物質と名づけるものはすべて、多かれ少なかれ、それ自身、生命を吹き込まれています。それは私たちの感官にとって現象としてだけでなく、その本性とその結合に従って一つの全体を形成している作用する力の領域です。一つの力が支配しているのです」(Herder. XVI, 546)。このように「力」に依拠することによって、スピノザを汎神論の呼び名から救済することができると、ヘルダーは考えたのかもしれない。種から芽生えて生い立ち、つぼみを結んで花を咲かせて実をつける、そして花は枯れても「最も賢明で最も美しい形態の萌芽」(Herder. XVI, 564) の形で「時の永遠に花咲く園」に種子を残した植物に、自らを創造する「根の力」(Herder. XVI, 565) を捉えるように、自らを形作りながら生命を育む有機体モデルで世界を解釈するとともに、「様態」や現象を、「それ自身、全面的に現存在である川の波」(Herder. XVI, 564) に喩えて説明したのであった。

自己自身を超える跳躍

このような『神(初版)』に対し、ヤコービは『スピノザ書簡』の第二版に新たに増補した「付論4」と「付論5」そして「付論7」で反論する。「付論4」では世界の原因が問題にされる。つまり、「世界の原因、すなわち最高の本質が、単に万物の永遠に無限な根源、能産的自然、最初のばねであるのか、それとも理性や自由によって作用する知性なのか」(Jacobi. I-1, 219f.; JW. IV-1, 76) というところに、ヘルダーとの相違をヤコービは見定め、「第一の原因は知性である」(Jacobi. I-1, 220.: JW. IV-2, 76) と断ずる。そしてヤコービ自身も、レッシングでさえも、「人格性を欠いた知性」(Jacobi. I-1, 220: JW. IV-2, 76.) など思いも及ばなかったと明言する。

ヤコービは、「最高の知性には必ずや、最高度の人格性をも、【すなわち自らにおいて存在し、自らについて知ることの完全性をも】認めざるを得ない」(Jacobi. I-1, 221.:【JW. IV-2, 77】) と主張していた。これに対してヤコービの見るところヘルダーは、「神的な知性が人間的な悟性ではなく、神的な意志は人間的な意志ではあり得ない」(Spi. Br. 339: Jacobi. I-1, 221: JW. IV-1, 78) という命題から出発していながら、スピノザのように徹底して「事物の最上の原因は知性ではあり得ない」(Jacobi. I-1, 221: JW. IV-2, 78.) と主張することをしないまま、「いっさいの知性の原理を、つまり人格的な現存在を殲滅した」(Jacobi. I-1, 221: JW. IV-2, 78.) とヤコービは総括し、ここにヘルダーを「有神論とスピノザ主義との中間体系」(Jacobi. I-1, 222: JW. IV-2, 80) だと非難したのである。

ヘルダーは、スピノザの神の無限な能力は必然的であり、そのもとでは「あらゆる思惟の根源は、スピノザによれば神に本質的であって、神の内なる無限の作用力についてはスピノザの体系に従うなら疑いようがありません」(Herder. XVI, 478) と述べ、知性と意志とを同一だとする。それにもかかわらず、「思惟もまた能力です。しかももっとも完全で端的に無限な能力です。なぜなら、まさしく思惟がすべてであり、そして自己自身において基礎づけられた無限な能力に具わるものをもっていますから」(Herder. XVI, 480) とも述べる。

ヤコービはこうしたヘルダーの所論に自己撞着を見るとともに、最高の本質・実在について語るためには、「自己自身を超える跳躍」(Jacobi. I-1, 228: JW. IV-2, 91)、すなわち「サルト・モルターレ」(ibid.) が必要だと言う。ヤコービは、自らが拠って立つ「究極原因の体系」と、スピノザにおけるような「単なる作用因の体系」の二つの可能性だけを認める。なぜなら、「知性と意志は、それらが第一にして最上のものでないなら、すなわちそれらが一にして全でないならば（……）、創造された自然に属するのであって、創造する自然に属するのではない。そうなると知性と意志は歯車であって、最初のばねではない。つまり連動し、その機構が伝達され得る歯車なのである」（Jacobi. I-1, 228; JW. IV-2, 92）。こうして、ヤコービは、「究極原因の体系と単なる作用因の体系との間に（私たち人間にとって把握できる）中間体系が存在し得る」（Jacobi. I-1, 228; JW. IV-2, 92）とするような立場をとったヘルダーの考え方を斥けたのである。

結び　『神——幾つかの対話』ふたたび
スピノザ哲学の認知

一七九九年一一月になってヘルダーの『神——幾つかの対話（削除され増補された第二版）』が刊行された。一七九九年といえば世紀の転換点にあって、フィヒテが無神論論争に巻き込まれ、イェーナ大学を辞職することを余儀なくされて七月にベルリンへ転居、ドイツ観念論がいわば世代交代を迎えるに到っていた。折りしも第二次無神論論争とも言うべき渦中にあって、ヤコービは、フィヒテ哲学にあって知の体系化が図られるなかで神の位置づけが難問に逢着することを指摘する書簡を送るとともに、『フィヒテ宛公開書簡』を一一月に公刊、フィヒテの自我論を「ニヒリズム」だと断罪するに到ったのである。ここでのヤコービの基本的な観点は、知られ得るような神なら神でない、神は知られ得ず、ただ信じられ得るだけである、というものである（Vgl. GA. III-3, 225）。したがってヤコービは、「無‐知の意識を人間における最高のものだと見なす」（GA. III-3, 225）とまで明言して、ソクラテスの轍に倣おうとする。ヤコービは自らの立場を、無‐知において本質を有する「非哲学」(GA. III-3, 226) だと称して、「ひとえに知ること」(GA. III-3, 226) に立脚する哲学を展開したフィヒテに対して、慇懃に時には持ち上げながらも一貫してシニカルに、自我論が無神論に逢着せざるを得ないとする見解を展開するのである。

『神――幾つかの対話』の初版以来一〇余年、「恐怖と嫌悪の念をもって名を呼ばれた」(Herder. XVI, 405) スピノザも高く評価されるようになり、「ドイツの哲学的地平では多くのことが変わってしまっていた」(ibid.)。ヘルダーリンやヘーゲルのような新たな世代だけでなく、既に大学に職を得ていたシェリングや、教授のフィヒテさえもが、自らをスピノザ主義者と公言して憚らなくなっていたのである。「スピノザの体系を分かり易くし、幾つかの言葉の障壁を取り除くことによって、スピノザが目指していたものを示す」(Herder. XVI, 406) 目的で公にされた『神――幾つかの対話(削除され増補された第二版)』では、基本的なスピノザ観には変更がないものの、叙述に関しては、初版に比べてきわめて大幅な改訂が施されていた。

スピノザのテクストや『スピノザ書簡』からの引用箇所を明示して、議論の信頼性を補強すると同時に、自己撞着をきたしている議論や、ヤコービに批判された箇所が削除されたり、書き改められたりしたのである。たとえば、ライプニッツとの関係について、初版では、「思惟と物質との間の予定調和」(Herder. XVI, 459) がスピノザの思想的根拠になっていた (Vgl. Herder. XVI, 462) と述べられていたが、二版になると、「ライプニッツの意味での予定調和ではない」(Herder. XVI, 462Anm.) と弁明される。また、レッシングに対する批判的言辞 (Vgl. Herder. XVI, 502f.) や、ヤコービの「信じること」についての詰問的な論調 (Vgl. Herder. XVI, 509) は削除された。

いっさいの力の根拠にして総括

他方、スピノザに対する宿命論だという非難に対しては、「私は神を決して運命に従属させているのではなく、かえっていっさいが神の本性から不可避的必然性によって成起すると考えているのです。これは、神は自己自身を認識するということが、神そのものの本性から生じるとすべての人が考えているのと同じわけです」（『スピノザ往復書簡集』畠中尚志訳・岩波文庫、三三九頁――一部、訳文を変えている）というスピノザの「書簡七五」を引いて反論する（Vgl. Herder. XVI, 509Anm.）。そして、「人格的で超世界的で外世界的な神性」（Herder. XVI, 508）というヤコービの神把握には、引き続き首肯できない旨が語られ、神、世界の原因が人格的でないことを次のように敷衍する。

人格というのは、面、それから劇場の役柄の謂いです。それを通して役柄一般の独自なものに帰着します。この独自なものによって役柄は、他の役柄から区別されます。こうして言葉は日常生活の言語に移行すると、「この人は柄にもないことをしている、とか、彼は自分の私事を事柄のうちに持ち込んでいる」などと言われるのです。人はこうして人柄を事柄に対置して、目立っているものを、際立って独自なものを、人柄ということで常に表示しています。そうして法廷用語へと、身分の相違へと移行しました。私たちはこうした擬人法について、何かを神に適用できるでしょうか？　神は面でもなければ仮面でもありません。人格者でもなければ、他者と一緒にいて、他者に並んで演ずるような特徴づけられた性格でもないのです。人柄は、偽者、想定されたもの、虚構されたものに帰着するのではなく、常に他者に関する容姿や教養、特徴についての独特なものに、身分に、ランクやそうしたものに帰着します。（……）こうして神は、人格を問題とせず、人格を演じないのです。(Herder. XVI, 497f. Anm.)

和辻哲郎が「面とペルソナ」で紹介して人口に膾炙した論点である。ヘルダーにとって神は、「現実性、実在性、活動的な現存在」(Herder. XVI, 502Anm.) を内実とするものであって、いかなる概念であろうとこれを前提するとともに、これが「いっさいの力の根拠にして総括」(Herder. XVI, 502Anm.) であるとされたのである。

その有機的自然観は、二版ではいっそう徹底され、予定調和説の先行形態をスピノザのうちに見るのではなく、「有機的諸力」(Herder. XVI, 461Anm.) によってスピノザが世界を連関づけようとした、と解釈された。しかしこれでは、スピノザ哲学からますます逸脱することに繋がってしまう。もとより、「スピノザの、無限できわめて現実的な本質は、理性の無限なもの［絶対的なもの］と想像力の無際限なものとが一つでないように、世界そのものではありません。世界のどの部分であろうと神の一部ではあり得ないのです」(Herder. XVI, 457 [Anm. 4]) と、実体と世界とを切り離してしまったことによって、ヘルダーは、スピノザの無限な世界というより、アニミズム的な世界を語ることになった。

初版で「ここでもスピノザ自身の光を遮ったのはまたもやデカルトの間違った解釈でした。思惟と延長とはスピノザにとって二つの互いに接触し得ないものとして対立しています」(Herder. XVI, 479) と書いたヘルダーは、ヤコービから、これではレッシングがスピノザへの道を中途半端に進んだというよりも、「スピノザが自己自身への道を中途半端に進んだ」(Jacobi. I-1, 226: JW. IV-2, 87) ことになるではないかと厳しく批判された。ヤコービは手持ちの『神――幾つかの対話』の献呈本のこの箇所に、「間違っている」と記したという。[6]

その結果、第二版では「スピノザではなく私から光を奪っていたヴェールを引き裂いて下さったことに感謝します。デカルトの用語では、思惟と延長とは彼にとっては二つの互いに説明できない属性として対立しているのです」(Herder. XVI, 479Anm.) と改められた。

さて、ドイツ観念論の行き着いた先、ヘーゲルの思弁哲学がスピノザの実体形而上学の主体化であると見るならば、スピノザをめぐる論争は、その橋渡しとなり得たのであろうか。『神——幾つかの対話』におけるヘルダー自身は、「どのようにして、到るところで自然が有機化されるのか」(Herder. XVI, 463Anm.) ということを考察する自然学を、「後自然学」としての形而上学に優先させていた。「自然学と博物学とは、〔哲学が休んでいる〕その間にも、力強い歩みで前進する。そして思弁哲学は形而上学、すなわち後自然学 (*Nachphysik*) でしかないのです」(Herder. XVI, 463f.)。その結果、ヘルダーの『神——幾つかの対話』は、思弁哲学への橋頭堡にならないままに終わった。むしろスピノザ駁書であった『スピノザ書簡』が、ドイツ観念論におけるスピノザ受容にあたって大きな意義をもつことになったのは、思想史のダイナミズムの証しでもあり、歴史のイロニーと言うべきであろう。

註

(1) 本書の第六章、「第六章 事実から事行へ——ヘーゲルによるシュルツェ批判、クルーク批判の前哨」が中心的に取り扱っている。

(2) 拙著『ドイツ観念論の歴史意識とヘーゲル』(知泉書館、二〇〇六年) の第三章「ラインホルトの根元哲学が目指したもの」、第四章「関係と超出——ヘーゲルの思想形成とラインホルト」を参看賜れば幸甚である。

(3) Vgl. Otto Pöggeler: Hegel und die Anfänge der Nihilismus-Diskussion. In: Der Nihilismus als Phänomen des Geistesgeschichte in der wissenschaftlichen Diskussion unseres Jahrhunderts. Hrsg. v. Dieter Arendt (Wissenschaftliche Buchgesellschaft) 1974.

(4) この対話の大筋については、拙著『ドイツ観念論の歴史意識とヘーゲル』(知泉書館、二〇〇六年) の第二章「哲学の歴史が作られる現場」を参看賜れば幸甚である。

（5）こうした把握については、本章の執筆当時、新潟大学人文学部の同僚であった畏友、山内志朗氏から教示を受けたことに謝意を捧げる。

（6）Vgl. Klaus Hammacher: Herders Stellung im Spinozastreit. In: Herder und die Philosophie des deutschen Idealismus. Hrsg. v. Marion Heinz (Rodopi) Amsterdam 1997, S. 179f.

第三章　実体形而上学から主体の哲学へ——実体が主体へ到る理路

はじめに

ヘーゲル哲学の基本的な立場は、主体の自己実現を通した思弁的な認識への理路の構築と、それを跡づける弁証法的な論理に見ることができる。そこには、ヘーゲルの思索のダイナミズムとは対極に立つスピノザの「自己原因」や「規定は否定」という考え方もまたいきづいていることを、確認しなくてはならない。確かにヘーゲルは、不動のまま、すべてのものを包含するというスピノザの実体を、いっさいを消失させる空無の深淵だと見る一方、自己否定を乗り越えて自己展開する主体を哲学の原理に据えた。しかし、実体を「自己原因」として捉え、有限者を「否定態」として捉えるスピノザの考え方は、紛うことなく、ヘーゲルの思索の核心部へと取り入れられたのである。本稿では、実体の主体化こそがヘーゲル哲学の根幹であったことについて、スピノザを振り返りながら、概観することを目的とする。

1　実体から自己否定する主体へ

教養としての『スピノザ書簡』

一七八八年一〇月二一日にテュービンゲン神学校にヘーゲルは入学した。しかし、厳格な監督システムや貧弱な施設に加えて、堅苦しい授業という学生生活に満足を覚えることは少なかったようである。啓蒙主義の思潮をヘーゲルは吸収する一方で、フランス革命の報に、自由と平等の理念に心酔し、時にはバッカスの宴にも酔い、合法性よりも道徳性を体現しようとする日々のなかで、やはり学生生活に満足を覚えていなかったヘルダーリンと親しく交わるようになる。さらに九〇年の秋には、彼らの故郷、シュヴァーベンの敬虔主義に共鳴するフリードリヒ・ヴィルヘルム・ヨゼフ・シェリングが入学してくる。五歳年下であったにもかかわらず、首席だったシェリングは、寄宿舎で部屋をともにして、勉強会を重ねてゆく。そのテキストの一つが、ヤコービの『スピノザの学説について、モーゼス・メンデルスゾーン氏に宛てた書簡』（以下、『スピノザ書簡』と略記）であった。『スピノザ書簡』は、一七八一年に五二歳で亡くなった親友レッシングの伝記を執筆しようとしていたメンデルスゾーンに対して、ドイツ啓蒙主義の第一人者レッシングが実はスピノザ主義者であったことを暴露しようとしてヤコービが仕掛けた論争の記録である。スピノザ哲学は、それまでは汎神論だとして「死んだ犬」のように忌み嫌われてきていた。ヤコービ自身は、ブルーノからの抜粋などをも織り込み、スピノザ主義を詳細に紹介したうえで論難することを通して、メンデルスゾーンの無理解を際立たせようとするが、実にその論述によってスピノザ理解が進むことになったのである。

ヘルダーリンによるフィヒテ聴講

彼らがテュービンゲンの学窓を巣立った頃は、フィヒテがドイツ思想界の中心になろうとしていた。一七九四年一一月、ヘルダーリンは教え子とともにイェーナに転居して、フィヒテの家の隣に住んで、「論理学と形而上学」の講義を聴講することになる。その感激と疑問点とを一七九五年一月二六日付の書簡でヘーゲルに宛てて書き送っている。

「フィヒテの思弁的な論稿である『全知識学の基礎』、それから公刊された『学者の使命』についての講義は、君にとっても興味深いと思うよ。最初僕は、彼を独断論じゃないのかと疑っていた。僕の推察なんだけど、実際に彼は岐路に立ってもいたし、今でも立っているように思うよ。彼は〔ラインホルトの著書『人間の表象能力についての新〕理、論〔の試み』〕における意識の事実を超えようとする。（……）フィヒテの絶対的な自我はスピノザの実体と同じものだけど、これはいっさいの実在性を包括している。絶対的な自我が全てであって、それ以外は無ってわけさ。だからこの絶対的な自我にとって客体なんか存在しない。そうでなかったら、いっさいの実在性が絶対的な自我の内にあるってわけにいかなくなるからだ。だけど、客体なしの意識は考えられないし、僕自身がこの客体でもあるわけで、そうなると僕は客体としては必然的に制限されていて、時間の内で存在するしかなく、だから絶対的ではない。したがって、絶対的自我においては意識など考えられるべくもなく、絶対的な自我としての僕は意識をもっていない。すると、僕が意識をもたない以上は、僕は（僕にたいして）無になってしまう。だから絶対的な自我は（僕に対して）無というわけさ」(StA. VI-1, 155)。

フィヒテ哲学のうちに〈自我か無か〉という二者択一を捉える受けとめ方については、一七九九年の『フィヒテ宛公開書簡』でヤコービが鮮明に追求した論点であるが、[1] ヤコービ自身がすでに、一七八七年の『信念についてのデヴィッド・ヒューム』において展開したカント批判からして、哲学知か、さもなくば無かとする論点を見出すことができる。「私がすべてであって、私の外部では、本来の悟性においては何もない。すると私は、私のすべては、何らかのものについての単に空虚な目くらまし、形式の形式、幽霊でしかない」(JW. II, 217)。ヤコービが、哲学におけるあらゆる論証は宿命論へと到ると見て、媒介による哲学的な知を斥け、無媒介的な確信を求めていたことには間違いない。『スピノザ書簡』でヤコービは言う。「すべての哲学的な認識は、それが根拠の命題に従って、つまり媒介(*Vermittelung*)に従って引き起こされるなら、必ずやただ媒介的な認識でしかありえない。把握されなければならないのは、どうして私たちは哲学的な認識に、すなわち最高の実在の認識にも私たち自身の人格や自由の認識にも到達できないのか、ということである」(Jacobi. I-1, 156)。ヤコービが、〈媒介〉や〈把握〉を避けて、〈信じること〉や〈直接知〉に依拠したのは、世界をメカニズムとして捉えることを避けるためであった。[2]

ヤコービにしてみれば、フィヒテの自我論は、そうしたメカニズムを代表する思想に他ならなかったであろう。やがて、一七九九年に、『フィヒテ宛公開書簡』でフィヒテを無神論だと批判するヤコービ自身の論点を、ヘルダーリンが先取りしていた、と言えるかもしれない。この書簡でヘルダーリンは、自我論をスピノザの実体論と重ね合わせて捉えるとともに、「自我は、ただそれが自分を意識している限りにおいてのみ存在する」(GA. I-2, 260)と、自我の自己措定を語っていたフィヒテに対して、絶対的な自我の位置づけに疑問も呈していた。それだけ、彼らのスピノザ理解について及ぼしたヤコービの影響が大きかったことが想像される。

スピノザ解釈をめぐるシェリングとヘーゲル

時をほぼ同じくして、シェリングもヘーゲルに、「僕はスピノザ主義者になりました！」と、フィヒテの自我論の解釈を書き送っている。「僕にとっては〈自我〉がすべてです。（……）僕にとってあらゆる哲学の最高の原理は純粋な絶対的〈自我〉です。（……）人格性は意識の統一によって生じますが、意識は、客体がなかったなら可能ではありません。ところが神にとって、つまり絶対的な〈自我〉にとっては何ら客体は存在しません。客体によって絶対的であることを止めるからね。――だから人格神は存在しないのです。そこで僕らの努力は、自分たちの人格性の破壊、存在の絶対的な領域への移行なのです」（Br. I, 22）。この書簡は、シェリングが執筆中であった『哲学の原理としての〈自我〉について』（以下『自我論』と略記）の要約とも言えるものであった。

シェリングは自己否定によって、絶対的なものへ限りなく実践的に接近することを目指す。そして、「絶対的な自我は、己れと有限な自我とが等しくなることを、すなわち有限な自我があらゆる数多性、あらゆる変化を自らのなかで端的に無化することを要請する」（Schelling, 1-2, 125）という。「世界の究極目的」（Schelling, 1-2, 128）としての絶対的な自我は、スピノザの実体にフィヒテの〈自我〉が重ね捉えられたものであったと見て良い。ただこのことの落ち着きの悪さについて、ヘーゲルは、シェリングに書き送った一七九五年八月三〇日付けの書簡で指摘している。

シェリングの『自我論』の一二節における論述、「自我が唯一の実体である。（……）存在するものはすべて、この自我の単なる偶有性である」（Schelling, 1-2, 57）に言及して、ヘーゲルは次のように述べている。「君は唯一の実体としての自我に属性を付与しているね。実体と偶有性が相関概念であるなら、実体の概念は絶対的自我に適用されなかったはずだよね。自己意識の内に現われる経験的な自我に適用されるのならともかくね」(Br. I, 32)。ヘーゲルのこの叙述は、「属性とは、知性が実体についてその本質を構成していると知覚するもの、と解する」（スピノザ『エチカ（上）』畠中尚志訳、岩波文庫、三七頁）という第一部定義4をめぐる解釈の再確認を行なっている。すなわち、属性は、実体が実在している際の顕われとして捉えるか、それとも、実体を知性が認識する際の形式なのか、という論点の確認である。さらに、絶対的自我に実体概念を適用するからには、実体と相関的に偶有性を捉えているものではないことも確認している。

実体と自我との折り合い

もとよりフィヒテは、〈自我〉が〈非我〉と対立し合うその根拠を、「分割可能な〈自我〉に分割可能な〈非我〉を対置する」という〈自我〉に求めた。自我の自己措定という〈自己関係性〉に自我の成り立ちを求めるとともに、自我の基底にスピノザの実体に通じる働きを見ることによって、自己関係性を実体にまで拡張した。言うなれば、実体を主体との自己関係性のうちに捉えて、これを自我の基底として抽出しようとしたと言って良いかもしれない。

フィヒテの自我論に沿ったシェリングの把握によれば、「生成し消滅するすべてのものの根底に、自己自身によって存続する何らかのものという、純粋で不変の一つの原存在があるに違いない」(Schelling, 1-2, 120) ということをスピノザは提起したのだという。「存在するものすべての内在的な原因」(Schelling, 1-2, 121) として〈自我〉を捉えることによって、シェリングは、自己意識において想到する〈私〉を超えて、いわば世界の内在的な自己原因として、絶対的な〈自我〉を構想していた。スピノザの自己原因としての実体は、絶対的な自我であるとともに、意識の統一の根拠ともされたわけである。

これに対し、自己意識のなかで〈私〉が立ち現われてくることはあるにせよ、これは、実体の概念とは別に、経験のなかでしか知られることではないとヘーゲルは見ていた。ヘーゲルの先の手紙は、そうしたシェリングの思索の位相を見抜いていたことを物語っている。こうした理解を踏まえたうえで、ヘーゲルは実体について、偶有性と対概念として捉えるのなら、絶対的な自我ではなくて、自己意識において立ち現われる主体としての〈私〉に適用されるべきだということを指摘したのであった。

自己否定を生き延びる主体

『自我論』に続きシェリングは、『独断論と批判主義についての哲学的書簡』の第四書簡までを、一七九五年八月一三日に、そして残り後半部を翌年一月二二日に分けて書く。前半部の執筆を終えた一七九五年七月下旬から八月末の間に、テュービンゲン神学校を卒業してのち、初めてシェリングとヘルダーリンが会った。そしてこの年の一二月中旬にも、『哲学的書簡』後半部執筆中のシェリングは、フランクフルトに向かう途中のヘルダーリンと会うことになる。この邂逅に際してヘルダーリンはシェリングの転回を感じ取り、ニートハンマーに宛てて、「シェリングはもっと悪い道を通って目標に到達してしまう前に、貴方もご存知の新しい議論をもってより良き道を進んできています」(StA. VI-1, 203) と伝えたのである。ヘルダーリンは、何をもって、無限な自我への接近を要請していたシェリングから、より良き転回を看て取ったのであろうか。

スピノザが内在的な原因を持ち出したのは、実は、絶対的なものがどうしてみずからの外に出て有限な世界になるのか「謎」のままだったからだ、とシェリングは見るようになっていた。内在的な自己原因というだけでは説明になっていないというわけである。これに対してシェリングは、「第七書簡」において、有限なものそれ自身のうちに、有限なものから無限なものへ移行するという自己否定の契機が内在していることを明らかにする。スピノザは、現実に存在するものはすべて、無限なものの様態だと考えた。そうなると、有限なものについては、絶対に客観的な無限なものの内で没落するよう努力(streben)せよという要求(Foderung)しか生じないとシェリングは見た。なぜなら、スピノザの真意が、「無限なものから有限なものへのいかなる移行をも斥け、(……)世界の内在的で永遠に自らにおいて変わることのない原因を措定する」(Schelling, I-3, 82; Vgl. Jacobi, I-1, 18)ところにあったからだと、ヤコービの『スピノザ書簡』から引用して説明する。自ら自己否定する主体をスピノザは知らなかったというのである。「なぜなら、自分を無化(vernichten)できるためには、それは自己自身の無化を生き抜かなければならない(überleben)。ところがスピノザは、こうしたものとしての主体を知らなかった」(Schelling, I-3, 84)。自己否定を生き延びる主体という構想は、スピノザ超克を図るなかで、シェリングによって生み出されたのであった。

実体ではなく主体

実は、右の『スピノザ書簡』からの引用箇所は、ヘルダーリンも抜き書きしている(Vgl. StA, IV-1, 207)。そして、「懐疑論論文」でヘーゲルが「理性命題」論を打ち出した際の基本認識であるところから、ヘーゲル、シェリング、ヘルダーリン、三人の勉強会での中心的な論点であったとも推測できるのである。

イェーナ大学での教授資格を得るための「就職テーゼ」(一八〇一年)においてヘーゲルは、「批判哲学が提起する理性の要請の実質は、批判哲学そのものをまさに破壊するとともに、スピノザ主義の原理である」(GW. V, 227)と主張した。そのときヘーゲルの念頭にあったのは、前提されている無限な理念に向けて、有限なものの無化を要請するなら、ヘルダーリンやシェリングの書簡で指摘されたように、経験的世界が没落してしまいかねないという見極めであったに違いない。実体から有限なものを導き出すのではなく、主体が自らの制約を否定して実体に到るという理路は、『スピノザ書簡』を通してスピノザを学ぶ、三人の勉強会から醸成されることになったのである。

2　〈自己原因〉から思弁へ

ヘーゲルによる自己原因の解釈

ヘーゲル自身がスピノザに捉えた積極的な思想は、自己原因という考え方であった。それはヘーゲルにおける「思弁」の構造と、主体概念の成立の現場を告げている。「懐疑論論文」で次のように「自己原因」に、原因と結果、本質と実在を対概念として捉える悟性的な認識を超える把握を看て取っている。

「スピノザは彼の『エチカ』を次のような説明で始めている。『自己原因ということで私が理解するのは、その本質が定在を自らのうちに包含するもの、あるいは、その本性がただ実在するものとしてしか把握され得ないもののことである。』――さてしかし、本質とか本性とかという概念は、実在が捨象されるがゆえに、措定可能なのである。(……)双方が結合されて一つのものとして措定されるなら、それらの結合は、一つの矛盾を含み、双方は同時に否定される。あるいはまた、スピノザのもう一つの命題が『神は世界の内在的原因であって、超越的な原因ではない』と語るとき、スピノザは、原因を内在的に措定し、その結果、結果と一つのものにした――だって、原因は、結果と対立する限りにおいてしか原因ではないのだから――ことによって、原因と結果という概念を否定したのである」(GW. IV, 208)。「懐疑論論文」でスピノザの「自己原因」に、原因と結果という相反する概念を合一した統一として実体を見るとともに、原因と結果とを動的な認識のプロセスのなかに置いたのである。『エンツュクロペディー』の七六節では、本文に注記を付け加えて、こう述べている。「スピノザの第一の定義は自己原因に関するものであって、(……)ここでは概念と存在との不可分が根本規定および前提となっている」(GW. XIX, 89Anm.: GW. XX, 116Anm.)。常識的には、原因と結果、概念と存在とは対立的に捉えられるが、スピノザにあって実体としての神は、原因にして結果であり、概念にして存在である。ヘーゲルはこうした把握に、有限性に囚われている認識を超える思弁的な認識を見た。ヘーゲルにとって「思弁」とは、悟性的な認識にあっては、原因と結果というように対立的に捉えられてしまうものを統一的に把握するところに成り立つものであった。二律背反は悟性的認識が指摘する矛盾であるが、思弁ならばそこに真理を捉えようとする、というようにである。思弁には、一面的で偶然的な、制約を担った認識を超えることが期待されていた。

ヘーゲルにおける主体概念の成立

ヘーゲルにしてみれば、自己原因としての実体概念を徹底したならば、スピノザのように、「区別もされず運動もしない実体性」(GW. IX, 18)に留まるわけにはいかないという認識に到ったに違いない。「ヤコービ著作集への書評」のうちに、スピノザの実体のうちにヘーゲル的な主体概念を見出した痕跡が看て取れる。「スピノザの最初の定義というのは、自己原因それ自体の概念であり、〈その本性がただ実在するものとしてのみ把握され得るもの〉としての、つまり〈自らのうちにあって自分に基づいて把握されるもの〉、〈その概念が他の事物の概念を必要としないもの〉としての実体の定義である。たとえば、そうしたスピノザの最初の定義からして、既に、単に硬直した存在や没精神的な必然性といったものよりも高次なものを見出すことは、難しいことではない。自由の純粋な概念、それだけで存在する思惟の、すなわち精神の純粋な概念は、〈主体＝客体〉に、というより、この自己原因の定義の内に含まれている」(GW. XV, 26)。

もちろん、こうした主体概念の成立の現場は、『精神の現象学』のなかにこそ、はっきり看て取れる。「精神である実体は、精神が〈自体的にそうであるもの〉へなることであり、この自らのうちへ反省する生成として初めて、精神はそれ自体にあって本当に精神である。精神はそれ自体で認識することという運動であり(……)実体を主体へと転換することである」(GW. IX, 429)。主体とは、自らの本来性に向けて、自己否定をも媒介としつつ、自己内反省して、自らを形成・展開してゆくものである。そして自己原因こそ、自己関係性の構造を示しているにもかかわらず、スピノザの実体には自己展開が欠けているとヘーゲルは見ていた。実体が主体として捉えられなければならないことは、『大論理学』でも次のように述べられる。「実体は思惟そのものを含んでいるが、しかし、ただ思惟が延長と統一しているかぎりでこそ、含んでいるのである。(……)まして、〈自己還帰し、自分自身から始まる運動〉として含んでいるのではない。したがって、実体には〈人格性の原理〉が欠けている」(GW. XI, 376)。

展開する体系

スピノザの実体が、ヘーゲルにとって絶対的なものに仮託した統一構造のモデルであったことには間違いがない。ところがそこには、〈絶対的なもの〉から〈属性〉さらには〈様態〉へという展開が欠けていた(Vgl. GW. XI, 377f.)。加えてスピノザ哲学に見出された、定義や定理から始めるという手法は、哲学にあって真理を前提するようなものであった。そこでヘーゲルは、ラインホルトらが展開していた意識論を導入したうえで、意識が思弁に到る道程を、有限な意識の自己展開を通して叙述する体系構想をイェーナ期に試行することになったのである。(3)

人口に膾炙している『精神の現象学』における次のフレーズは、こうしたスピノザとの対決の文脈において解釈されなくてはならない。「真なるものは全体である。しかし全体は、その展開を通して自らを完成させる実在に他ならない」(GW. IX, 19)。実体はスピノザにおけるように前提されるのではなく、体系叙述のなかで展開されなくてはならないというわけである。この論難は、意識律という根本命題の上に体系を樹立せんとしながら、知の基礎づけに終始したラインホルトへの批判と二重合わせになっている。「知はただ学としてのみ、言い換えるなら、体系としてのみ現実的であって、叙述されることができる。さらに哲学のいわゆる根本命題とか原理とかいうものは、たとえ真であっても、それが根本命題とか原理としてあるにすぎない限りにおいて、既にこれだけのことで偽でもある」(GW. IX, 21)。ただ、ラインホルトとは違い、スピノザは思弁的な思索を行なっていた。とはいえ、いきなり「哲学そのものをもって哲学を始めている」(GW. IV, 24) のでは具合が悪いとヘーゲルは見てもいた。「真なるものは体系としてのみ現実的なのであって、言い換えるなら実体は本質的に主体なのである」(GW. IX, 19)。

ヘーゲルは、スピノザと向き合うことを通して、知の原理が自己展開する体系構造に思い至ったと考えられる。そしてそれは、さしあたりは意識あるいは精神に知の原理を求めることによって、ラインホルトに代表されるような、意識の事実を前提する意識の哲学を超克することにも繋がった。イェーナ時代の中期以降、講義で語られた『精神哲学構想』(いわゆる『実在哲学』)、そして『精神の現象学』は、そうした思索の所産であった。意識が自らを展開することを通して絶対的なものに到り、自らを実現するという道程は、内面化と重なりつつ、実体の主体化を目指す道筋であるとともに、哲学の前提に終始したラインホルトと、哲学そのものをもって哲学を始めたスピノザという深い谷の間の、切り立った峻険な嶺を渡るような営みであった。

哲学の原理は、実体として把握されたり、表現されたりするだけでなく、主体としても把握され、表現されなくてはならないと、ヘーゲルは言う（Vgl. GW. IX. 18）。実体とは、本来、ダイナミックな自己関係性として捉えられなくてはならず、それは実体を主体として捉えるという課題に繫がるという見極めの上に、主体が成立したことは『大論理学』の次の箇所が明らかに伝えている。「だがしかし、スピノザにあっては、実体とその絶対的な統一は、〈【自己自身と媒介されることのない】動かないままの統一〉という【硬直した】形式を担っている。そこでは、〈自己〉の否定的な統一という概念、すなわち主体性はまだ見出されていないのである（GW. XI. 162【GW. XXI. 247】）。実体の主体化を、主体の実体化が担保する構造のなかで、自らの制約を自己超出しつつ生き延びる「主体」が、思弁に到る認識の展開主体として構想されたのである。

それならヘーゲルにとって、実体を主体化することができると考えるに到った要因は何であったのか。例えば、ドイツにおけるスピノザ受容の過程において、スピノザとライプニッツとを重ね合わせる形で解釈され、そこにヘルダーによる「力」の捉え方が加わるなかで、主体概念が形成される土壌を見ることもできるかもしれない。(4)

精神と身体

さらには、一七六三年頃のレッシングによるスピノザ研究のなかには、スピノザ哲学の枢要を、精神と身体との調和として捉えて、これをメンデルスゾーンと論議していたことをうかがわせる断片もある。「存在しうる最大の調和はつまり、事物が自己自身ともつ調和だ、と人は言うかもしれません。ところが、それは言葉でもって遊んでいるのではないでしょうか、事物が自己自身ともつ調和だなんて。ライプニッツは、その調和によって、身体と精神というような二つの相違している本質の合一の謎を、解決しようとするわけです」(Lessing, 517)。精神と身体との予定調和説を説いたという点で、スピノザをライプニッツの先行者として捉えることで、スピノザの救済を図ろうとする意図のもとで書かれたものだとされている。「精神は自らを考える身体に他ならず、身体は自らを延長する精神に他なりません。ところがライプニッツにあっては、——私に比喩をお許し下さいますか——自分たちの似像を鏡で初めて見ている二人の未開人です」(Lessing, 518)。ここで語られた「精神は自らを考える身体に他ならない」という認識は、明らかに「主体」概念を準備するものであったに違いない。そしてレッシングは、「スピノザは、すべての身体の変化がひとえに唯一、その身体独自の機械的な力によってのみ引き起こされ得るという可能性へと導いた最初の人」(Lessing, 517)と捉えることによって、紛れもなくヤコービの標的にされるべき思想家なのであった。

だが、ヘーゲルにあって、自己展開する「主体」概念が成立するにあたっては、自己否定を超克して、否定された結果をも自らにとっては肯定的なものへと転換しつつ生き延びる運動の論理が成立しなければならなかった。そこには思弁が前提されているという循環構造において、自己否定の論理の構築こそが、イェーナ時代にヘーゲルが格闘した思想的な問題であった。否定されて空無の深淵にすべてを投げ込むだけでは、そこから何も生まれない。新たなものを生み出すための自己否定、この否定を生き延びる論理は、「規定的否定」という弁証法的否定の論理によって、ヘーゲルにもたらされたのであった。

3　「規定は否定」と「規定的否定」

スピノザから同一哲学へ

イェーナ時代の初期にあって思弁的な哲学の方法を構築しようとするヘーゲルは、意識の哲学と厳しく対峙していた。『差異論文』にはこうある。「たとえば、スピノザの実体の概念は、原因にして同時に結果、概念であると同時に存在であると説明される。しかし、この実体の概念は対立的に措定されたものが矛盾において合一されているので、概念であることを止めるものである。——スピノザにおけるように、〈定義〉でもって始めるという端緒ほど、具合の悪く見える哲学の端緒はない。この端緒は、知の諸原理を〈基礎づけ〉たり、〈究明〉したり、〈演繹〉したりすることへ、すなわちいっさいの哲学を難儀なことに最高の〈意識の事実〉へと〈還元〉することなどとは、きわめて奇妙な対照をなしている。ところが、理性が反省作用の主観性から純化されている場合には、哲学そのものをもって哲学を始め、理性をただちに二律背反とともに登場させるスピノザのあの無邪気さも、しかるべく評価することができよう」(GW.IV,24)。スピノザ哲学に見られた〈定義〉や〈定理〉から始めるという手法は、哲学にあって真理を前提にするようなものだと論難する返す刀で、ヘーゲルが哲学の基礎づけに終始したと批判しているのはラインホルトの根元哲学である。定義づけからいきなり哲学を始めるスピノザの方法も具合が悪いものの、哲学への準備に留まっているラインホルトの方法に比べれば評価されるべきだと言う。

ラインホルト哲学を基礎として成立したフィヒテ哲学は、絶対的自我を構想するにあたり、スピノザの実体を援用したにもかかわらず、自我論においては主観と客観との同一性を実現しようとして、主観的な同一性に留まってしまった、こうした不徹底さの剔抉が『差異論文』でのフィヒテ批判の主旨であった。

「〔超越論的観念論と自然哲学との〕それぞれの学は、内面的に同一なので、（……）その連関と順序とに関してもそれぞれに等しい。一方が他方の証拠である。このことについて、少し前の哲学者がおよそ次のように語っていた。『（主観的なものの）諸理念の秩序ならびに連関は、（客観的なものの）諸事物の連関ならびに秩序と同一である』と。つまり、すべては唯一つの統体性のなかにある」（GW. IV, 71）。もちろんこれは、『エチカ』第二部定理七の「観念の秩序および連結は、ものの秩序および連結と同一である」（『エチカ（上）』岩波文庫、九九頁）を踏まえた論述である。超越論的観念論と自然哲学との同一性については当時、これを主張していたシェリングと、フィヒテとの間に論争があって、これがもとで両者は袂を分かった経緯がある。スピノザ哲学を援用することでヘーゲルは、シェリングの同一哲学の正統性を明らかにしようとしたのである。そして「精神における観念の秩序と連結は、ただそれだからこそ、身体の変化の秩序と連結と調和する」（Lessing, 518）という論点に、スピノザ哲学の中心を捉えたレッシングの把握と軌を一にするものであった。

超越論的観念論と知の基礎づけ

だからといって、ヘーゲルは同一哲学に全面的に肩入れしていたわけではなさそうである。一八〇一年の「哲学入門」講義でヘーゲルは、「理念は自然から出て、精神として自らを高め、絶対的な人倫として自らを有機化するようになります」（GW. V, 263）と、一八〇三年の「総合哲学概説」講義では、「精神の本質は、精神が自然に対立している自らを見出すことでして、この対立するものと闘い、自然に対する勝利者となって自己実現します」

（GW. V, 370）と、自然より精神を高く位置づけている。活字論文ではシェリングと歩調を合わせていたものの、講義では折りにふれて、シェリングに対する批判的な考え方が述べられていた。「フィヒテの知識学もシェリングの超越論的観念論も、両方とも、論理学もしくは思弁哲学を純粋にそれだけで叙述しようとする試みでしかありません。（……）シェリングはその後の哲学観にあって思弁的な理念を樹てることになりますが、理念そのものに即した展開（*Entwicklung*）を欠いたまま、一般的に提示しているだけです」（GW. V, 472）。シェリングの『超越論的観念論の体系』もフィヒテの『知識学』も、知の基礎づけでしかなく、その後の同一哲学もスピノザと同様に、理念の展開のないままだ、というわけである。

『エチカ』第一部定理八備考一には次のようにある。「有限であるということは実はある本性の存在の部分的否定であり、無限であるということはその絶対的肯定であるから、この点から見れば、単に定理七だけからして、すべての実体は無限でなければならないことが出てくる」（『エチカ（上）』岩波文庫、四二頁）。これを踏まえてヘーゲルは、次のように「信と知」で述べている。「スピノザは〈無限なもの〉を、ある本性の実在の絶対的な肯定態だと、逆に〈有限なもの〉を部分的な否定だと定義している。それゆえ、この単純な規定は、〈無限なもの〉を絶対的で自己同等的、不可分にして真なる概念にしている。この概念は本質的に、〈特殊なもの〉とか〈有限なもの〉を同時に自らのうちに含み、唯一にして不可分なものである。この無限性においては、何ものも否定されたり、規定されたりしない。これをスピノザは、『知性の無限性』と呼んでいる。これが〈実体の無限性〉であり、実体の認識が知的直観なのである」（GW. IV, 354）。

部分的に否定されたもの

有限なものを包括する実体を認識することを、「知的直観」に委ねたスピノザにあっては、有限なものが「部分的に否定されたもの」だと見なされた、とヘーゲルは理解した。しかし、このように有限なものが「部分的に否定されたもの」と見なされたところで、部分的否定という捉え方では、〈有限なもの〉と〈他の部分的に否定されたもの〉、さらには〈無限なもの〉との三項図式のなかに捉えられてはいるものの、〈肯定的なもの〉と〈否定されたもの〉とは、相互に離れていて外在的であるからして、ただちにこれをもってに規定的否定の前哨だと言うには問題が残る。それに、否定が量的なものでしかなくなる。大学三年生は、大学四年生ではないうえに、学生でさえないことになりかねない。

確かにスピノザは、有限なものとして規定されるものは否定されている、と見た。たとえば、これは薔薇であると規定されるや否や、梅でない、桜でない、藤でないなど、その意味では単なる花でさえなくなる。「限定は否定」（『スピノザ往復書簡集』岩波文庫、二三九頁）なのである。これに対して無限なものは、絶対的な肯定態として捉えられる。無限が限定されることの否定であるならば、まさしく否定の否定ということになる。懐疑論の否定作用にモデルを求めつつ、制約ある意識の自己否定を媒介として無制約の認識にいたる理路を模索していたのが、イェーナ時代のヘーゲルの思想的苦闘であった。

規定的否定

最晩年の一八三一年夏学期の「論理学」講義で、「規定は否定」は次のように説明されている。

「私たちが〈ない〉と言うとき、(……)それは〈ある〉と同じだということを言ってきました。規定されたものにおいて私たちは、ひとつの否定態というものをもちますが、スピノザはこう言っていました。『規定は否定である』。それは重要な命題でして、スピノザにとってはとりわけ重要でした。〈一なるもの〉を顧慮するなら、すべての規定されたなんらかのもの、さらにはありとあらゆる規定されたものは否定態なのです」(Vorlesung. X. 106f.)。

ヘーゲルの採ったストラテジーは、知的直観に頼らずに、有限な制約を担った認識が自らを否定することを通して、制約のない肯定的な認識、すなわち無限性に到るという意識の展開過程の構築であった。しかし、自己否定の契機をもって、それまでの内容がすべて否定されてしまっては、超出にはならない。そこで「規定的否定」なる構想が導入された。「結果が規定された否定態として捉えられることによって、ただちに新たな形式が発生していて、否定態において移行がなされている。この移行によって、諸形態の完全な系列を通して進む進展が自ずと生じてくるのである」(GW. IX. 57)。

規定的否定という構想によってこそ、認識の進展は生じ得る。たとえば、桜が冬芽をつけている。それは、つぼみでも花でもなく、冬芽である。やがてつぼみが膨らむ。桜が開花を迎える、桜はほどなく三分咲きとなる、桜が満開となり、散りはじめ、そして散り果てて、葉桜となる。新緑の桜もやがて紅葉して、枯葉となって舞う。そして桜が冬芽をつける。したがって眼前の冬芽は冬芽でありながら桜であるという認識は、規定的否定によってもたらされる。「概念的に把握する思索においては、否定的なものは内容そのものに必要なのであって、しかも内容の内在的な運動や規定としても、運動の全体としても、肯定的なものである。結果として捉えるなら、否定的なものは、この運動に由来する否定的なもの、すなわち規定された否定的なものであって、したがって肯定的な内容でもある」(GW. IX. 42)。

規定は否定

スピノザの〈規定は否定〉においては、無限なものは否定されたものの否定態に捉えられるとともに、有限なものは、他の有限なものから規定されつつ、自らの本性との関係において否定態だとされる。これに対し、ヘーゲルの〈規定的否定〉では、否定が自己関係的に、進展する知に組み込まれている。しかも否定された成果を肯定的に捉えるところに成り立つことになる。〈規定は否定〉と〈規定的否定〉との違いに関して『大論理学』は次のように語っている。「スピノザは、まず〈無限なもの〉を、何らかの本性をもった実在の〈絶対的な肯定態〉だと、逆に〈有限なもの〉を規定性として、否定として定義している。ある実在の〈絶対的な肯定態〉というのは、言うなれば、その実在の自己自身への関連として理解されるべきである」(GW. XI, 161)。

ところが、ヘーゲルにしてみればスピノザは、規定態は否定態であるという観点に留まって、「〈絶対的な、いわば自己否定を行なう否定態〉としての否定態を認識するところまでは進まない。したがって彼の言う実体は絶対的な形式さえを含まずに、実体を認識するといっても内在的な認識ではない」(GW. XI, 376) というのである。これに対して、規定的否定とは、制約を担った認識が自らの限界に直面するに到って自己否定を行なうことによって、無限な認識、思弁的な認識に到る道が自己関係的に拓かれるところに成り立つものであった。

『エンツュクロペディー』八二節では、「弁証法の成果は実のところ、〈空虚で抽象的な無〉ではなく、一定の諸規定の否定態であって、この否定された諸規定というのも、成果が無媒介的な無ではなく、成果である以上、成果のうちに含まれているからこそ、弁証法は肯定的な成果をもっている」(GW. XIX, 92; GW. XX, 120) とされている。否定されたからといって無ではない、そもそも有限なものは、規定されている以上、否定されているのだという見極めに、弁証法を成り立たせる核心があった。

振り返れば、一方で主観的に確実な意識に立脚しつつ暫定的に哲学を進めてゆく道筋を、懐疑論から受容した否定的理性でもって二律背反の淵に落とし込み、他方で、ただちに理念に到ろうとする直観知を、可能のように見えるかもしれないが、媒介的な思索の労苦を経なければ知には到らないと斥けることを通して、細い尾根筋を歩みながら、知に向けた主体の形成こそ実体の主体化に他ならないと確信を深めつつ、スピノザの思索の要点をまさに換骨奪胎するなかで、自らの思索を具体化していった、それがヘーゲルのイェーナ期の歩みであった。

結語　ヘーゲル哲学の揺籃としての『スピノザ書簡』

ヤコービ『スピノザ書簡』における「規定は否定」

弁証法的な論理の原型については、既に多くの論者によって、断片「愛」や『キリスト教の精神とその運命』に求められている。しかし、規定的否定の考え方はそこには見られない。ヘルダーリンの断片「亡びのなかで生まれるもの」に見られるような発想は、イェーナ時代初期のヘーゲルの「醗酵」論や「不死鳥史観」に通じるものがあるが、言うなれば、解体と再生の交代であって、進展や展開ではない。ヘーゲルに「規定的否定」の構想が生まれる契機は何であったのか。

ここでまたしても、ヤコービの『スピノザ書簡』に目を向けてみると、〈規定は否定〉に論及している箇所がある。スピノザによる書簡五〇の「規定は否定ですから、形態は私の申したように否定以外の何物でもあり得ないということになります」（『スピノザ往復書簡集』岩波文庫、二三九頁）を引きながら、ヤコービは説明を加える。「したがって、個々の事物は、ただ一定の規定された様態において存在する限り、非‐存在者である。そして規定されざる無限な実在は、唯一の真の実在的なものである」（Spi. Br. 131: Jacobi, I-1, 100）。続けて『知性改善論』からの次の言葉を引くのである。「それはいっさいの有であり、それを外にしてはいかなる有も存在しないのである」（『知性改善論』岩波文庫、六三頁）。

スピノザにあって、個別的で規定されたものは非‐存在者とされているとヤコービは見た。しかし、それでも個物は日常的な認識にあっては、現前する。ただし、有限なものは他者に依存して存在しているのであって、真に現実的なのではなく、有限なものについての認識も真の認識ではないという自覚、ここに規定的否定の構想が生まれたのではなかったか。そうであったとすれば、スピノザ駁書であった『スピノザ書簡』がドイツにおけるスピノザ復権の重大な契機となり、さらにヘーゲル哲学の揺籃の一つとなったという、思想史のダイナミズムに思いを馳せざるを得ないのである。

註

（1）本書第五章、「虚無への供物としての知——フィヒテのニヒリズムに対するヤコービの批判」で主題的に論じられているので、参看を賜りたい。

（2）ヤコービの思想的立場については、本書の第一章「信念と懐疑——ヤコービによるヒュームへの論及とドイツ観念論の成立」、そして第二章「ヤコービとヘルダー」を参看賜りたい。

（3）クラウス・デュージング「観念論的な実体形而上学」（栗原隆・滝口清栄訳『続・ヘーゲル読本』法政大学出版局刊）四八頁参照。

（4）拙稿「端緒と実体」（神戸大学大学院文化学研究科『文化学學年報』第六号、一九八七年）を参照賜りたい。

Ⅱ　啓蒙の行方

第四章　合理化と神秘化——思弁的宗教論へと到る啓蒙の定め

いくつかの水脈が集まって、一挙に大きな流れになったドイツ観念論にあって、源流がどこであれ、時期的には「啓蒙」の次に位置していることは、議論を俟たない。カントやラインホルトに啓蒙論文があることは夙に知られている。たとえば、ラインホルトの、「世俗化以前の諸学ならびに以後の諸学」では、聖職者たちのくびきを振りほどいた国家において、諸学が回復されて自由を獲得する旨が述べられていた。これによって学問はますます明晰に、かつ有用なものになって、社会的な善になってゆくというのである（Vgl. Reinhold, Karl Leonhard: Schriften zur Religionskritik und Aufklärung. 1782-1784. S. 405f.）。

しかし、啓蒙を受けてラインホルトが掲げた「哲学革命」は、学の一般化への道を用意することにはならなかった。レッシング、メンデルスゾーンら、宗教の合理化を図ろうとした啓蒙に反して、ドイツ観念論の行き着くところは、シェリングであれ、ある意味ではヘーゲルであれ、むしろ、思弁化、ある意味では神秘化だったという歴史的な事実は、『啓蒙の弁証法』での基本認識、「啓蒙は神話に退化する」（ホルクハイマー／アドルノ『啓蒙の弁証法』一五頁、岩波文庫）という歴史のアイロニーを、あらためて物語るものである。

すなわち、「啓蒙のプログラムは世界を呪術から解放することであった」（前掲書二三頁）にもかかわらず、「無かいっさいかという仕方で世界を捉えるもろもろの解釈は、どれも神話論である」（前掲書五六頁以下）という認識は、ドイツ観念論そのものの運命を実証しているかのような思いに直面せざるを得ないのである。本章では、啓蒙の合理化がむしろ、思弁化の道を辿らざるを得なかった経緯を管見することを目的とする。

1　啓蒙主義の論調

周知のように、若きヘーゲルの哲学的思索の初発の動機は、ドイツ国民から主体的な態度を喪失させた、キリスト教の実定性についての研究であった。ヘーゲルの論点は、次の三点にまとめられよう。すなわち、宗教は、歴史記述の形で、教会の権威によって伝えられる他律的で客体的な宗教ではなく、「主体的な宗教」であることによってこそ、心胸のうちからの生き生きとした信仰が実現される。そして、信仰するものを内面から道徳的に教化することを通して、国民の啓蒙に寄与するものでなければならない、そのためにも大規模に働きかける公共的な宗教、すなわち国民宗教でなければならない、という論点である。

メンデルスゾーンやレッシングの熱心な読者であった若きヘーゲルの発想が、こうした読書体験を通して醸成されたことは、随所で読み取ることができる。例えば、レッシングの『啓示宗教の成立について』には、次のような論述がある。

「第五節――自然宗教は、あらゆる人間のもとで普遍的に等しく行使されることはできなかったために、人々は自然宗教からある実定宗教を建てなければならなかった。これは、法の分野において、自然法から同じ理由に基づいて実定法が建られたのと同じである。第六節――この実定宗教が聖なるものとされたのは、その宗教に見られる本質的なものが確かに直接おのおのの人間の理性に由来するのと同じように、その宗教に見られる慣習的なものは神に由来しており、それを伝えることができるのは自分だけだと主張するその宗教の創始者の威信によってであった」（G・E・レッシング『理性とキリスト教』谷口郁夫訳、新地書房、八頁）。

実定性の淵源と機序を探究しようとするヘーゲルの若き日の発想は、レッシングに通じている。そして、宗教の他律性や権威性を難ずる際に、その弊を、神や、神への信仰に帰するのではなく、教会権力や聖書解釈の責だと見なすことによって、すなわち、キリストの宗教にではなく、キリスト者の宗教に、実定性の要因を見定めることによって、神への信仰を合理的に救済しようとした啓蒙と同じように、ヘーゲルの場合は、イエスの宗教とキリスト教とを区別して考察することによって、教会信仰に実定性の淵源を見出すことになった。

レッシングの親友であったメンデルスゾーンも、理神論的にユダヤ教を自然的な宗教にして理性的な宗教だとして解釈することを通して（Vgl. Jerusalem. II, 30f.）、これを、キリスト教から際立たせた。メンデルスゾーンによれば、ユダヤ教には、一つには、「それらを欠いたら、人間が啓蒙されたり幸福になったりすることができないような、宗教の教説や命題、換言すれば神についての、神の統治や摂理についての永遠の諸真理」（Jerusalem. II, 112）が含まれているとともに、もう一つには、「歴史の真理、換言すれば（……）国民の父祖たちの生活状況について、彼らによる真なる神の認識について、神の前での彼らの転変についての報告」（Jerusalem. II, 113f.）も含まれているという。

レッシングもまた、理性の真理と、伝承に基づく歴史的な真理とを明確に区別する。「歴史記述的な真理が論証され得ないのなら、何も、歴史記述的な真理によって論証されたことにはならない。すなわち、偶然的な歴史の真理は、必然的な理性の真理についての証明とは決してなり得ないのである」（Lessing. III, 351f.）。

宗教の非合理性を批判する際に、神の教えと伝承とを切り離して、神の教えを伝えた伝承に非合理性を捉えたのが啓蒙の手法だと言ってよい。ゲッツェとの論争のなかでレッシングから提起された反論のひとつに『公理（Axiomata）』がある。そのなかの「見出し」だけを続けて紹介する。「文字は霊・精神ではない。したがって、文字に対する反駁、あるいは聖書に対する反駁は、霊・精神、もしくは宗教に対する反駁ではない。というのも、聖書は明らかに宗教に属している以上のものを含んでいるからである。そして、聖書がこうした多くのものにおいても同じように無謬に違いないというのは、単なる仮説にすぎない。また、聖書が存在する以前に宗教は存在した。キリスト教は、福音書記者や使徒たちが記述した以前に存在していたのである」（Lessing, III, 448-455）。ここでテーゼとして掲げられている内容は、彼の『無名氏の断片』なる著作に付された「刊行者の抗弁」という一種の序文にも、文字通りほぼ同じテーゼが記述されていることから（Vgl. Lessing, III, 327）、レッシングの思想の中核だと見てよいであろう。

ヘーゲルにしてみれば、「宗教というものが心胸の事柄」（GW. I, 96: SW. I, 24）である以上、宗教における歴史記述的な真理の正当性について、すなわち聖書解釈の正当性について、精神と文字を区別して検証するような啓蒙は、人間の神聖な感情を看過するものであるように見えたに違いない。啓蒙的な悟性は、あらゆる宗教の根底に存している普遍的な原理を純化しはする（Vgl. GW. I, 94f.: SW. I, 21 u. 23）。しかしそれは、客体的な宗教について当てはまりはするものの、「人間に道徳性を与え得るような性質を有してはいない」（GW. I, 97: I, 26）というのが、若きヘーゲルの見極めであった。

2　文字の解釈か精神の体現か

ヘーゲルの思索には、啓蒙の思潮だけでなく、カントやフィヒテの思索も流入していた。チュービンゲン時代の草稿には、「私が宗教に算入しているのは、実践理性の欲求が要求する限りでの、神と不死についての知識である」(GW. I, 89: SW. I, 16) というような記述も見られる。フィヒテは、『あらゆる啓示の批判の試み』において、神を道徳的立法者として理解していた。そうした捉え方を、ヘーゲルも受け入れていた。「宗教の作用は、道徳的立法者たる神という理念によって、人倫性の動機を強めることであり、この理念によって我々に定められている最高善という究極目的に関して、我々の実践理性の課題を充足させることである」(GW. I, 153f.: SW. I, 88)。道徳信仰の立場にヘーゲルは自らの思想的立場を見定めていた。

ところが、一七九五年一月六日付けで、チュービンゲンにいるシェリングから、ベルンのヘーゲル宛に次のような書簡が届く。「ありとあらゆる教義が今となってはもう、実践理性の要請の烙印を捺され、理論的‐歴史記述的な証明が決して十分でないものだから、(チュービンゲン流の) 実践理性が難問を雲散霧消させています。(……) 僕の確信するところでは、古い迷信、それも単に実定的宗教の、だけでなく、たいていの頭のなかの自然宗教の古い迷信も、またしてもカント的な文字 (Buchstabe) と結びついているようです」(Br. I, 14)。すなわち、チュービンゲン神学校では、シュトールが、カント哲学を取り入れることによって、聖書解釈の基礎づけを行なっていた。

シュトールの『カントの哲学的宗教論についての所見』（一七九四年）によれば、「超感性的な事柄についての聖書の教えを、理論的な諸根拠から断固として拒否したからといって、哲学的に取り扱ったことにはならない。むしろ真正の哲学ならば、超感性的な諸対象を何も洞察しないまま、可能だとか不可能だとかと非難する理論理性を、能力のないまま夢想的でさえある僭越さのゆえに拒絶して、その限界内へと却下するであろう」（Storr, 2）。いやそもそも、「人間には、啓示が不可能だとか、その他の非日常的で超自然的な神の作用が不可能だとかと断固として主張することは許されていない」（Storr, 3f.）とする思想的なスタンスから、シュトールの立場は、超自然主義とも呼ばれている。それにもかかわらず「神的にして超感性的な事柄についての聖書の理論的な教えは、批判哲学の根本命題からしても拒絶されえない」（Storr, 21）というのでは、カント哲学が信仰のために残した余地を、聖書の正当化のために利用している感が否定できない。

「問題になる第一のことは、聖書の解釈である。このさい、理性が自己自身のために洞察して、真理だと見なしたもの以外に想定しないという原則を確定するなら、これは前述の歴史記述的に探究するという目的にまったく適っていない原則である。なぜなら、解釈にあたって、単に理性が真理だと見なしたもの以外は想定しないという原則だけに従って進める人であったなら、〈聖書の言表によると、イエスや使徒たちが何を説いて、何をしたか〉を問わないまま、むしろ聖書に、単に自分が彼らに語って欲しいと願ったことを語らせたであろうからである」（Storr, 79f.）。ところが、解釈を重視するシュトールにして、カント解釈に際しては恣意的だとの誹りを免れ得ない。なぜなら、神的な律法への服従を説く文脈でシュトールは、「道徳法則は、法則への服従の結果として、幸福を約束する」（Storr, 42）と書いて、『純粋理性批判』のB版八三九頁を指示しているからである。しかし、最高善の理想について論じられているのは八三八頁であって、そこでは次のように論述されていた。「幸福でありたいという希望と、自ら幸福に値するようにと絶えず努力することとが必然的に結びつくことは、単に本性を根拠にした場合には、理性によって認識されることはできず、道徳的な法則に従って命令する最高の理性が同時に本性の原因として根拠にされる場合にのみ、希望することが許される」(KdrV. B838)。

もちろんカントは、「人は道徳そのものを幸福説として、すなわち幸福に与ることの指示として取り扱っては決してならない」(KdpV. 234)と明言してもいる。むしろ、幸福と道徳性とが一致するためには、必然的に神の存在が「要請される」のである。一七九五年から翌年にかけて、ヘーゲルがカントの要請論の研究に迫られた背景には、シュトールによるカント理解を検証する必要に迫られていた事情を看て取ることができる。

シュトールは、「幸福であるということは、必ずや、理性的で有限な実在なら誰しもが要求するところであり、それゆえ幸福は、我々の意欲する必然的な素材（客体）である」(Storr. 31)と述べ、『実践理性批判』の原版三八頁、一三一頁を指示している。ところが、参照の指示がなされている箇所で述べられているのは、シュトールが解釈しようとした意図の逆である。すなわち、「実践的な法則は意志だけに関連して、意志の因果性によって達成される結果を顧みるものではない」(KdpV. 38)という動機主義のくだりであり、さらには次のように自愛を斥ける文脈である。「意志を規定する主観的な根拠を、意志一般を規定する客観的な根拠にしようとするこうした傾向は、自愛と呼ぶことができる。この自愛が自ら立法的になって、自己自身を無制約的な実践的原理にしようとするなら、それは、自惚れと呼んで構わない」(KdpV. 131)。

これに対してヘーゲルは、「理性は直接的には幸福を要求しない」(GW. I. 357: SW. I. 196)と、カント哲学の基本線を外していない。そして「最近良く知られるようになって、全国民にあって出されている、幸福と人倫との調和の要請」(GW. I. 357: SW. I. 195)に論及して、理性はどうして、自分から独立しているものに対して、要求できるのかと反問する。「幸福という概念は、理性にも悟性にも属さない」(GW. I, 357: SW. I, 196)。ヘーゲルの見るところ、悟性にしてみれば、自らが理解できないような超自然的な事柄について、想像力なら詩うこともできようが、真理だと見なすわけにはゆかない。そうなると、「信仰するという義務」(GW. I, 355: SW. I, 194) を充足するために、悟性は「それを前にしては自らが沈黙せざるを得ないような高次の能力」(GW. I, 355: SW. I, 194) を担ぎ出すという欺瞞を働くことになるという。

シュトールのカント論への検証のようなこの草稿 (Schüller, Nr. 54) に携わる直前に、『キリスト教の実定性』の基本稿の執筆が中断している。その箇所で論じられていたのは、信仰における「自己欺瞞」(GW. I, 347: SW. I, 185) であった。ヘーゲルはこの欺瞞を、教会によって道徳感情を命じられたがゆえに、そうした感情をもつだけでしかないにもかかわらず、これを「文字に書かれてあることと自分の感情との一致」(GW. I, 134: SW. I, 185) だと信じることだと説明している。いわば、シュトールの恣意的なカント解釈も含めて、自己欺瞞的な思い込みに基づく解釈を斥けることがヘーゲルの狙いだったと見てよい。

なぜなら、『キリスト教の実定性』の執筆が再開された箇所で、信仰の主体的なあり方が強調されるからである。「理性は主体的であり、悟性は客体的である」。ところが、キリスト教会によって、理性の主体的なものは、言わば客体的なもののように、規則として樹立される」(GW. I, 350: SW. I, 188)。ヘーゲルは教会信仰に対して、「自らの心胸のうちから自らに法を立てると言う、手離すことのできない人間の権利」(GW. I, 351: SW. I, 190)、つまり理性の自律を主張する。そしてここにこそ「唯一の道徳的な動機、道徳法則に対する尊敬の念」(GW. I, 350: SW. I, 189) が、あらためて捉えられたのである。

3　道徳的信仰

ヘーゲルの場合、学生時代から既に、カントやフィヒテの影響下で、道徳的信仰の考え方を受け入れていた。神学校在籍当時のノートには次のようにある。「どの程度、宗教は主体的だとか、客体的だとかと評価されるべきであろうか？　むしろ客体的な宗教は神学である。フィヒテの緒論を参照」（GW. I. 75）。これは、フィヒテの『あらゆる啓示の批判の試み』での、「神学は単なる学問であり、実践的な影響を欠いたら死せる知識である。宗教は、言葉の意味からして、我々を拘束する、しかも我々が宗教を欠いたとき以上により強く拘束するところの何かでなければならない」（GA. I-1, 23）を踏まえた記述である。

同様の考えは『国民宗教とキリスト教』のなかにも見られる。「宗教の概念には、次のことが含まれている。すなわち宗教とは、神や神の特性、神への我々の関わり方、そして神に対する世界の関係などについての単なる学ではないし、我々の霊魂の存続についての単なる学ではない、ということである。（……）むしろ宗教は心胸の関心事であって、宗教は我々の意志規定に影響を及ぼすものである」（GW. I. 85; SW. I. 11）。「客体的な宗教は、信じられている信仰であって、その際に作用し、知識を探究し、考え抜き、保留したり信じたりする力こそ、悟性と記憶である。客体的な宗教には実践的な知識もまた必要であるが、しかしそれは、実践的な知識が死せる資本（ein todtes Kapital）でしかない限りにおいてのことである」（GW. I. 87; SW. I. 13）。フィヒテの『あらゆる啓示の批判の試み』では、「思弁に基づいている命題（der auf Speculation gegruendete Satz）は、いっさいの利子を生まないような死せる資本（ein todtes Capital）のように、魂のうちにあるように思われる。そして命題があることには気づかないことになる」（GA. I-1, 116）とある。すなわち、フィヒテを援用しながら、主体的な宗教の構想をヘーゲルは進めていたのである。

ヘーゲルには啓蒙の影響も看過できない。メンデルスゾーンには、「人間の間で宗教の食い違う把握が、持続するしるしによっても、保持されることがいかに難しいかを我々は見てきた」（Jerusalem, II, 94f.）とあれば、ヘーゲルには、「生活と教説の間に隔壁ができると、あるいは、ただ双方が互いに分離し、さらに疎隔が生じると、宗教の形式に誤謬があるのではないかという疑いが生じる」（GW. I, 109; SW. I, 41）とある。ヘーゲルに、「（β）キリスト教の土台となっている歴史の真理、そのなかでは、奇跡的なことは不信心に委ねられてきた。キリスト教が私的宗教である限りは、これを信じようと信じまいと自由ではあるが、公共的宗教としては、常に不信心の人がいるに違いない」（GW. I, 140; SW. I, 72）という叙述がある。メンデルスゾーンにおける次のような叙述が下敷きになっていたのかもしれない。「歴史の真理、もしくは太古の運命、とりわけ国民の祖先の生活環境についての情報、彼らによる真なる神についての認識についての、神の前での彼らの振る舞いについての情報（……）、これらの歴史記述的な情報は、国民結合の根拠を含んでいる。歴史の真理としてそれは、本性上、信仰へと受容されるしかない。だが奇跡によって国民のそうした情報が確固たるものにされたとしても、（……）権威が歴史の真理に必要な明証を与えるのである」（Jerusalem, II, 113f.）。

フランクフルト時代に到るまでのヘーゲルの思索にあっては、宗教を合理的に説明することを通して、社会改革に生かそうとした啓蒙と、義務を果たそうとする内面の道徳性を重視するカントやフィヒテの道徳的信仰との間に、齟齬をまったく感じていなかったと思われる。「私が宗教について語るなら、神についての、そして神に対する我々および全世界の関係などについての、学問的いやむしろ形而上学的な認識については、いっさいこれをまったく捨象する。そうした認識は、ただ論弁をこねる悟性が携わるものであって、神学でこそあれ、宗教ではない。ここで私が宗教に算入しているのは、実践理性の欲求が要求する限りでの神と不死についての知識である」(GW. I, 89; SW. I, 16)。

カントは『実践理性批判』で、次のように、道徳法則の文字だけではなく、精神を充たすように求めていた。「人間の（そして創造されたすべての理性的実在の）意志の動機は、道徳法則以外のものであってはならない。したがって、行為がもし、ただ単に法則の文字だけでなく、法則の精神をも含んで充足すべきであるなら、その行為の客観的な規定根拠は、常にまったくそれだけで、同時に主観的にも十分な規定根拠でなければならない」(KdpV, 127)。道徳法則こそが、守られるべき律法だとされる。これに対して、ヘーゲルの見るところ、ユダヤの民にあっては「道徳法則に対する服従の代わりに、律法の文字の遵守や犠牲、その他の神聖なる習慣において、良心が安心を見出す。しかしながらイエスは、アブラハムの子孫ということではなく、ひとえに道徳法則への服従にこそ、神の眼差しのもとでの価値を与えた」(GW. I, 284; SW. I, 107)。こうした観点に基づいて徳の教師としてのイエス像が展開されもするのである。

ヘーゲルが、こうした道徳的信仰の立場からの転換を図ったのは、『キリスト教の精神とその運命』として知られる草稿の執筆に際してであった。道徳的な命令は、義務に対する尊敬の念に基づいているにせよ、自らのうちに主をいただくようなものである以上、実定的な意味あいをもつことが指摘されるに到る(SW. I, 321f.)。道徳法則であれ、神の命令であれ、律法を遵守したからといって、律法を充足させはしないという見極めが、ヘーゲルに、「愛」をめぐる思索を促すとともに、全一なる「生」の思索へと導いていったのである。

4　信じることの一般化と思弁的宗教論

当時も、ひとたび無神論の嫌疑をかけられると、大事になるのは、フィヒテをめぐる無神論論争の経緯を振り返れば明らかである。もとはと言えば、フィヒテがニートハンマーとともに共同で編集・発行していた『哲学雑誌』に寄稿してきたフォーベルクの論考「宗教概念の展開」に対して、謝絶するも聞き入れられなかったために、やむなくこれを掲載するにあたって、フィヒテが自らの見解との違いを釈明するために、「神の世界統治に対する我々の信仰の根拠」を、フォーベルクの論考の前において刊行したことが発端であった。

とはいえ、フォーベルクの論述は、冒頭が、「宗教は、道徳的な世界統治に対する実践的な信仰に他ならない」(Forberg, 137) と書き出されているように、カントの道徳的信仰の徹底化に他ならなかった。「我々に残されているのは良心だけであって、良心の発言に基づいて宗教を基礎づけることができる」(Forberg, 140) というのである。その結果、「道徳的な世界統治、言い換えれば道徳的な世界統治者としての神が実在することを信じるのが義務なのではなく、ただひとえに、あたかも神の実在しているかのように行動することが義務なのである」(Forberg, 146)。

これに対してフィヒテは、道徳法則に基づいて義務を果たすべく行動すること自体に、神的な世界支配を見た。だからこそ、フォーベルクに対して、「神が実在しているか、していないか疑わしいと言うのは一つの誤解である」(GA. I-5, 355f.) として、あたかも神が実在しているかのように考えることを斥けつつも、他方で、「ある特殊な実体として神を捉える把握は不可能である」(GA. I-5, 356) として、神について、その実体性を認めずに道徳的な秩序と見なしたのであった。道徳的な秩序に、神による世界統治を捉えるというならば、詳細は次章に譲るが、フォーベルクとフィヒテ、それぞれの仕方でカントの道徳的信仰を徹底する形で、展開が図られたと見てよい。ところがこれに対して非難が集中する。なかばスキャンダルめいた騒ぎのなかで、哲学的にフィヒテを批判したのは、ヤコービであった。『フィヒテ宛公開書簡』でヤコービはこう述べている。

「私たちは二人とも、同じような誠意と熱情でもって、あらゆる学において一つであるような知の学と、そこにおいて認識が世界となる世界霊とが完全になることを願っています。ただ違うのは、貴兄は、あらゆる真理の根拠が知の学においてあることを示そうとして、そう願っているのに対して、私は、真理そのものは必ずや学の外にあるという根拠が啓示されるために、そう願っているのです」(GA. III-3, 231)。ヤコービにあって神は、人格的な実在であり、かつ超越的な存在なのであって、われわれはこれを、信じたり予感したり、憧れたりできるだけだという。「私が主張したいのは、人間は、自分自身を神のうちに同時に見出すことができるがゆえに、神を見出す、そして人間にとって神の本質が必然的に計り知れないがゆえに、人間は自己自身にとって測り知れない、ということです。(……) 繰り返しましょう。神は存在します。私の外に存在して、生き生きと独立している実在です。さもなければ、私が神ということになります」(GA. III-3, 250f.)。

もとよりヤコービの思想は、第一章で確認したように、すべてを、〈信じる〉ことによって基礎づけようとした。メンデルスゾーンに宛てては、「私たちは皆、社会のなかに生まれて、社会のなかに留まるように、〈信じる〉なかで生まれ、〈信じる〉なかに留まらなければならないのです」(Jacobi. I-1, 115) と書き送り、はたまた、『デヴィッド・ヒューム』においては、「私たちは、〈信じる〉ことがないなら、ドアの前に行くことができませんし、机にもベッドにも辿り着くことができないということを、お分かりになるでしょう」(Hume, 49: JW. II, 164)と、論じていた。逆に言うならそれは、信じることの意義を、一般化してしまったことにもなる。しかしながら、ヤコービとしては、〈信じる〉ことが人間をその人以上に高める心胸の働きであるのだから、「超越論的観念論は、私の胸から、この心胸を引き裂いて、単なる自我性の純粋欲求を代わりにあてがってはならない」(GA. III-3, 243)と、フィヒテに訴える。

ヘーゲルにとって、そうしたヤコービの考えは、信仰を卑俗化させるものだと見えたに違いない。ヘーゲルにとって信じることは、机に近づくことではなく、神に近づくことだったからである。「信仰の完成は、人間がそこから生れてきた神性への還帰であって、人間の発達という円環の完結である。あらゆるものが神性のうちに生きている。生きとし生けるものは、神性の子なのである。しかし子は、全一性、連関、全体の調和への同調を破壊してはいないとはいえ、未展開のまま内に蔵している。子は自らの外なる神々への信仰から始め、畏れを抱き、ついにはさまざまに行為して分離を深めてしまうが、しかし、もろもろの合一において、根源的な、とはいえ、いまや展開され、自らが産出して感得した全一性に還帰し、神性を認識するのである」(SW. I, 389)。

信仰に見出された、自らの制約されたあり方を超え出ようとする作用は、ヘーゲル自身の思想形成を通して、哲学に求められてゆく。「実在哲学II」として知られている、イェーナ大学でのヘーゲルの講義では、宗教と哲学の位置づけはほぼ完成している。

「現実的意識においては、天国は宗教から逃れている。人間は地に堕ち、そしてただ想像のなかだけにあり、その想像のうちに宗教的なものを見出す。つまり想像そのものに即して、宗教における自己喪失があるため、宗教は単に自己を表象するにすぎない精神に留まっている。すなわち、この精神の諸契機がこの精神にとって、直接性と出来事という形をとっていて、それらが概念的に把握されることも、洞察されることもない。確かに宗教の内容は真実である。だが、その〈真実であること〉は洞察なき断定である。この洞察は哲学であり、絶対的な学である。それは宗教と同一の内容をもつがしかし、概念という形式をとる」(GW. VIII, 285f.)。

無媒介的に〈信じる〉ことよりも、媒介を経て〈知る〉ことを、哲学として構築しようとしたヘーゲルに対して、シェリングは異なる道をとる。やはりイェーナ大学でのシェリングの講義、「大学における研究の方法」では、次のように、啓蒙の役割が捉えられる。「近代の啓蒙は、キリスト教に関してこそ、啓蒙と呼ばれもできようが、その作戦には、キリスト教を(……)根源的な意味へ、その最初の単純性へと還元することも含まれていました」(Methode, 94)。道徳的信仰についても次のように総括されている。「カントの主要な狙いは、とどのつまりは、キリスト教の実定的なものや歴史的なものを全面的に遠ざけて、純粋な理性宗教へと純化することです。(……)カントの純化においては、キリスト教の教えの思弁的な意味ではなく、道徳的な意味が意図されているのですが、これによって根本的には、経験的な立場が捨て去られることはありません。(……)カントの提案に沿って、国民教育のために聖書を道徳的に解釈することは、キリスト教の経験的な現象を曲解することなしには達成され得ない目的のために用いることでしかありません」(Methode, 93)。

キリスト教の教えに含まれている思弁的な内容が、啓蒙や道徳的信仰にあってはないがしろにされていたという認識は、シェリングを、ヘーゲルとまったく違う哲学へと向かわせる。「哲学は真に思弁的な立場とともに、宗教の立場をも再び得ることで、経験主義と、これに似ている自然主義とを部分的にではなく、全般的に廃棄して、秘教的キリスト教を再生し、絶対的な福音を告知することを自らのうちに準備します」(Methode, 99)というのである。

結びに代えて

本章で瞥見してきた思想の道筋は、啓蒙の担い手であったメンデルスゾーンの語った「常識」からの背反に他ならない。メンデルスゾーンはその『朝の時間』で次のように語っていた。「経験が私に教えてくれたのは、きわめて多くの場合、正義は共通感覚・常識（Gemeinsinn）の側につくことを常とする、ということである。そして理性は、共通感覚・常識を離れて思弁に従うことになった場合に、決定的に思弁に味方して語るに違いない。理性が私の眼前に明らかにするに違いないのは、共通感覚・常識がいかに真理から離れて誤謬の道に陥る結果、共通感覚・常識の強情さはむしろ、単に無教養の我意でしかないことを証明してくれる、ということである。／物質的世界の現実性に背反して観念論者、独我論者、懐疑論者によって申し立てられたこうした規範を疑ってみるなら、彼らの根拠が、私たちから十分な賛同を獲得するには明らかに不十分だ、ということが分かる。むしろ私たちが自分たちで大いに推察できるのは、熟考を続けるなら、私たちは真理を共通感覚・常識の側に見出すことになろうということである」（Morgenstunden, 164）。

しかしながら、シェリングにあっては、常識ではなく、思弁や秘教的なキリスト教が目指された。これに対して、「哲学的批判一般の本質」でヘーゲルは、「哲学はその本性上、いわば秘教的（esoterisch）なものであって、もともと庶民のために作られたものではないし、庶民のために用意しうるものではない」（GW. IV, 124）と語っていたが、その後、『精神の現象学』において、哲学は、「完全に規定されたものになって初めて、同時に公教的（exoterisch）

であって、把握されるようなものになって、学ばれて、万人の所有であることができるようになる」(GW. IX, 15) という立場へと転換した。いや、立場を変えたかのように見えて、何も変わっていないのかもしれない。なぜなら、後年、ヘーゲルは『エンツュクロペディー』の『精神哲学』の掉尾で、哲学を汎神論だと非難する大合唱に対しては、その非難が事実に反することを「委曲を尽くして公教的に」(GW. XIX, 415: GW. XX, 569) 説明しなければならないが、「神、そして同一性並びに認識や概念を秘教的に考察することこそ、哲学そのものである」(ibid.) と語っているからである。

万人に対して開かれていて、公教的に説明しなければならない責務を哲学者は担うものの、やはり哲学そのものは、庶民や初学者には秘教的なものだという見極めは、ヘーゲルにあって一貫していると見なければならない。有用なものとして普及する知識に発しながら、これとは別に、専門性を高めて思索を深めようとすると、啓蒙から背反せざるを得ないという啓蒙の定めを体現したのが、ドイツ観念論であるとともに、自然的な意識を絶対的な知へと導こうとする企ての虚焦点として、啓蒙があったことも、確認しなければならないのである。

第五章　虚無への供物としての知――フィヒテのニヒリズムに対するヤコービの批判

はじめに

ロマン主義を「無限なるものへの憧憬」として捉えるなら、こと「憧憬」にかけては、ヤコービは人後に落ちなかった。彼は、人格神に憧れ、仰ぎ見ることを、その思想の中心に置いた。知ることができないからこそ神を信じるという姿勢を貫くヤコービが、合理的に信仰を捉えようとする啓蒙主義に対して真っ向から対決した現場が、メンデルスゾーンとの間で交わされた『スピノザ書簡』での汎神論論争であった。しかし、ロマン主義を「内面への逃避」と捉えるなら、自我による自己措定の哲学を確立したフィヒテに、ドイツ・ロマン派の思想的な後ろ盾を見ることもできるかもしれない。この両者が思想的に対決したことがある。一七九九年三月にヤコービがフィヒテに宛てて認め、その後公開された書簡にその思想的な対決の跡を見ることができる。そこでは、「ニヒリズム」(1)という用語が哲学史において初めて用いられるなかで、フィヒテの自我論が断罪されたのであった。

ヤコービとフィヒテの両者がなぜ対決しなくてはならなかったのか。本章は、ヤコービの『フィヒテ宛公開書簡』を中心に、「知」と「信」の態度の懸隔をあらためて検証することを通して、「知」の存立機制について概観する。

1　道徳的な世界秩序と無神論論争

無神論論争のきっかけは、一七九八年一〇月、フィヒテがニートハンマーとともに共同で編集・発行していた『哲学雑誌』に寄稿してきたフォーベルクの論稿、「宗教概念の展開」に対して、謝絶するも聞き入れられなかったため、やむなくこれを掲載するにあたって、フィヒテが自らの見解との違いを釈明するために、「神の世界統治に対する我々の信仰の根拠」を前に置いて発刊したことであった。まもなく、「フィヒテとフォーベルクの無神論について、学問する息子に宛てたある父親の書簡」なる匿名の攻撃文書が流布するに到って、無神論論争が始まった。具体的には一一月一九日に、ザクセン政府がライプツィヒ大学とヴィッテンベルク大学に、『哲学雑誌』の没収命令を出したのである。

ワイマール政府は穏便に済ませたい意向だったと言われるが、年も改まった一月にフィヒテが激越な調子の「無神論という告発に対して公衆に訴う」という反論を発表したほか、政府に対して恫喝するような強硬な態度に終始したため、一七九九年三月二九日に、ニートハンマーへの譴責とフィヒテの辞職が決定した、というのが事の次第であった。

さて、問題のフォーベルクの論文は、冒頭から「宗教は、道徳的な世界統治に対する実践的な信仰に他ならない」(Forberg, 137) と語り出されているように、カントの道徳神学に連なる発想で書かれている。「世界を道徳法則に従って統治する崇高な精神」(ibid.) に神性を見定めたフォーベルクは、「道徳的な世界統治が存在していて、道徳的な諸法則に従って世界を統治する神性が存在する。宗教をもっているのは、このことを信じる者である」(Forberg. 138) と明言する。ただ、信仰の基礎を求めるにあたって、フォーベルクは、我々のあらゆる確信の源泉を「経験、思弁そして良心」に想定して、経験と思弁とについては、神を見出すことができないと論じてゆくのであるが、どうして経験、思弁、そして良心の三つであるのかは説明がなされていないため、いかにも恣意的で稚拙の感を拭い切れない立論なのである。

ともあれ、〈経験〉から知られる限り、我々は、必ずしも世界にあっては善だけが実現されているとは限らないことを認めざるを得ない以上、経験は、道徳的な世界統治を確信させるには及ばないとする。また、〈思弁〉に基づいて、あらゆるもののうちで最も完全な存在者は、その概念だけでも既に存在を含んでいると証明したところで、いかに完全な本質の概念であろうと、そのものの現存在を自らのうちに含んでいない以上、思弁から神の現存在を推論することもできない、というわけである。

フォーベルクによると、「我々に残されているのは良心だけであって、良心の発言に基づいて宗教を基礎づけることができる」(Forberg. 140) という。しかし、良心というならば、宗教をあくまでも心のありようで基礎づけることに他ならない。神への信仰に基づいて宗教が根拠づけられているのではない。宗教を主観的に基礎づけているにすぎないのであるが、その説明が実効性を有することを、フォーベルクは〈かのように〉というレトリックで明らかにしようとする。

「誰しもが自分の確信が支配的になって、普遍妥当的になることを願っている。あらゆる判断にわたってすべての人が普遍的に一致するような時期が到来したとすれば、それこそ頭脳 (*Kopf*) のための黄金時代であっただろう」(Forberg. 141)。フォーベルクはそうした理想の実現について「信じる」ことを求める。「真理の国とは一つの理想、である。（……）であれば真理の国は決して到来しないであろうし、学者の共和国の究極目的はどう見ても永久に達成されないであろう。それにもかかわらず、思惟する人間の胸（Brust）の内で消しがたく存在している真理への関心は、全力を尽くして誤謬に抗し、各方面から真理を普及するようにと永遠に要求するであろう。このことが物語るのは、いつかは誤謬がまったく消滅して、真理だけの支配が期待され得るかのように（*als ob*）振る舞うようにという要求があるということである。そしてこれこそ、人間の本性のように、無限に理想に近づくように定められている本性の性格なのである」（Forberg, 141f.）。

すなわち、フォーベルクによれば、真理の国という理想が実現するかのように学者は行動せよ、ということになる。そして地上における信仰の実現も同様なロジックで説明される。「あらゆる道徳的に善良なる人間の念頭には、善における普遍的な一致という理念（……）が浮かんでいる。善意の人なら誰しも、（……）ただ善良なる人間だけが平和に友好的に地上に住まうことができるようにと願うだろうし、願わざるを得ない。もしいつかこうした時期が到来するとしたら（……）心胸にとっての黄金時代であろうし、地上における正義の国であろう」（Forberg, 142）。

フォーベルクは信仰を「良心」によって基礎づけた。道徳法則に従って神が世界を統治することを信じることについて、これを義務だと捉えはしたものの、その信仰が理論的である際には義務ではなく、実践的である限りにおいて義務だという。そしてこう定式化する。「道徳的な世界統治、言い換えれば道徳的な世界統治者としての神が実在することを信じるのが義務なのではなく、ただひとえに、あたかも（*als ob*）神の実在していることを信じているかのように行動することが義務なのである」（Forberg, 146）。ここにファイヒンガーは、道徳的に行動する者について、あたかも神がその行動を命じたかのように行動していると捉えたカントの倫理思想の徹底を見たと

いうのである。(2)

確かに、実践理性に則って行動することに、あたかも神が支配しているかのような行動を見ることは、カントの思索の延長線上であったかもしれない。が、しかし、これでは、神が存在するか否かは、フォーベルク自身明言しているように(Vgl. Forberg, 147)、不確実なことになってしまう。しかも、〈かのように〉振る舞うことが求められているのであるからして、無神論者であろうと、宗教をもっているかのように振る舞うことができることになろう(Vgl. Forberg, 148)。フィヒテには、こうした点が懸念されたのであろう。

フィヒテは、神が存在しているか、それとも存在していないか疑わしいとするのは誤解だと斥ける。しかも、フィヒテにあっては、善は必ず悪に勝つのである。「道徳的な世界秩序が存在していて、どんな理性的な個人にとっても、この秩序のなかで一定の位置が割り当てられていて、彼の仕事が計算されていること、彼の運命のいずれも、彼自身の振舞いによって引き起こされたものでない限り、この計画の結果であること、(……)本当に善い行為ならいずれも成就して、悪い行為は必ず失敗するということ、(……)こうしたことはまったく疑いようもなく、ありとあらゆる最も確実なものであり、他のすべての確実性の根拠であって、唯一絶対的に妥当する客体的なものなのである」(GA. I-5, 356)。とはいえ、こうした客体的なものは、感性界を創造した「理性的創造者」(GA. I-5, 349)とは違うのである。

感性界を理論的に考察する二つの方法のうち、その一つである自然科学的な考察を進めてみても、世界を絶対視せざるを得ない。この場合「世界は、〈自己自身を基礎づけ、自己自身のうちで自らを完成する全体〉であり、そしてまさにそれゆえに〈組織化されかつ組織化する全体〉であり、こうした全体は、自らにおいて生じるありとあらゆる現象の根拠を、自己自身のうちに、自らの内在的な法則のうちに含んでいる」(ibid.)。とはいえ、だからといって、ここに神的な世界統治を見ることはできないとされる。もう一つの方法だとされる超越論的な観点から考察を進めても、「我々が眺めているすべてのもののうちに見出すのは、我々自身の内的な活動の反映に他ならない」(ibid.) ことになる。こうして理論理性によって宗教を基礎づけることはできないことをフィヒテも確認する。

「道徳的な世界秩序を想定するには、感性界に道徳的な秩序があることをひそかに前提する」(GA. I-5, 351) ことを余儀なくされると見て、信仰は超感性界という我々の概念によって基礎づけられなければならないことを、フィヒテは導き出す。「私が、感性界からのあらゆる影響から自由だと自分のことを感じ、自分自身において自分自身によって絶対的に活動的だと感じる、すなわちありとあらゆる感性的なものを超え出た力を見出す」(GA. I-5, 351) ならば、こうした自由は、外部から目的を与えられるのではなく、自ら目的を設定するというのであるから、ここに実現されるのは自律の自由である。フィヒテは、この自律によって、信仰を基礎づけるわけである。

フィヒテにとって、ここが推論の限界だという。心情を拘束するがゆえに精神をも拘束するものをフィヒテは想定して、これがとりもなおさず、「思惟と意欲とを合一させて、私の本質の内に調和をもたらす」(GA. I-5, 351) という。フィヒテはあえて、カントの道徳的信仰の枠内に留まろうとした。

自らの設定した目的を目指して現実の行動を起こすならば、この目的は実現可能にはなる。〈実現を目指す目的の設定〉と〈その目的の遂行可能性の想定〉とは、「心情の一にして不可分の同じ作用」(GA. I-5, 352) だという。思考のプロセスにあっても同じだとして、フィヒテは、「可能だから為すべきなのではない、為すべきだからこそ為し能う」(GA. I-5, 352) と断言する。もし人が、為すべきかどうかの価値判断の前に、できるかどうか知らなければならないというのであれば、道徳律を捨て去るか、理性の根源的な行程を見誤るかのどちらかだというのである。

フォーベルクとは違い、フィヒテによれば、道徳的な行為は必ず成功して、非道徳的な行為は必ず失敗するという。理性目的が実現されるのは自由な理性的実在の働きによるものだが、より高次の法則によって達成が確実なものにされているからだという。超越論的な理論によって、「世界とは、我々自身の内面的な行動が、理性法則によって感性化された光景」(GA. I-5, 353)であることが明らかになると見たフィヒテは、人間の足元の地盤がすっかり消え去ったからということで不気味に思ったとしても、だからどうした、というのが実践哲学の立場であって、感性界の実在性は道徳的な強制によってこそ明らかにされるとする。その限界設定のもっている意義には、厳然たるものがあり、この限界が、〈為すべきであるがゆえに為すべきこと〉を表現している、という。「道徳的に世界が秩序づけられている結果、感性界が実在していることへのこうした信仰の原理は啓示と呼んでもいい。感性界のうちに啓示されるのは、我々の義務である。これが本当の信仰である。この道徳的な秩序が我々の想定する神的なものである。この信仰は義を行なうことによって構成される」(GA. I-5, 353f.)。

フィヒテは、道徳律を〈実践〉するところに信仰を基礎づけることによって、あくまでもカント哲学の枠内で立論しようとしたと言えよう。いや、その道徳律をフォーベルクが「良心」に見定めて、良心に則って我々が行為しているのは、あたかも神が支配しているかのようだ、と見たのに対して、フィヒテは、道徳律に基づいて義務を果たすべく行動すること自体に、神的な世界支配を見た。だからこそ、フォーベルクに対して、「神が存在しているか、していないか疑わしいと言うのは一つの誤解である」(GA. I-5, 355f.)として、〈あたかも神が実在しているかのように〉考えることを斥けつつも、他方、「ある特殊な実体として神を捉える把握は不可能であり、矛盾しているということは、疑わしいままではない」(GA. I-5, 356)として、神について、その実体性を認めず、〈道徳的な秩序〉と見なしたのであった。

2　ヤコービによるニヒリズム批判

フォーベルクとフィヒテによって、カントの道徳的信仰はそれぞれの仕方で徹底化が遂げられ、展開が図られることになった。これに対して非難が集中する。後年、フォーベルク自身が回顧した文章が残されている。「私の『宗教の概念の発展』における私の目的は本来、私にとっては既にかなりの間、もはや満足できるものではなかったカントの実践的な信仰を、もし、遊戯とか神秘化とかいうように説明する配慮を持ち合わせていたなら許されただろう適法な意味で基礎づけることでありました。ところが試みは、とんでもない大騒ぎを引き起こしたのです。フィヒテは、『哲学雑誌』の共同編集者として、『神の世界統治に対する我々の信仰の根拠』を、前に置いたのです。フィヒテと私の論文とは、大目に見てもらえたかもしれません。だって、いずれの論文も憂慮すべき表現と並んで、多くの心配のないどころか、敬虔にさえ思われる表現を含んでいたからです。そして一般には、毒が発見されるには通読されなければならなかったでしょう。ところが、若気の至りで、私に付きまとっていた『きわどい問い』がありまして、その意味がただちに一瞥しただけで、きわめて粗雑な読者にも分かったもんですから、心配をかけたわけです。なかでも第一の問いの、『神は存在するか？　答え――それは不確実であり、不確実のままである』(Forberg. 147) でした」(FiG. II, 154f.)。

この事件は、当時のドイツの思想界を大きく揺さぶった。たとえばラーヴァターは、一七九九年二月一六日付けのラインホルト宛書簡で、こう述べている。「フィヒテの『公衆に訴う』は、その卓越性とその残忍さで、私にはものも言えないくらいショックでした。（……）神なら、私は存在する、などと言うことがあり得ません。人格性を欠いた神、実在を欠いた神なんて、創造もしませんし、与えもしません。神は本当に生きていて精神であり、光であり、闇を欠いていて、最も生き生きとした愛なのです」（FiG. II, 54f.）。二月五日付けのフリードリヒ・シュレーゲルからA・W・シュレーゲルに宛てられた書簡ではこう述べられている。「ザクセン政府による無神論的な雑誌の没収命令が出されました。しかし、枢機卿会議のメンバーのザック、テラー、ツェルナーなどなどは一致して歓迎しました。だから、ハノーヴァーなんてくそ食らえ。ドロテーアは、フィヒテの『公衆に訴う』に大喜びしましたし、私がそれを見せた何人かの人たちもそうでした」（FiG. II, 48）。二月二六日付けのヤコービからラインホルトに宛てられた書簡では、こう述べられている。「フィヒテは許されないでしょうし、彼なら心配だからといって、どうってことはないでしょう。だって、彼の物言いや所業には、静謐なる偉大さとか、崇高さの痕跡さえないのですから。（……）ちょっと前に私は『アルヴィル』をまたも読む気になって、私とフィヒテとの、私たちの共感と反感との、同一性と相違性を見出したのです」（FiG. II, 65f.）。三月四日付けのヤコービからバッゲセンに宛てられた書簡ではこう述べられている。「ちょうど、フィヒテに書き送らなければならない書簡のことで頭を悩ませていたところです。私がどんな気分か思い浮かべることができるでしょう。だって貴兄は、私が知識学も、私自身も、十分に分かってはいないということをご存知でしょうから」（FiG. II, 70）。

そしてヤコービは、フィヒテに長い手紙を書き送り、やがてそれは印刷されて公刊されることになった。ここでのヤコービの基本的な観点は、知られ得るような神なら神でない、神は知られ得ず、ただ信じられ得るだけである、というものである（Vgl. GA. III-3, 225）。したがってヤコービは、「無‐知の意識を人間における最高のものだと見なす」(GA. III-3, 225) とまで明言して、ソクラテスの顰に倣おうとする。自らの立場を、無‐知において本質を有する「非哲学」(GA. III-3, 226) だと称して、「ひとえに知ること」(GA. III-3, 226) に立脚する哲学を展開したフィヒテに対して、時には慇懃に持ち上げながらも一貫してシニカルに、自我論が無神論に逢着せざるを得ないとする見解を展開するのである。

フィヒテに対してヤコービは、〈私は存在する〉と〈私の外部に諸事物が存在する〉という、自然な人間には同じように確実な二つの命題について、思弁哲学は、それぞれに他方と等しくないものだと見なすことによって、一方から他方を導出しようとする試みだとする。すなわち、自我と非我とを等しくないものだとしつつ、そのうえで、新たな統一を産出しようとしたところにフィヒテ哲学の存立機制を捉える。ヤコービによれば、自己自身を規定している知性に基づいてすべてを説明しようとする観念論と、自己自身を規定している素材に基づいてすべてを説明しようとする唯物論という、フィヒテ哲学に胚胎している二つの対立的な方法は、互いに接近して、最終的には観念論へと変容するという。「なぜなら、二元論の外ではとことん考え抜く思考力のために、ただ、独我論(Egoismus)だけが存在している」(GA. III-3, 226) からだという。自我論をヤコービは、独我論だと捉えたわけである。

ヤコービによれば、唯物論を観念論へと変容させようとした点では、スピノザも同様だったという。いや、フィヒテ哲学を「顛倒したスピノザ主義」(GA. III-3, 227) だと呼ぶ。スピノザの実体が、フィヒテにあっては主体化されて自我になったと見たからである。「延長する本質と思惟する本質との双方を同じ仕方で基礎づけつつ、双方を不可分に結びつけているスピノザの実体というものは、直観することができないため、ただ推論によってのみ確証されるべき、客観と主観の絶対的な同一性に他ならない。この同一性の基礎の上に立っているのが、新たな

〔フィヒテ〕哲学の体系、超絶した知性の哲学である」(GA. III-3, 226f.)。

ヤコービにしてみれば、自らとフィヒテとの共通点もないわけではなかった。それは、自らの対象を自ら産出するという学問についての捉え方である。そこにヤコービは自由を捉える。「自らのうちで自由な活動の必然的な様式にして様態が学問の全本質を構成している。どんな学問であろうと、私に言わせたなら、貴兄と同様、自我の範型に従えば客観＝主観である」(GA. III-3, 231)。そして、人間の精神がただ自己自身を求め、概念を形成して、たえず刹那における制約されたあり方から身を解き放とう(Vgl. GA. III-3, 231)とする知性の活動が学問だとされる。しかし、ヤコービの見るところ「知の学が完全になるために、貴兄〔フィヒテ〕は、すべての真理の根拠が、知の学において存しているとして明らかになることを求めているのに対して、私は、この根拠、すなわち真なるものそのものが必然的に学の外部に現存していることが開示されることを求めている」(GA. III-3, 231)。つまり、フィヒテは学を通して真理を追究するのに対して、ヤコービは真なるものが啓示されるのを待ち望むというわけである。したがって、「一つの部分から成る哲学、本当の理性体系はフィヒテのやり方でのみ可能」(GA. III-3, 233)だともヤコービは見ていた。「明らかに、すべては理性のうちで理性によって、自我としての自我において、自我性においてこそ与えられていて、そのなかに既に包括されているに違いない」(GA. III-3, 233)。

ヤコービにしてみれば、そこにこそ学問の限界があった。「学問である以上は自己自身を唯一対象として、これ以外には何ら内容をもたないような学は、学自体である。自我は、一つの学自体であって唯一のものである。それは自己自身を知る。自我が自己自身の外で、何かを知ったり、あるいは聴解したりなどをするのは自我の概念に矛盾する」(GA. III-3, 234)。これをもって、「ありとあらゆる学は、自我のうちへと解消され、気化される」(GA. III-3, 234)と見たヤコービは、これを、「知におけるあらゆる本質の解消」、「たえず普遍的になってゆく概念による進歩的な無化」(GA. III-3, 235) だと呼ぶ。「私が解消しつつ、分析しつつ、〈自我の外部の無〉に到達することによって私に明らかになるのは、一定のやり方でしか制限されていない私の自由な構想力の外部では、すべてが無であるということである」(GA. III-3, 235)。「真なるものの認識にいささかなりとも接近できないまま、人間の精神は、ただ自らの無知を組織化するだけ」(GA. III-3, 238) の学にあっては、精神が自らの無知の上に胡坐をかきながら気晴らしに行なっている「遊び」だと見てヤコービは、「人間の精神はそれによってむしろ、真なるものから疎外(entfernen) されている」(GA. III-3, 238) と断ずる。

　ヤコービにとって真なるものとは、「知ることの以前に、知ることの外部にあるもの」(GA. III-3, 239) であった。こうした真なるものを前提する能力こそ理性であり、真なるものの学に携わる能力は、真なるものを知らないと感じるなかに抱く「真なるものの予感」(GA. III-3, 239) だとする。ヤコービは言う。「こうして私の理性は本能的に教える、神を。抗い難い力をもって、私の内なる最高のものは、私を超えた私の外部に至高のものを指し示すのである」(GA. III-3, 241)。ヤコービにしてみれば、現象する世界のうちに真理があって、現象する世界の外部に啓示されるべきより深い意義などないというのなら、そうした世界は「おぞましいお化け」(GA. III-3, 241) でしかないとして、心胸が張り裂ける思いになると訴える。したがって、フィヒテの自我論のように、「無を意志する意志、非人格的な人格性、〈自己〉を欠いた自我の単なる自我性」(GA. III-3, 242) に、怒りを禁じえないとヤコービは断罪する。

　もとよりヤコービ自身も、自らが「無を意志する意志にそむいて嘘をつこうとする無神論者であり、神を喪失した者」(GA. III-3, 241f) だと、レトリックを駆使する。それは、「安息日に穂を摘むのは、ひとえに飢えを満たすためだからであり、掟は人間のために作られているのであって、決して人間が掟のために作られているのではないからである」(GA. III-3, 242) という意味で無神論者だというのである。したがって、ヤコービ自身、「神なき時代」(GA. III-3, 241) に生きる苦痛を感じている。それだけにヤコービは、わざわざ神の喪失を呼びかけるような超越論哲学に対して、胸から心を引き裂かれ、代わりに「自我性だけの純粋な衝動」(GA. III-3, 243) があてがわれるようなことになると非難する。こうしてヤコービは、「空虚からの逃走であれ、哲学的な〈無の知〉よりも、趣味に基づいて私の〈無‐知の哲学〉を選んでなぜいけないのか」(GA. III-3, 245) と問いながら、フィヒテの観念論を「ニヒリズム」(GA. III-3, 245) だと叱責したのである。

3 ヤコービによる哲学批判

一七九八年一二月三日付けのジャン・パウルのヤコービ宛書簡では、次のようにフィヒテ批判が述べられていた。「フィヒテの体系の内に私は、近代の空虚性 (Luftleerheit) を見出しますし、意識が説明すべき原理を捉えます。すなわちそれは、自分への遡及であって、厭わしい神の擬人化から取ってこられたものです。というのも、自らへの作用といっても、〈隠された自我〉(身体) への作用と〈真正の自我〉への作用との混同に他ならないからです。その説明は、説明されるべきものよりも遥かに大胆でかつ曖昧な前提なのです」(FiG. II, 22f.)。ここで語られた「近代の空虚性」と称された特徴こそ、ヤコービがフィヒテに投げかけた「ニヒリズム」と意味あいを同じくしているものだと言えよう。とはいえそれは、ヤコービ自身が述べていた「神なき時代」を生きる主知主義的な思想が背負わなくてはいけなかった出自であったに違いない。

ヤコービによれば、「自らを精神でもって自然を超えて高めようとか、自らが自然である限りの自分自身を超えて高めよう」(GA. III-3, 249) という気持ちに誘う哲学は、無神論だとの非難を逃れられないという。なぜなら、自らの外部や内部に広がる自然を超えて自らを高めることができるためには、自分の理性を超えて自らを高めなければならないからである。「精神をもって自然を超えて自らを高めるすべを知っている(……)人は、神を眼前に見ることになる」(GA. III-3, 246) ことになり、人間の神格化に繋がるとヤコービは見ていた。「理性を超えて自由の概念を高めようという意図」(GA. III-3, 249) に、ヤコービは懸念を隠さない。『公衆に訴う』でヤコービに連帯の挨拶を送っていたフィヒテ (Vgl. GA. I-5, 447) に対して、ヤコービは、「人格的には決して無神論者だとか、神なき人だとは思わない」(GA. III-3, 246) と述べてはいた。しかし、思想的には無神論に通じるという見極めを明確にもっていた。そしてあらためてヤコービはフィヒテに問う。フィヒテにあって拒否されたのは、神という「名前」なのか、神の「本質」なのか、「無か神か」(GA. III-3, 251) と。

ヤコービは言う。「私が主張するのは、人間は、自己自身を神のうちにのみ見出すことができるからこそ、神を見出すということである」(GA. III-3, 250)。この対極に立つ発想は、「人間が自らを自らのうちでのみ基礎づけようとする」(GA. III-3, 251) フィヒテ哲学である。自我が自我の事行に立脚するとなれば、ヤコービにしてみれば、自我の営み以外のすべては無へと解消されることになり、人間のうちに神を超えた能力を捉えること、人間自身が神になることに他ならなかった。「私は繰り返す。神は存在する。私の外に存在する。生き生きとした対自的に存立している本質である。さもなければ私が神である。第三のものは存在しない」(GA. III-3, 251)。

ここには、〈無-知〉と〈無の知〉、そして〈無媒介的な自己直観〉と〈自我における自己知〉をめぐるヤコービとフィヒテとの思想上の立場の懸隔だけでなく、〈憧憬〉と〈把握〉、〈信仰〉と〈哲学〉という、スタンスの違いが集約されている。もとよりこうした論点は、一七九九年の無神論論争に一四年先立つ無神論論争だったとも言える、汎神論論争においても明らかであった。その際も、ヤコービは、哲学による論証は、必ずや宿命論に到らざるを得ないと見て、「非‐論証的な自由の経験と神の実存とに立脚する教説を選ぶことを提示した。『スピノザ書簡』におけるヤコービも、『スピノザ主義』と『有神論』との間の、現実的な原因の体系と究極原因の体系との間の、盲目的な運命と人格的な神との間の、そうした決断を思い浮かべていた[3]」。

汎神論論争を惹起した『スピノザ書簡』でもヤコービは、〈信仰〉と〈理性〉、〈直接的な確信〉と〈基礎づけ〉とを対置して、前者に身を寄せた。しかし、そこには、信仰に耽るあまり闇雲に哲学を忌避することになった、というのでは決してなく、哲学的な見極めが働いていたのも事実である。

「親愛なるメンデルスゾーン、私たちはみな、社会のなかで生まれ、社会のなかで留まらなければならないように、信仰のなかで生まれ、信仰のなかに留まらなければなりません。（……）私たちに確信が予め知られていないなら、どうやって確信に向かって努力することができるというのでしょうか？　そして私たちが確実に既に認識しているものとは違う仕方で、確信がどうやって私たちに周知のものになるというのでしょうか？　これが、いかなる基礎づけをも必要としないだけでなく、端的にあらゆる基礎づけを排除する直接的な確信の概念へと到るのです。（……）信仰を通して私たちは、私たちが身体をもっていること、そして私たちの外部に他の物体や他の思惟する実在が現前しているということです。本当の賛嘆すべき啓示です！　私たちは自分の身体を、こういう状態とかああいう状態とかと感覚して、感得しますので、私たちは自分の身体の変化だけでなく、それからまったく区別されるものをも（……）認知するわけです。（……）なぜなら、汝なくして私は不可能だからです。ですから私たちは、私たちの想定する性質を通してこそすべての表象をもつことになります。実在的な認識に到る別の道はありません。なぜなら、理性が、対象を生み出すならば、それは幽霊でしょうから」(Jacobi. I-1, 115f.)。

フィヒテの自我論は、非我との対立を想定することを余儀なくされた。しかしヤコービは、ありとあらゆる人間に信仰を強い、この信仰を通して永遠の真理を想定することを強いる「自然の啓示」を奉じることによって、独我論の対極に立つことができた。いや、神なき時代を生きる人間の、主観主義を乗り越える道を示唆することができたと言えるかもしれない。「ですから私の宗教の精神はこういうことです。すなわち、人間は神的な生によって神に気づく。神の平和が存在するけれど、それは、どんな理性よりも高次なものである。神の平和のうちには、把握されたりしない愛の享受と直観が宿っている、というようなものです」(Jacobi. I-1, 117)。

ヤコービが、あらゆる論証は宿命論へと到ると見て、媒介による哲学的な知を斥け、無媒介的な知を求めていたことには間違いない。「すべての哲学的な認識は、それが根拠の命題に従って、つまり媒介(*Vermittelung*)に従って引き起こされるなら、必ずやただ媒介的な認識でしかありえない。把握されなければならないのは、どうして私たちは哲学的な認識に、すなわち最高の実在の認識にも私たち自身の人格や自由の認識にも到達できないのか、ということである」(Jacobi. I-1, 156)。ヤコービが、〈媒介〉や〈把握〉を避けて、〈信仰〉や〈直接知〉に依拠したのは、世界をメカニズムとして捉えることを避けるためだった。「私が機構(*Mechanismus*)ということで理解しているのは、単に作用する原因から成る連鎖であって、これはまさにそれゆえに、必然的な連鎖である。同様に必然的な連鎖は、これが必然的である限り、まさにそれゆえに、機械的な連鎖である。(……)機械的でない連鎖とは、意図にもしくは決心された目的に従う連鎖である」(Jacobi. I-1, 229f.)。結局のところ、ヤコービは、「自由」を確保するために、スピノザにおけるような世界に内在する原因ではなく、世界の人格的で叡知的な原因を仰ぎ見たと言えるかもしれない。「問題は、世界の原因すなわち最高の実在が、単に万物の永遠に無限な根源、能産的自然、最初のバネであるのか、それとも、世界の原因が理性や自由によって結果する叡智なのかということである。そして私の意見は、この第一の原因は叡智だというものである」(Jacobi. I-1, 219f.)。

一八〇一年秋に刊行されたラインホルトの『一九世紀初頭における哲学の状況についていっそう容易に概観するための寄稿』に、ヤコービの論考「理性を悟性にもたらし、哲学一般に新たな観点を与えようとする批判主義の企てについて」が掲載された。本論の冒頭はこのように書き出されている。「君たちが声高に語り、はっきりと説いているのは、神の認識と道徳、そして両者の結合としての宗教とが、理性や人間の現存在の最高の目的だ、ということである。さもなければ、哲学が携わっているところのものはすべて、ひとえに、神や自由そして不死という理念を実現して、それらの実在性を実証するための手段として役立つだけになっただろう。君たちが主張しているのは、理性が、神や自由そして不死に対する先の信仰をもたらし、実現して、基礎づけることができなければ、理性は、アルファにしてオメガの観点を、すなわち理性の力の本来的な使い方を失って、その活動性によって人間を、自己自身のうちで破壊して消耗させただろう、ということである。神や自由そして不死に対するかの信仰を志向することが理性をして理性たらしめるのである。(……)しかし、君たちの哲学そのものはそのために何と語っているか? 君たちの哲学が嬉々として語っているのは、かの観念的な対象を君たちにとって本来的な悟性において実現する、ということである」(Beytr. III, 21f.)。

ここからは、神や自由そして不死の理念については、批判哲学における理性の無力に委ねられたとするヤコービの理解が看て取れる。しかし、こうした、自我に収斂してゆく理性に対する批判は、ヤコービにあっては驚くほど実に一貫したものがあった。一七八七年の『デヴィッド・ヒューム』におけるカント批判からして、フィヒテに対する批判に通じる論点を見出すことができるのである。「私がすべてであって、私の外部では、本来の悟性においては何もない。すると私は、私のすべては、何らかのものについての単に空虚な目くらまし、形式の形式、幽霊でしかない」(Hume. 121; JW. II, 217)。『フィヒテ宛公開書簡』では、こう言われる。「理性については、その語源は聴解である。――純粋理性はただ自己自身だけを聴解する聴解である。（……）純粋理性の哲学的営為は、したがって化学的な過程であるに違いない。それによってすべてはその過程の外では無へと転化される」(GA. III-3, 233)。ヤコービにかかっては、自己知を目指す知の体系の外には無しかないことになるのかもしれない。すなわち、哲学知は、虚無に捧げられた供物でしかなかったということになる。

もとより、ヤコービの見るところ、哲学的な思索において「認識」したり、「把握」したりすることが目指される際には、事柄は無へともたらされてしまうという。「ある実在が私たちによって完全に把握された対象になったとされる場合は、私たちはそれを、客観的に――対自的に存立しているものとして――思想のうちでアウフヘーベン、無化したからこそ初めて、それを徹底的に主観的に、私たち独自の被造物――単なる一つの図式――にすることができたに違いありません」(GA. III-3, 234)。「概念的に把握する」ことを「無化」だと捉えることによって、ヤコービは、一面では、フィヒテの自我論に対峙しただけでなく、近代の主知主義全体と対決したことになる。人間の精神は、本質の領域に透徹するためには、世界の創造者にそして自分の創造者にならなければならないと見たヤコービは、哲学する精神を、無から無へと揺曳する振り子になぞらえる。反面、超越論哲学の認識を「無」だと批判することによってヤコービは、見方を変えるなら、ヘーゲルによる反省哲学に対する批判を準備した、とも言えよう。

4　ヘーゲルによるヤコービ批判と無から始まる哲学

一八〇二年七月中旬に、シェリングとヘーゲルとの共同編集による『哲学批判雑誌』第二巻第一分冊が刊行され、そこに収載された「信と知」においてヘーゲルは、カント、ヤコービ、フィヒテ批判を展開した[4]。ここでヘーゲルは、三者の哲学を一括して、〈知〉に対立する〈信〉の立場に立脚していると見なす。すなわち、ヘーゲル哲学が達し得た〈知〉の領域へと到っていないというのである。そしてカント哲学やフィヒテ哲学を批判する際にヘーゲルは、ヤコービによってカントやフィヒテの〈知〉に向けられた、〈無〉しか残らないという批判の論点を用いながら、しかも、ヤコービの〈信〉の立場をも超えてゆく。もとより、〈私〉がすべてか〈神〉がすべてかの二者択一を問うたヤコービとは違い、ヘーゲルは哲学知のうちですべてを包括しようとする。「哲学は、第三者は存在すると言う。そして第三者が存在することによって哲学が存立する。というのは、哲学は（……）神を存在と思惟との絶対的同一性として認識する。（……）神の外にはいかなる存立をも無をも認めない。したがって、哲学は、あらゆる形式論理学の原理であり、理性を悟性の原理である〈あれか―これか〉を絶対的な媒介において端的に殲滅する」(GW. IV, 399)。ヤコービがこだわった心胸の主観性と、カントやフィヒテが達し得た〈有限性からの真理性に剥奪〉は、二律背反を構成する。

　ヘーゲルの見るところ、カントは現象界における客体の認識には、本質的な〈自体〉の把握であるとは認めずに、有限な認識だと捉えたうえで、理性認識をこうした認識から高めたという。「こうした結論によってカントには、哲学一般の端緒を形成したという不滅の功績が帰せられる。ところが、こうした有限性の無にヤコービは絶対的な〈それ自体〉を見て、この武器を夢見ることでスピノザの覚醒と闘おうとしたのである」（GW. IV. 350）。有限的な、制約を担った認識に、カントもフィヒテも、真理を見ることはなかった。そこにヘーゲルは、ヤコービが、カント哲学やフィヒテ哲学を忌み嫌った原因を見たのである。「カント哲学やフィヒテ哲学は、有限的なものや時間的なもののうちにはいかなる真理もないということを目指して、とりわけ否定性の点で偉大であり、有限であり、現象であり、無であるものは何かを否定性において実証したからである」（GW. IV. 377）。

ヘーゲルにしてみれば、有限な認識を無と捉えることは、転変する現象の認識で満足することのない哲学の端緒の問題に通じている。「カントの最も重要な帰結は、常にこうしたことである。すなわち、有限なものの関係は、（それが単に主観的なものの関係であれ、あるいは同時に諸事物の関係であれ）〈それ自体として無（nichts an sich）〉であって、この関係に従った認識は諸現象の認識でしかない、ということである」（GW. IV. 351f.）。ところが、ヤコービが恐れたほど、カントは、有限な認識の無化を貫徹したわけではなかったとヘーゲルは捉える。カントは悟性をその諸形式とともに、なるほど主観的なものにしてはいるが、それにもかかわらず、「悟性をこうした形態において、何か積極的なものそして絶対的なものにしている」（GW. IV. 350）がゆえに、「悟性に対するカントの無効宣言（annihilation）」（GW. IV. 350）は、不完全であったとヘーゲルは断じる。ヤコービがニヒリズムだと捉えたフィヒテ哲学も、ヘーゲルにしてみれば有限な認識を無化したわけではなかった。「哲学の第一のことは、絶対的な無を認識することである。フィヒテ哲学はそのためにわずかしか貢献していないが、そのわずかな貢献のゆえにヤコービ哲学は、フィヒテ哲学を非常に嫌悪するのである。これに対して、フィヒテ哲学もヤコービ哲学も、哲学に対立する無のうちに存在している。有限なもの、現象が双方にとって絶対的な実在性をもっているからである。絶対的なものや永遠なものは、双方にとっては認識にとっての無なのである」(GW. IV, 398)。

ヘーゲルが語る〈無〉とは、果てのない虚無というよりは、〈真理性に鑑みて否定される〉というような意味あいだと見てよい。有限な認識には真理を認め得るべくもない。かといってカントやフィヒテのように、無限性において真理を求めても、それが有限なものと対立する限りの無限性であるなら、真の無限性ではない、という把握がヘーゲルにはあった。「無限性は純粋であるべきであるが、〔カント哲学やフィヒテ哲学にあっては――引用者〕そうなってはいなくて、むしろ無限性はそれ自身、再び固定化されて、それによって絶対的な主観性になる」(GW. IV, 399)。〈有限性〉と〈これに対立している無限性〉という対立の一方の側面だけをヤコービは目にして、「超越論哲学のこのニヒリズムが胸から心をかきむしると思っているが、絶対的に現前している対立の他方の側面を反省しさえすればよかったのだ。そこでは、すべての情動、心情の状況、啓示されたり信じられたりした経験的なものを、以前と同じように見出すことができたであろう」(GW. IV, 399f.)。こう述べるヘーゲルには既に、カントとフィヒテを、ヤコービによるニヒリズム批判を媒介として乗り越える理路が見えていた。すなわち、ヘーゲルにしてみればカントやフィヒテの思索は、「単に無限性と〔有限性の〕無とにしか進むことができず、この無を突破して肯定的な理性認識にまで突き進むことのできない持続的な意志なのである」(GW. IV, 396)。こうしてヘーゲルには、ニヒリズムの意義が明確に自覚される。すなわち、有限な認識や悟性的な認識の真理性を無化することである。

カントやフィヒテ哲学は、現象や表象に真理性を認めなかった点で、哲学の端緒を形成していた。しかし、彼らは〈知〉を、そうした〈無〉と対立的に想定した。問題は二元論的な対立を知のうちに持ち込むことではない。そうした〈無〉と〈知〉とを関連づけることだったのだ。ヘーゲルは言う。「しかし、これらの哲学的な教養形成と哲学とが直接的に結びついていること、――この関連づけがヤコービ哲学に最も欠けている――そして、哲学的な教養形成が、哲学において肯定的で本当の位置を占めているとはいえ、下位にあるということは、これら〔カントやフィヒテ〕の哲学の場合に、無限性についてどのように捉えられていたか、ということから明らかに分かる。無限性というのは、これらの哲学にとっては、絶対的なものにされていて、それによって有限なものとの対立に囚われた原理である。なぜなら、それらの哲学においては、〈思索〉は無限性として、絶対的なものの否定的な側面として認識され、そうした否定的な側面というのは、対立もしくは有限性を純粋に無化することではあるのだが、同時に永遠の運動の、もしくは無際限である有限性の、いうなれば自らを永遠に無化する有限性の源泉でもあるからだ。こうした源泉の無と無限性の純粋な夜闇とから、真理はその誕生地である秘かな深淵から立ち上るかのように立ち現われる」（GW. IV, 413）。

　確かに、ヘーゲルは〈無〉を厳密な意味で論じたのではなく、単にレトリックとして扱ったと言えるかもしれない。しかしそのこと自体、ヤコービによるニヒリズム批判がヘーゲルにとって〈知〉に到る一契機として受容されたことを物語っている。そして、ニヒリズム批判を含めて〈知〉に到る理路をヘーゲルが構築することによって、ヤコービにあって問題とされた〈自己知〉と〈知の外部〉との対立も、〈知〉のうちで解消され、知による知の自己検証の体系が、やがて『精神の現象学』として姿を現わすことになったのである。

註

（1）　Otto Pöggeler: Hegel und die Anfaenge der Nihilismus-Diskussion. In: Der Nihilismus als Phänomen der Geistes-Geschichte in der wissenschaftlichen Diskussion unseres Jahrhunderts. (Wissenschaftliche Buchgesellschaft) から多くの教示を受けた。

（2）　この件については、昭和二年に刊行された『得能博士還暦記念　哲学論文集』（岩波書店）に収載の、朝永三十郎の論稿「フィヒテの『無神論論争』」から教示を得た。

（3） Gerhard Hoehn: Die Geburt des Nihilismus und die Wiedergeburt des Logos–F. H. Jacobi und Hegel als Kritiker der Philosophie. In: Studien zur Philosophie und Literatur des neunzehnten Jahrhunderts (Vittorio Klostemann) S. 227

（4） ヘーゲル哲学の形成過程における「信と知」の重要性については、旧稿ではあるが、拙稿「無化と構成——ヘーゲル『信と知』への一考察」（東北大学哲学研究会『思索』一四号、一九八一年）を参看頂ければ幸甚である。

III　ドイツ観念論の基礎づけと体系化

第六章　事実から事行へ――ヘーゲルによるシュルツェ批判、クルーク批判の前哨

序　イェーナでヘーゲルが直面した問題

ヘーゲルが、『差異論文』や『哲学批判雑誌』における論稿などによってドイツの思想界に登場したとき、その主たる活動は、同時代の思想家に対する批判であった。例えば、一八〇一年秋に上梓された『差異論文』は、確かにシェリング哲学とフィヒテ哲学との差異を際立たせることが主たる課題であったが、それだけに限定されず、同時代の哲学の概観とも言うべきものが示されていた。その執筆のきっかけは、ヘーゲル自身によると、シェリング哲学について誤解していた「ラインホルトの混乱」[1]だという。事実、第四章においてヘーゲルは、ラインホルト（Karl Leonhard Reinhold）の思想を詳細に引用しながら批判していた。その際に、一八〇一年初頭の『一九世紀初頭における哲学の状況についていっそう容易に概観するための寄稿』だけでなく、一七八九年に出版された『人間の表象能力についての新理論の試み』も取り上げられている。これは、ラインホルトが根元哲学（Elementarphilosophie）[2]と称される思想を構想した時期の代表的著作である。この根元哲学の原理である意識律（Satz des Bewußtseins）こそ、一七九〇年代前半のドイツ観念論にとっての基本問題であって、多くの論者がこれと対決せざるをえなかった。

ヘーゲルは、一八〇二年の年初の『哲学批判雑誌』第一巻第一分冊に掲載した「一般常識は哲学をどのように理解しているか」でクルーク（Wilhelm Traugott Krug）について、一八〇二年三月の『哲学批判雑誌』第一巻第二分冊に掲載された「懐疑論と哲学との関係[3]」ではシュルツェ（Gottlob Ernst Schulze）について論じた。シュルツェの『理論哲学の批判』（全二巻、一八〇一年）を批判することが、「懐疑論論文」の基軸になっている。その冒頭でヘーゲルは、「シュルツェ氏がカント哲学、とりわけ〔ラインホルトの〕表象能力の理論という形態にとりいれられたカント哲学に反対して、センセーショナルに登場してから八年たった」（GW. IV. 197）、と述べているように、シュルツェは、一七九二年に懐疑論者を標榜する立場から、ラインホルトの根元哲学やカントを攻撃する『エーネジデムス』という匿名の著書を出版し、ドイツの思想界に衝撃を与えていた。この著はその後、マイモン（Salomon Maimon）の『新論理学試論』（一七九四年）におけるラインホルトへの批判を招来し、またフィヒテが「エーネジデムス批評」を執筆する直接的なきっかけにもなった。そして、この「エーネジデムス批評」においてフィヒテの自我論が成立を見ることを考え併せるなら、『エーネジデムス』は、ドイツ観念論における一つの転機をなす書物であったと見てよい。

クルークについては、彼の言うところの「超越論的綜合主義」を、「常識批判論」でヘーゲルは厳しく批判して、こう述べていた。「この〔クルークの〕体系の特徴は歴史的に見てみれば、以前にシュミット（Carl Christian Erhard Schmid）氏がこれとまったく同じような体系を打ち出していた（『哲学雑誌』一七九五年第一〇号）ことに想い到らざるをえない（……）。創始者自身がその仕上げを放棄してしまい、壊滅状態にあったその体系が他の人によって蘇生させられるなどとは、誰も想像もしなかったことであろう。フィヒテが当時すでに、この発見はかならず利用されるだろう、と予言していた（『哲学雑誌』一七九五年第一二号）とおりになった」（GW. IV. 184f.）。シュミットとは、今でこそ哲学の歴史に埋もれているが、イェーナ大学でのフィヒテと同僚の教授である。シュミットとフィヒテの間には、意志の自由やカント解釈をめぐって、フィヒテがイェーナに着任する前から論争があった。その論争に決着がついたのが、『哲学雑誌』第一〇号（一七九五／九六年）に発表されていたシュミットの「哲学とその諸原理についての著作からの断片——当面の検証のために」を批判するために、『哲学雑誌』第一二号（一七九六年復活祭）にフィヒテが発表した「シュミット教授によって樹立された体系と知識学との比較」(4)であった。

ラインホルト、シュルツェ、シュミット、彼らの思想をめぐって一七九〇年代前半に論争が生じ、それが原動力となってドイツ観念論の潮流はフィヒテへと収斂していった。イェーナに哲学的営為の境地を得たヘーゲルが同時代の、ラインホルト、シュルツェ、クルークらの思想を批判するとき、自らが教養として受け止めていたドイツ観念論の形成史を追体験する形にもなっていたことを、我々は看過してはならない。本章は、イェーナでのヘーゲルの哲学的営為の意味を考察する一助とするべく、その批判活動の前哨を明らかにして、ヘーゲルが直面し、再把握したドイツ観念論の基本問題を振り返ることを課題とする。

1　批判哲学の体系化を目指したラインホルトとドイツ観念論

一七五八年一〇月二六日にウィーンに生まれ、ウィーンで哲学の教師をしていたラインホルトが、ドイツの思想界に登場して、ドイツ観念論の思潮を導くに到るまでには、大きな転機が幾つかあった。一七八二年頃にはフリーメーソンに入会したとも言われるが(5)、翌八三年にはライプチヒに逃亡、そして八四年にはカソリックからプロテスタントへ改宗している。ラインホルトの経歴を見るに、「転居」は、ラインホルトの思想的遍歴のきっかけとなることがわかる。[6] 一七八四年、ワイマールへ移り、ここでヴィーラント（Christoph Martin Wieland）の知遇を得て、『ドイツ・メルクール』誌の寄稿者となる。ヴィーラントは彼の岳父になる人である。ラインホルトの思想が広く知られるようになるのは、この『ドイツ・メルクール』誌に発表した啓蒙主義に関する一連の論稿によってである。たとえば、「世俗化以前および以後の諸学」（一七八四年七月）[7] では、学問が聖職者の特権と見なされ、また党派・学派のために営まれてきた経緯を踏まえ、聖職者的な世界支配が没落に瀕しているいま、俗人が自己思惟（Selbstdenken）[8] によって自らを救済するべき時であり、理性の進歩によって聖職者による軛を振り払った国において、諸学が回復され、自由が獲得される、と論じている。歴史記述を軸とする立論方法や、理性による学問の基礎づけを求める点など、のちのラインホルトに繋がる思想傾向が現われていることから、ラインホルトの思想的な出発点となる論稿だと言える。

1　ラインホルトとカント哲学との関係

一七八六年八月から一七八七年九月にかけて『ドイツ・メルクール』誌に連載された「カント哲学についての書簡」が認められ、ラインホルトはイェーナ大学に迎えられ、哲学の最前線に登場する。[9] 着任したばかりのイェーナ大学で行なう「初学者のための純粋理性批判入門」講義を前にしてラインホルトは、一七八七年一〇月一二日付書簡でカントに宛て、自らのカント解釈についての承認と、『ドイツ・メルクール』誌への寄稿を求めている（Vgl. KW. IX. 339）。とりわけラインホルトがカントの評価を求めているのは、「第三書簡」と「第八書簡」である。カントに宛てて、「私を初めて『純粋理性批判』の研究に誘いましたのは、貴方によって展開された宗教の根本真理の道徳的認識根拠です」(KW. IX. 337) とも述べているように、事実「第三書簡」(刊行本では「第五書簡」)[10] は、「道徳と宗教との間の必然的連関に対する理性批判の結果」について論じている。ここに、信仰と理性との関係を問い直す点で、「世俗化以前および以後の諸学」から繋がる問題意識を見ることができる。したがって、「第三書簡」(刊行本では「第五書簡」)にこそ、ラインホルトをしてカントの研究に向かわせた問題が語られていた、と見てよい。

ラインホルトによれば、信仰はつねに対立に巻き込まれてきた。たとえばイエス・キリストも、同時代の多くの人々には道徳を欠いた宗教を、幾つかの哲学的な学派には宗教を欠いた道徳を見出していたという。イエスの教えをラインホルトは、道徳と宗教を内面的に合一することによって、道徳的な文化を基礎づけることを目指すものと解釈した。それは、「人類の人倫的な形成にあたって理性の役に立つように助けること」(BüKP. I. 149) に他ならない。こうしてキリスト教は「人類の教育に役立つように影響を与える」(BüKP. I. 150) 役割を果たしてきた。ところが、理性は、宗教と道徳の間にキリスト教が定める美しい紐帯の果実を破壊した、というのである。

こうして、「宗教と道徳との再合一、もしくはキリスト教の再興」(BüKP. I. 154) が時代の課題として捉えられる。宗教を完全に道徳で基礎づけるためには、「哲学はまず第一に、神性の現存在や特性のための確信根拠を道徳律の諸原理から導出しなければならなかったであろうし、第二に、この道徳的な認識根拠を唯一のものとして認めなければならなかったであろう」(BüKP. I. 159f.)、とラインホルトは見る。そこで、「理論理性の本性から、神の現存在に賛成したり反対したりするすべての客観的な証明の不可能性が生じ、実践理性の本性から、神の現存在についての道徳的な信仰の必然性が生じる」(BüKP. I. 163) という結論を出した『純粋理性批判』こそ、宗教の関心に適うものだ、とラインホルトは結論づける。「哲学の第一の根本真理によって宗教を道徳で基礎づけ、それによって理性の方法で宗教と道徳との合一――キリスト教の目的であり、その崇高な創始者によって心胸の方法で導入されていた宗教と道徳との合一――を完成すること」(BüKP. I 163f.) を『純粋理性批判』がもたらす、と見たからである。

ラインホルトの求めに応えてカントは、「哲学における目的論的原理の使用について」を著し、その掉尾で、「確固たる根本命題に従って、思弁的理性ならびに実践的理性に共通した事柄をめぐって、この無名の、最近まで私も知らなかったかの書簡の著者が立てた功績に対する称賛[11]」を表明したのであった。このカントによる賛辞もあって、ラインホルトは、カント解釈者としての名前を高め、イェーナ大学での「理性批判入門」講義も成功を収めた。とはいえ、『カント哲学についての書簡』で見られるようなカント哲学の「解釈」は、その時代のカント解釈者に見られたような、カントの著書を抜粋したり、註釈を付しながら解説したり、他の箇所との適合を示したりする形での「言葉」の解釈ではない。ラインホルト自身の問題意識に沿う形に、カント哲学を読んだ成果である。このことは、一七八八年一月一九日付のラインホルトのカント宛書簡からも看て取れる。カントの寄稿、および『実践理性批判』の献本についての謝辞を述べたあとで、次のように述べている。「私の『カント哲学についての書簡』のなかで、今日までまだ宗教の根本真理の道徳的な認識根拠を本来的に解明するには到っていなかったことは、私にとってもなんとよかったことでしょう。そうでなければ、私は、貴方が『実践理性批判』によって太陽を呼び寄せたところに、弱々しいランプをかざすことになったでしょう[12]」。ここからとりもなおさず、『純粋理性批判』の読解を通して、カントが進むべき道を「ランプ」であらかじめ指し示していた、というラインホルトの自負を読み取ることができる。それでは、ラインホルトが仄かな予感と期待をもって探索し、『実践理性批判』によって明らかにされたものは何であったのか。それは、〈合理的神学を批判したのちに、神の存在を実践理性によって要請する〉という道筋であったと言える。ラインホルトの問題意識は、こうした形でのカント哲学の展開を予示するものであった。『純粋理性批判』が、「哲学の第一の根本真理によって宗教を道徳で基礎づけること」の条件を整備した。そして「宗教の根本真理の道徳的な認識根拠」が『実践理性批判』において解明されるに到った、とラインホルトは見ていた。その意味でラインホルトのカント解釈は、カントを文字通り解釈するものではなく、その精神を先取りして、「展開する」可能性を示すものであった、と言えよう。

2　根元哲学と意識律

一七八〇年代後半から九〇年代前半にかけて、多くのカント哲学の解説書が出版された。しかし、それらのなかでもラインホルトの思索は、『純粋理性批判』から『実践理性批判』へというカントにとって必然的な体系展開の根拠を証そうとした点で際立っていた。カント哲学を基礎づける根元哲学の樹立へとラインホルトが向かったのは、何ら「転回」ではなく、必然的な一貫した展開であった、と言える[13]。その文脈を辿ってみる。

『純粋理性批判』に対してラインホルトは、それが、カントの形而上学の予備学ではあるものの、全哲学の基礎を用意してはいない、と見なした[14]。なぜなら、理性批判の掲げていた命題は、経験が可能である限り樹立しうるものである以上、根本命題ではないからだという（Vgl. Beyträge. I, 273）。こうして『純粋理性批判』が構築されていた根拠、基礎をラインホルトは「経験」（Beyträge. I, 278）に見る。しかし、それをカントは説明しないまま、前提していた、というのである。「合法則的な、必然的に規定された一つの連関における諸知覚の表象は、事実（Faktum）として想定されるなら、（……）カントの体系の基礎である」（Beyträge. I, 278f.）。同じことをこうも言い替えている。「『純粋理性批判』は、もろもろの感性的知覚を必然的に結合する経験の概念の実在性を前提するところから出発した」（FdpW. 135）。こうしてラインホルトは、理性批判が前提していた「原理を展開して規定的に挙証するという試み」（Beyträge. I, 333）、すなわち全哲学を基礎づける表象能力の理論を構想したのである。[15]

哲学を体系化するにあたっては、ラインホルトはそれが第一の根本命題に基づくことを求めた。それは、哲学における論争がいずれも、当事者の誤解に基づいていて、その誤解によって哲学の領域は戦場と化してきた（Vgl. Beyträge. I, 351）という反省があったからである。自分自身によって規定されている命題が哲学の原理とされているならば、誤解を招く余地がない（Vgl. Beyträge. I, 358）、というわけである。「普遍的に妥当する命題が第一の根本命題として可能でなければならない。さもなければ哲学は学問としては不可能である」（Beyträge. I, 367）。この最上の根本命題を介して他のすべての命題が規定されることにより、それらも誤解から守られる（Beyträge. I, 355）。第一の根本命題に基づいている学は根元哲学であり、あらゆる哲学は根元哲学によって基礎づけられなければならない。こうして、普遍的に妥当する第一の根本命題が樹立されて初めて、これに基づく〈絶対的に必然的で不変的なもの〉の学が存立することに、「すべての自己思索家は合致できる」（Beyträge. I, 114）とラインホルトは期待する。「この最上の根本命題によってのみ、哲学という学問に属しているすべてのそれ以外の命題が、内容全体が一つの学という統一性を獲得する」（Beyträge. I, 119）。ここに我々は、体系に対するラインホルトの強い志向を読み取ることができる（Vgl. Beyträge. I, 120）。誤解の余地ない厳密な学への志向は、そのまま体系の志向へと繋がっていく。[16]

あらゆる哲学を基礎づける根元哲学の、すべての命題の根拠である第一の根本命題は意識律と称された。意識律とは、「意識において表象は、主観によって、主観と客観から区別され、かつ両者に関連づけられる」（Beyträge. I, 167; FdpW. 78, 81 u. 100）という命題である。「この命題がここで直接的に表現しているのは、意識において生じる事実に他ならない。これに対して表象、客観そして主観の概念は、間接的に、言うなれば、それらがかの事実によって規定される限り、表現されている。／意識に先立っては、表象、客観、主観のいかなる概念も存在しない。

これらの概念は根源的にただ意識によってのみ可能なのである。表象や客観そして主観は、意識において、そして意識によって初めて、互いに区別され、かつ相互に関連づけられる」(Beyträge. I, 167f.)。

さらに、こうした意識律のもとに存立する根本命題がある。それらは、意識の特殊な様式を、すなわち「(1)表象の意識、(2)主観の意識もしくは自己意識、(3)客体そのものの意識――これが認識と称されるのは、意識が表象された表象と表象された表象するものとから区別された表象されたものの意識へと高められる限りにおいて、したがって最初の二つの意識の様式によって伴われる限りのことである――」(Beyträge. I, 362)を表現しているという。このように、意識律によって明らかにされたのは、自己意識を含む意識の構造であった(Vgl. Beyträge. I, 181f.)。

意識律が語っている意識の構造のなかでも、根源的なのは表象である。「意識において客観や主観に関連づけられるところのものは、なるほど時間のうえからではないが、その本性上、関連づけられるという行為に先立って現存する」(Beyträge. I, 173)。さらにラインホルトは、単なる表象を可能にする「表象能力」なるものの存在を語る。「表象能力とは、それによって〈単なる表象〉が、言うなれば〈意識において客観と主観に関連づけられはするが、双方から区別されるもの〉が可能になるところのものであり、そして、〈表象の原因〉において、すなわち〈表象の現実性の根拠を包括するもの〉において、あらゆる表象に先立って現存するに違いないものである」(Beyträge. I, 175f.)。ラインホルトによれば表象の諸形式の先行性(Priorität)は、意識の可能性からしか証明されない、という。そしてこう言う。「意識は、その上に表象能力の理論が構築される本来の究極の根拠であり、基礎である。普遍的に妥当すると私が見なす事実として想定される〈客観と主観に対する表象の区別と関連〉こそ、私の体系の基盤なのである」(Beyträge. I, 280)[17]。

この表象能力の理論は、確かに、意識の内に表象の〈関連と区別〉という作用を見出し、それに基づいてカントが前提したという意識の統一の構造を明らかにしてはいた。しかし、ラインホルト自身、〈関連と区別〉を「意識の事実」として前提していた。「事実」は、自ずから明らかになるとされるだけで、それ以上説明されない。確かに「表象能力」が想定された。しかし、それとても、事実を成り立たせるものとして前提されたものであった。これによってラインホルトは、「自己意識」を語りはしたものの、〈関連と区別〉を対象意識と自己意識との間の意識の自己関係の論理として捉え切れず、したがって意識の能作を基礎づけえないまま、表象一元論を構想した、と言えるかもしれない。

2　意識の事実に立脚するシュルツェの「懐疑」論

一七九二年に、『エーネジデムスもしくはイェーナのラインホルト教授によって供された根元哲学について――理性批判の僭越に対する懐疑論の弁護を付して』が匿名のままで出版された。[18] エーネジデムスとは、古代ギリシアのクノッソスのアイネシデモスを騙った名前である。この書物は、批判哲学に対して懐疑論を標榜する批判者、エーネジデムスと、ヘルミアスという批判哲学の崇拝者との間の往復書簡という体裁を取っている。著者は、批判哲学の前提を明らかにしたラインホルトの根元哲学を、「批判哲学の諸根拠を補完する」(Aenesidemus, 17) ものと見ている。そこで、批判主義の不遜に対して懐疑論を弁護するべく (Vgl. Aenesidemus, 21f.)、ラインホルトの『寄与』所収の第三論文、「根元哲学の主要契機の新叙述」を再録しつつ、詳細な批判的検証を行なう。さらには、かっている。

ヒュームの懐疑論がカントによっては論駁されなかったことを論じ、最終的にはカント哲学そのものの批判へ向

エーネジデムスによれば、懐疑論は、いかなる独断化をも排除する（Vgl. Aenesidemus, 28）という意味で、「哲学においては、物自体やその特性の現存在や非在についても、また人間の認識能力の限界についても、議論の余地なく確実で普遍妥当的な根本命題に従って何がしかのことが決められるなどということがない」（Aenesidemus, 24）旨を主張するという。この懐疑論の定義が語るのは二つの事柄である。すなわち、物自体の存在についての主張を疑うということ、そして普遍妥当的な第一の根本命題はいまだ樹立されていない、ということである。また、懐疑論の根拠として、「哲学においては今日に到るまで、まだ決定的で普遍妥当的な諸原理が樹立されてはこなかった、という否定できない事実」（Aenesidemus, 28）が挙げられたのであった。

1　『エーネジデムス』と批判哲学

エーネジデムスは、哲学には従来、自分以外のすべての命題を基礎づける最上の普遍妥当する根本命題が欠けていた、そしてこうした命題を樹立してこそ哲学は学問たる尊厳を要求しうる、という点でラインホルトとの一致を表明する（Vgl. Aenesidemus, 53f.）。しかも、そうした根本命題が表象の理論の内で見出されるべきことでも理解を示す（Vgl. Aenesidemus, 54）。しかし、意識律が第一の命題であることを明確に否定する。意識律といえど、矛盾律には従わざるをえない（Vgl. Aenesidemus, 60）、とエーネジデムスは考えたからである。また、意識律は一貫してそれ自身によって規定された命題ではない、という。意識律では、主観、客観、表象が意識の内で「区別」され、かつ「関連」づけられる事実が語られたが、「区別」と「関連」という「意識において現出する活動も意識律におい

て用いられた言葉によって厳密にかつ完全に規定されて示されなければならなかった」（Aenesidemus, 65）と見たからである。こうしてエーネジデムスによると、「意識律は普遍的に妥当する命題でもないし、特定の経験やある種の推論（Raisonnement）に結びついていないような事実を表現してもいない」（Aenesidemus, 70f.）。それでは意識律とは何なのか。エーネジデムスの言をまとめるなら、それは綜合命題であり、真理性を経験に依拠した、しかも抽象的な命題（Vgl. Aenesidemus, 75f.）だという。

　エーネジデムスは、「表象能力」についてのラインホルトの説明を逆手にとって、批判哲学を攻撃する。ラインホルトの説明とはこうである。「どんな観念論者も、唯我論者も、独断的懐疑論者も、表象の現存在を否定できない。しかし、表象を認める人ならば、表象能力を、つまり、〈それなくしてはいかなる表象も考えられないところのもの〉を認めざるをえない」[19]。表象能力の想定可能性を論証しようとするこの議論をエーネジデムスは、「我々の内なる表象や思想の性質から、我々の外なる事柄そのもの（Sache an sich）の性質を推論する」（Aenesidemus, 99）ものだと見る。それならば、とエーネジデムスは矛先をカントに向ける。我々の表象の外に現存している事物の本性を極めることができるのだから、物自体の本性を思惟によって極めることは悟性や理性にはできないとするカントの主張は誤っている（Vgl. Aenesidemus, 100）、というわけである。また逆に、根元哲学は、現実的な表象を、表象能力から導出し、この表象能力を表象の原因だと説明することによって、理性批判の結論と矛盾することになる（Vgl. Aenesidemus, 102）、と論難する。

　ここに、エーネジデムスの批判主義攻撃の戦略は明らかである。人間の心情（Gemüth）に、我々の認識の根拠を求め、我々の内なる表象や思想の性質から、我々の表象の外部に現存しているものの客観的で実在的な性質へと推論したところに、カントおよびラインホルトの思想の枢軸を捉え[20]、これを論難したのである。ヒュームの懐疑というわけである。

論が疑わしいとしていたことを、すべての独断論が基礎としていたことを、批判主義は証明なしで前提している、

「理性批判においては、我々の認識における必然的にして普遍妥当的なものが、ただ心情からのみ、そして〈心情のアプリオリに規定された行為様式（Handlungsweise）〉からのみ、起因しうる、ということはほとんど証明されていない」（Aenesidemus, 149）。そのうえ、この心情というのは、物自体とも、ヌーメノンとも、超越論的統覚の理念とも解釈できるもので（Vgl. Aenesidemus, 154）、カント自身その理解を自由に読者に任せている（Vgl. Aenesidemus, 166）、という。「しかし、必然的綜合判断を物自体から導出することになれば、それは明らかに批判哲学の全精神に矛盾することにもなるであろう。しかも、〈批判哲学によれば人間にとってはまったく可能でない認識〉を前提することになろう」（Aenesidemus, 155）。エーネジデムスは、表象の綜合的な統一を成り立たせる「統覚」や、「表象能力」が実在するものとして想定され、そこから認識の真理性が導出されることに批判を向けた[21]。換言すれば、認識の真理性について推論することの可能性をエーネジデムスは否定した、とも言えよう。


表象の外に現存している事物を推論することを全面的に否定したエーネジデムスが認識の確実性を帰するのは「直接的な事実[22]」である。エーネジデムスは懐疑論者についてこう説明している。「懐疑論は人間における表象について、非常に多くのことを知っているし、意識において事実として直接的に現出するもののすべての確実性について、批判主義の独断論者や非批判主義の独断論者と完全に合致している」（Aenesidemus, 45）。もとより、この「懐疑」論は二つの前提をもっていた。すなわち「（1）我々の内には諸表象が存在する。そうした諸表象に即して、多様な相互の区別も現出するし、またこれを鑑みるなら諸表象が相互に合致しているところの確実な徴標が見出される。（2）あらゆる真理の試金石は一般論理学である。そして諸事実についてのいかなる推論も、それが一

般論理学の法則と合致する限りにおいてのみ、正当性を要求できる」(Aenesidemus, 45) ということである。このように、エーネジデムスの懐疑論は、客観的な知識の存在を疑う一方、直接的な意識の確実性や、矛盾律の確実性に立脚していた。こうした思想が、懐疑論の概念に当たるかどうか、問題は残る。しかし、カントの批判哲学を独断論のように捉えて、道徳神学をまで攻撃したこの『エーネジデムス』は大きな反響を呼んだのであった。

2 『エーネジデムス』とフィヒテの「エーネジデムス批評」

ラインホルトの『寄与』(第一巻) は、一七九二年の初秋にはフィヒテの知るところとなっていた。[23] フィヒテは九三年の早春に、「私は批判哲学を、カントもラインホルトも呈示しなかったその精神から、(……) 堅固な要塞と見なしてきました」としたうえで、「単にカントの言葉にしかあてはまらないラインホルトの異論をも含め、誤解に基づいていないような異論は何も現われていません」[24] と語っている。ここに我々は、フィヒテがラインホルトにカント哲学を克服する営みを捉えたうえで、自らが批判哲学の「言葉」を越えて、その「精神」を受け継ごうとした決意を見ることができる。「精神」を継承するといっても、それは、とりもなおさず、自らが批判哲学を展開し、徹底化する、という批判哲学の超克に繋るものに他ならない。その後、フィヒテは『一般文芸新聞』に対し、『エーネジデムス』を批評することを引き受ける。[25] しかし、結婚や転地などという私事の慌しさもあって、本格的な研究に入ったのは一七九三年の晩秋のことと思われる。

『エーネジデムス』からフィヒテは強烈な衝撃を受け、いわば体系の微睡みから目覚めさせられることになる。それは、一七九三年一一月から一二月にかけて認められたJ・F・フラット宛書簡から窺われる。「『エーネジデムス』によって私は、これまで予感していたことを確信しました。つまり、カントやラインホルトの業績のあとでさえ、哲学はまだ学という状態にない、ということを。私自身の体系はその土台から揺らいでしまい、そして野外では安住できない以上、新たに建て直すことが必要になったのでした」[26]。こうして、フィヒテは、ラインホルトとエーネジデムスとを突き合わせつつ、自らの思索を重ねるという概念の労苦を強いられたのである。この研究の軌跡が、一一月から翌一七九四年二月末にかけて書き継がれた草稿「根元哲学についての我が省察」として残されている。そのなかでフィヒテは、観念論の根本問題を次のように問い直している。

「『ラインホルトは何らかのことを考えうるということから、何らかのものが存在しているに違いないことを推論する』。この問題になっている何らかのものとは、我々の精神の事実に他ならない。ラインホルトはこの事実を考えている。さて、いかにして彼の思想は精神の行為と合致するか？　いかにしてそうした合致は示されうるか？　それが本来、問題なのだ。なぜなら、彼の哲学の対象は、物自体ではなく、事物の表象作用だからである。——この表象作用の外部の物については問題ではない。——さて、いかにして合致は可能なのか？——エーネジデムスによって要求された研究が与えるのか？　いかにしてどの程度、我々の認識能力の構成要素の手がかりをつかむことは可能か？——根元哲学において構成は可能ではないのか、思想を説明し、証明する内的直観を与えることは可能ではないのか？　それさえしていたなら、エーネジデムスは論駁されたであろうに。」(GA. II-3, 23f. Anm.)

こうしてフィヒテは、内的直観を原理として、根本命題から知の体系を「構成」する、という観念論の新たな方法の具体化に向かうのである。

ラインホルトにあっては、直観は、対象に関連する表象だとされた (Vgl. Beyträge. I, 233)。言わば、外的直観と見なしていい。しかし、直観だけでは何も認識されない。「なぜなら、直観によっては対象が表象されるだけで、表象されたものとして表象されるのではないからである」(Beyträge. I, 236)。したがって、直観が認識の構成要素になるのは、対象を表象されたものにする表象が認識に属する限りである(Vgl. Beyträge. I, 237)。このように認識の構造をラインホルトは語りはするものの、それぞれの構成要素が事実として説明されているだけで、〈第一のものから構成される〉という具合にはなっていなかった。これに対しフィヒテは、主観や客観を可能にする根拠を内的直観に求め、〈直観による自我の自己措定〉という考えに逢着する。自我論の成立した現場はこうである。「第一の命題は〈自我〉の命題である。――しかしこの命題はあらかじめ表象の概念を前提するのか？　自我は表象される。――しかし、同様に意識律も自我の命題を前提する。いつでもどこでも私は循環に出会う。――意識も同じように説明されなければならないであろう。――いかにしてこの案件は解消されうるか？　もともと根元哲学の運命全体がそれにしっかりかかっている研究である」(GA. II-3, 26f.)。こう綴った欄外に、「定立・我在り、すなわち、我在るがゆえに我在り、かつ我であるところのものである。我は端的に我によって存在する。――反定立もしくは要請・自我には非我が対立する」(GA. II-3, 27 Anm.)と書き込んだのである。こうしてフィヒテは観念論の新たな基礎を見出した。一七九三年の暮れのことであった。[27]

こうした思索の成果としてフィヒテは、一七九四年二月一一日と一二日の『一般文芸新聞』に「エーネジデムス批評」を発表する。ここでフィヒテは、ラインホルトに対するシュルツェの反駁を斥けながら、シュルツェによる批判を発条としてラインホルトを超えようとする。哲学には従来、最上の普遍妥当的な根本命題が欠けていた、そして根本命題に基づいてこそ、哲学は学の地位へと高まりうる、このことに関して、ラインホルトもシュルツェも、そしてフィヒテも認識を同じくしている。[28] しかし、ラインホルトが意識律を第一根本命題として樹立したのに対し、シュルツェは、意識律も「あらゆる判断のなかの最高規範」(Aenesidemus, 60)である矛盾律に従うことを主張した。これに対しフィヒテは、ラインホルトが『哲学知の基礎について』で、矛盾律について、それが論理学の最上の根本命題でこそあれ、哲学の根本命題ではないことを論じた箇所を引きながら[29]、意識律も、形式から言えば論理的な矛盾律の下に存しているが、その実質は矛盾律に規定されないことを論ずる（Vgl. GA. I-2, 43）。

シュルツェは、意識律が経験に基づいている綜合命題であることを主張した[30]。しかも、「意識律は第二に抽象的命題であり、一定の（根元哲学の著作によればすべての）意識の表出が相互に共有しているものを呈示する」[31]という。ラインホルトによれば、「意識律を規定するものは、直接的に意識律が表現するところのものであり、言うなれば、自己自身によって明らかになる意識の諸事実である」（FdpW. 83）。ラインホルトの哲学の基礎である意識の事実は、単なる反省によって意識そのものから明らかになる、と考えられていた。「根元哲学の基礎の規準は、根本命題の内容が、いかなる推論からも独立して単なる反省によって可能であるという直接的な明証である」（FdpW. 111）。これに対してシュルツェは、「むしろ意識律が表現する事実は、我々が自覚するであろうありとあらゆる経験や思想に伴う事実」（Aenesidemus, 71）だという。すなわち、シュルツェは意識律の妥当性を、自己意識に限定して考えたのである。言い換えれば、シュルツェは、ラインホルトの意識律から、自己意識の構造を自覚的に読み取っていた、と言える。

フィヒテによれば、主観、客観、表象というものを欠いた意識が考えられない以上、意識の概念の内にあるそれらの三要素を提起する命題である意識律は、その論理的な妥当性からすれば分析命題である。が、しかし「表象という行為そのもの、意識の能作（Akt）」（GA. I-2, 45）は綜合だとする。そして、意識律の表現しているものを、ラインホルトの言う事実としてでなく、表象活動の表象と見る。こうしてフィヒテは、意識律が「経験的な自己観察」（GA. I-2, 46）に基づくとともに、「単なる事実とは別のものに基づかざるをえない」（GA. I-2, 46）ことを論証するのである。「意識律の提起をもってすべての哲学の根本命題にしようとした第一の不正なる前提は、人が事実から出発しなければならないという前提であった。もちろん、我々がもたなければならないのは、実質的な根本命題であって、単に形式的な根本命題ではない。しかし、この根本命題は、まさに事実That*sache*だけを表現するものであってはならず、事行That*handlung*をも表現できるのである」(GA. I-2, 46)。「事行」は、「事実」とされていた意識の能作を説明し基礎づけるものであった。

ラインホルトは表象を、「意識において主観によって客観と主観とから区別され、かつ双方に関連づけられるところのもの」(Beyträge. I, 168) だとした。これでは表象を説明しきっていない、とシュルツェは反論する。ラインホルトの説明では表象と客観が区別されているので、直観は無化される (Vgl. Aenesidemus, 85)、と見たからである。シュルツェによれば、表象するというのは、表象が関連づけられ、かつ区別されるところの主観や客観を認知し気づくこと (Gewahrnehmen und Bemerken) である (Vgl. Aenesidemus, 87f.) ので、区別や関連も表象である。それゆえラインホルトによる意識律の説明は、「特殊な表象、それも心情が何かを表象するときの特殊な様態の概念規定」(Aenesidemus, 85) にすぎない、というわけである。

こうしてシュルツェは、意識律における「区別」と「関連づけ」との曖昧さについて指摘した。このことは、フィヒテによれば、意識律よりもなお高次の根本命題が存在することを示すものだ、という (GA. I-2, 44)。しかしフィヒテは、区別と関連を本来「表象を産出するためには必要なものとして考えられるべき心情の行為様式」(GA. I-2, 48) だと捉えた。その結果フィヒテは、表象が、我々の心情において考えられるべきありとあらゆる行為の最高概念ではない (Vgl. GA. I-2, 48) として表象の根元性を否定したのである。

ラインホルトは、意識において主観と客観に関連づけられるもの、すなわち表象が、関連づけられるという行為に、時間上ではなく、本性上先立って現存している（Vgl. Beyträge. I, 173）として表象の先行性を語る。これに対しシュルツェは、関係づけられる相手のものが現存していない場合には、何も相手のものに関連づけられえないことを論拠として、主観と客観が表象に先行していると反論した（Vgl. Aenesidemus, 90）。フィヒテの批判は巧みである。「主観と客観とが表象に先行して考えられなければならないのはもちろんである。しかし、ラインホルトがもっぱら問題としている心情の経験的規定としての意識の内ではそうではない」（GA. I-2, 43）。つまり、フィヒテは、ラインホルトが問題としていた意識を経験的意識と見なすことによって、シュルツェの論駁を斥けるとともに、意識律の意義をも貶める。意識律そのものの真理については、これを認める一方でフィヒテは[32]、「『エーネジデムス』の異論はすべて、あらゆる哲学の第一根本命題としての意識律や単なる事実としての意識律に当てはまることはもちろんであり、意識律の新たな基礎づけを必要とする」（GA. I-2, 49）と結論づけたのである。

確かにフィヒテは、「全哲学が唯一の根本命題に還元されなければならないこと、そして人間的精神の持続する行為様式の体系がその要石の発見までは見出されない」（GA. I-2, 62）ことに気づかせる不滅の功績を挙げたと、ラインホルトを讃える。フィヒテも根本命題の上に自らの体系を樹立する。しかし、その根本命題が表現しているのは、直接的な「事実」ではなく、自己関係的な「事行」であり、知的直観における自我の自己措定なのであった。

ラインホルトは表象の根拠として、「表象能力」（Beyträge. I, 175）を想定し、「感性的表象、概念、そして理念の能力たる感性や悟性そして理性」（Beyträge. I, 176）という表象能力に共通なものを、「表象能力一般」と呼んでいた。しかしシュルツェは、意識律の表現している「事実」が、意識律によって証明されない表象能力の「実在」によって根拠づけられている、と論難した。「根元哲学がこの〔表象能力という〕客観的な何らかのもの（Etwas）の客観的実在についての途方もない見解に達したのは何によってか、研究しなければならない」(Aenesidemus, 98)。これに対しフィヒテは、「表象能力という言葉を耳にはさむや否や、その表象作用から独立した物自体として、しかも表象する物として実在しているところの何らかの物」(GA. I-2, 50) を考えてしまう懐疑論者シュルツェを、「非常に傲慢な独断論」(GA. I-2, 49) を目指していると非難する。とはいうものの、意識律が意識の「事実」を語る一方で、その根拠として「表象能力」が想定されもするという曖昧さを克服することがフィヒテに課せられることになる。

フィヒテは、「知的直観」で「関係」と「区別」を説明することによって、それらの基礎にある「自己関係」の構造を明らかにする。「絶対的主観、自我は、経験的直観によって与えられるのではなく、知的直観によって措定される。絶対的客観、非我は自我に対立するものである。経験的意識の内で自我と非我とが現出するのは、表象がそれらに関連づけられるからに他ならない。経験的意識の内では、自我と非我は、表象するものと表象されたものとして、間接的に存するにすぎない。絶対的主観、すなわち〈表象されはしない表象するもの〉と、絶対的客観、すなわち物自体とは、いかなる表象からも独立していて、決して経験的に与えられたものとして意識されることはない」(GA. I-2, 48)。振り返るに、シュルツェが批判哲学を批判する際の視座は、〈内なるもの〉からどうして〈外なるもの〉が演繹されるのか、という問題意識であった。フィヒテの樹てた自我の自己措定の論理は、こうした戦略の射程外であった。

「エーネジデムス批評」をめぐる研究のなかで成立した自我論において、フィヒテは、叡智的なものを表象する自我と、自己自身を措定する自我とを統一しようと、努力するもの (GA. I-2, 65) として自我を捉えた。これは、まさに、自我を原理とした体系の内に理論哲学と実践哲学を捉えることを意味している。「意識の事実」論のなかに潜んでいた自己関係性を明らかにして、論理づけることを通してドイツ観念論は、カント哲学を基礎づけ、超越論的観念論の体系へと進展していったのである。

3　シュミットをめぐる論争

一七八〇年代から一七九〇年代初めにかけてのドイツの思想界は、カント哲学の後継者を標榜することが、自らの思想の存在理由を示すことであるかのごとき様相を呈していた。カント哲学の通俗的な理解を叙述した手引書が多く出版されたことは、叢書アエタス・カンティアナから窺い知れる。C・C・E・シュミット(33)の『カントの著作をより簡便に用いるための辞書』もそうした書物の一つであった。

その第四版によれば、「概念の説明は、この辞書ではカントの著作において見出される以上でも、以下でもあってはならない。(……)それゆえ、この辞書の説明に反して争ったり、この辞書の不当性を明らかにしようというのなら、この辞書の著者(……)ではなく、原典の著作家自身にあたってほしい」(Wörterbuch, Vorrede)と、カントの「言葉」に沿ったものであることが明言されている。その辞書の「自由」の項目でシュミットは、『実践理性批判』を指示しながら、実践的な自由について「すべての経験的なもの、すべての感性的な傾向や動機から選択意志(Willkühr)が独立であること」(Wörterbuch, 250)という消極的な意味と、「意志が〈意志を直接的に規定する理性〉に、〈純粋な道徳法則〉に依存していること、すなわち意志の自律」(Wörterbuch, 251)という積極的な意味を述べている。この説明は、『実践理性批判』に見出される「言葉」を踏まえて(34)、意志の自律に自由を見ることによって、自由な意志を実践理性と同一視している。ということはすなわち、道徳律を遵守するか、しないかを自ら決める自由というのは想定されていないのである。

1 「自由」をめぐるラインホルトのシュミット批判

シュミットのこの論述は、ラインホルトの反論に会うことになる。一七九二年に公刊された『カント哲学についての書簡』(第二巻)の「第八書簡」においてラインホルトは、意志の自由について論じた。彼によれば、「すべての従来の哲学体系やすべての形而上学の概念は、例外なく、自由についての正しい概念とはまさしく矛盾している」(BüKP. II, 263)という。ここで彼は、批判哲学によって、自由の正しい概念についての解明が可能になったのに、批判哲学の友人たちは、その解明の実現をむしろ困難にしたと、カントとカント主義者たちとを切り離したうえで、カント主義者たちを批判する、という戦略を取る。すなわち、自らが批判哲学の「精神」を継承し、展開させる、というわけである。

ラインホルトは、前述のシュミットの説明を引き合いに出し(35)、自由というものが、ただ純粋意志、法則によって自己自身を限定する意志、つまり実践理性に依存している意志にしか認められないなら、「自由は自由の制限になる」(BüKP. II, 271)と見なす。ラインホルトによれば、意志の自律はむしろ、「意志が、自己自身を義務づける実践理性の法則のために行なう自己規定」(BüKP. II, 271)にある。こうして、「積極的な意味で自由は、選択意志による、〈実践的な法則に賛成か反対かの〉自己規定の能力である」(BüKP. II, 272)と規定される。

さて、意志といっても、実践理性の法則によって規定された行為様式を目指す意志、すなわち純粋意志の他に、法則に背く形で快・不快によって規定された行為様式を目指す意志、すなわち不純意志がある。しかるに、「純粋な意志も不純な意志も、自由な意志の二つの等しく可能な行為様式(Handlungsweise)」(BüKP. II, 272)だという。つまり、純粋意志だけが自由な意志として認められるべきではなく、純粋意志も不純な意志も、「自由な意志の二つの可能な特殊な表出の一つ」(BüKP. II, 273) に他ならない。したがって、ラインホルトによると絶対的な自由は、純粋な意志としての意志にも、不純な意志としての意志にも認められるものではなく、むしろ、「両者の特性において行為しうる限りでの意志」(BüKP. II, 273) に帰属する。こうしてラインホルトは、純粋意志や不純意志の根底にある意志に自由を帰すことによって、自律の自由をさらに基礎づけようとしたのである。

ラインホルトが考えていたのは、道徳律を立てる実践理性と、道徳律への服従・不服従を決定する人間の意志とを区別することであったと言える (Vgl. BüKP. II, 267)。ラインホルトによれば、立法する実践理性は決して選択意志ではないのに対し、意志の行為は、それが実践理性に従うか、背くかを規定するがゆえに、選択意志的であり、自由である (Vgl. BüKP. II, 293)。ラインホルトは、「人間的な意志の特徴」を「自己規定の能力」(BüKP. II, 280) と捉え、その自由を〈選択の自由〉と見なしたのである。それに対して、カント主義者のように、「意志の人倫的な行為の必然性」と「意志の自由」とを合一して考えていた人々は、ラインホルトによれば、意志を本能の奴隷から救出する代わりに、思考力の奴隷にしてしまったり (Vgl. BüKP. II, 294)、理論理性の奴隷から意志を救出する代わりに、実践理性の奴隷にしている (Vgl. BüKP. II, 295) という。これでは意志は無化されてしまい、自由と合一されている必然性だけが残る、と捉えたのである。

ラインホルトは、意志の〈選択の自由〉によって、道徳的な意志の自律を基礎づけるべく、「自由を絶対的な原因として考えるための非常に実在的な根拠」(BüKP. II, 283) を自己意識に求める。ラインホルトによれば、意志の自由は「意識の事実」(BüKP II, 284u. 304) として現出していて、完全に把握される、という。こうして意志の自由という問題をラインホルトは、自らの根元哲学の問題圏へと引き込んで、「信仰の対象ではなく、私にとっての最も本来的な知の対象」(BüKP. II, 284) としたのである。もちろん、こうした〈選択の自由〉論は、批判哲学を逸脱するものと言えるかもしれない (Vgl. BüKP. II, 285)。しかし、ラインホルトは、カントその人ではなく、批判主義の友人たちを批判する構えをとり、『実践理性批判』における表現の「言葉」には矛盾するかもしれないが、「カント哲学の精神にとっては完全にふさわしい」(BüKP. II, 285) と、カント哲学を継承することを主張していたのである。こうしたラインホルトの自由論は、フィヒテの表現を借りるなら、「意志の自由を、〈絶対的な自己活動性によって道徳律に対する服従もしくは不服従に、それゆえ矛盾して対立する行為に自らを規定する能力〉」(GA. 1-2, 8)[36] と捉えるものであった。

2 フィヒテの「シュミット批評」

ラインホルトのカント解釈に異論を唱えた思想家に、C・A・L・クロイツァー (Christian Andreas Leonhard Creuzer) がいる。彼は、「〈矛盾して対立する格率を想定するために十分な根拠〉を含んでいる自由は、実践理性の要請とも、また思弁的理性の法則とも矛盾している」[37] と指摘し、ラインホルトのカント解釈を手がかりに、カント学派の自由論を批判した。フィヒテは、このクロイツァーの『意志の自由についての懐疑的な取り扱い』についての批評を、一七九三年一〇月三〇日付の『一般文芸新聞』に匿名で発表した。そこでフィヒテは、カントにおける意志の自由の証明方法や基礎づけを、「健全人間悟性に反するもの」(GA. 1-2, 12) と見なしたクロイツァーによるカント批判を斥けたのである。

フィヒテは、ラインホルトが実践理性と人間の意志とを区別したことを啓発的だと評価する (Vgl. GA. 1-2, 7f.)。しかし、フィヒテにしてみれば、「意志は、それが〈自己規定的〉である限りにおいて、決して感性的な能力ではなく、むしろ超感性的な能力である」(GA. I-2, 10)。こうした絶対的な自発性としての自由にこそ、帰責の根拠がある。これをラインホルトのように「知の対象」(BüKP. II, 284) にするなら、「叡智的なものを自然原因の系列へ引き下げることになる」(GA. I-2, 10) とフィヒテは考えた。そこで、「批判哲学の真の精神」に立ち返るべく、フィヒテは、「自然の因果性によって規定されていることと、道徳的な世界秩序のためにも想定されている――自由によって規定することとが合致する」(GA. I-2, 11) 根拠を、「自己自身による絶対的な自己活動性の規定作用」(GA. I-2, 10) に見たのである。こうした立論を通してフィヒテは、自らの論証が批判哲学の「精神」に織り込まれている (Vgl. GA. I-2, 12) ことを主張する一方、クロイツァーを「その精神に通じ得ていない」(GA. I-2, 12) と論難した。このクロイツァーの著書の序文を書いたのが、シュミットであり、この序文もフィヒテの揶揄の対象となったことが、二人の論争のきっかけとなったのである。

これに対するシュミットの反論は、一七九四年二月一五日の『一般文芸新聞』に掲載される。そこでシュミットは、匿名の批評家に対し、「論評者は、カントの著作の精神について語るためには、まだ十分には、その言葉について通じえていなかった」(GA. I-2, 4) と批判し、「私〔シュミット〕の名誉にとって具合の悪い虚偽」(GA. I-2, 4) が見出されると訴えた。一方、フィヒテも、一七九四年三月二六日に『一般文芸新聞』に「シュミットの声明についての反論」を発表し、自ら「クロイツァー批評」の著者であることを名乗り、カントに対するクロイツァーの尊大な調子が批評のきっかけであったことを語ったうえで、シュミットに対して、「虚偽」を語ったわけではなく、自分は「非党派性」(GA. I-2, 78) に基づいていることを主張する。こうして二人の間に公然たる非難の応酬が始まった。

この論争に決着がついたのは、一七九六年の復活祭に公刊された『哲学雑誌』にフィヒテが発表した「シュミット教授によって樹立された体系と知識学との比較」においてであった。これは、一七九五／九六年の冬に公刊された同じ『哲学雑誌』にシュミットが発表した「哲学とその諸原理についての著作からの断片[38]」を、知識学の立場から全面的に批判するとともに、知識学の正当性を主張したものである。我々は、この論稿に「意識の事実」論に対する批判の基本的な構図を読み取ることができる。

シュミットは「意識の事実」についてこう語る。「悟性が存在する、意志が存在する、そしてこれら二つの力によって多様な活動や行為が可能になる。このことは事実であり、何らかの所与のものであるが、といってもア・プリオリに与えられており、すなわち端的にア・プリオリに理性の客体なのである」(GA. I-3, 236Anm.)。意志と悟性とは、「意識の事実」として直接的な確実性をもっていると見なされる。なぜなら、意志と悟性は、それ以上高次の能力から導出されはしない、とされるからである。それらの能力は根源的に意識の内に存在していることになる。シュミットによれば、「それらは理性とともに一つの意識の内に存在するので、それらに対する理性の関連もまた端的に必然的である。なぜなら私は一つのものだからである」(GA. I-3, 237Anm.)。確かに、二つの根源的なものを統一へともたらして意識を構成する原理をシュミットは、理性として捉える。しかし、その理性は意識の内に捉えられている。シュミットにあっては「意識の事実を超えて、いや意識そのものを超えてなどなおのこと、哲学することは許されない」(GA. I-3, 237f.) のである。

確かにシュミットも、理性の「関連可能性」について語る。「私は統一の原理を理性と呼ぼう。こうして私は存在し、理性は一にして同一のものである」(GA. I-3, 237)。フィヒテならばこの理性を、「自我」(GA. I-3, 237) と呼ぶところである。ところが、この「理性」もしくは「自我」は、シュミットにあっては「多様なものにおける統一へ向けて努力するもの」(GA. I-3, 237Anm.) として考えられている。その結果、絶対的なものは、意志、悟性、理性、意識と四つを数える。これでは、意識の統一は、要請でしかない、ということになる（Vgl. GA. I-3, 238）。認識の対象も、悟性によって統一されることのないまま、単なる多様なものに留まる。外的な対象が意識の内に現出するにしても、対象は偶然的で多様なままであって、合一は要求されるだけである（Vgl. GA. I-3, 242ff.）。

　こうして「関連可能性」はシュミットの体系では証明されえない（Vgl. GA. I-3, 243f.）。そこで、「我々の表象はその客体とどのように連関しているか？　表象から独立している何らかのもの、我々からそもそも独立している何らかのもの、我々の外部の何らかのものが、その表象に対応していると、どの程度言うことができるか？」（GA. I-3, 247）という問題は、シュミットの思想にあっては全面的に無視されることになる（Vgl. GA. I-3, 248）。

　シュミットにあっては、意識の事実によって、悟性と自然物との直接的な結合の表象が意識の内に現出して、表象するものと表象されるものとの「両者は一にして同一だと見なされ、そうしたものとして前提されている」（Vgl. GA. I-3, 249）だけである。「意識の事実」が前提されるなら、それに対応する外界も、証明されないまま、また意識と連関づけられないまま、前提されることになる。こうしてフィヒテは、次のようにシュミット哲学を綜括する。「内的世界や外的世界全体はできあがっていて、その多様なものは与えられ、一貫してそれ自身によって規定されている。これこそシュミット哲学が出発するところであり、それを超出することは夢想だと、不合理だと見なすのである。この与えられた多様なものにシュミット哲学が合流して、それを単に体系的に順番づけるだけである」（GA. I-3, 249）。

「意識の事実」論に対するフィヒテの批判の要諦は、「意識の事実」を前提しているだけでは、意識の活動が何ら説明されえていない、ということにある。もちろん、「意識の事実」論は、意識そのものや、表象を規定してはいる（Vgl. GA. I-3, 249）。しかし、意識に現出する諸能力は、偶然的なものとして「意識の内でともかく見出される」

(GA. I-3, 239f.) だけだという。なるほどシュミットは、「根源的な自己意識」(GA. I-3, 239 Anm.) について語りはする。しかし、そこには、意識が意識を自ら説明するという〈自己関連〉の構造がない。〈関連〉や〈自我〉や〈自己意識〉が語られはしても直接的な事実に留まって、自己意識の自己関係的な作用が明らかにされない。理性はただ、統一とか、合一可能性ということを要求するだけであって、合一すべきものを規定できない (Vgl. GA. I-3, 241) というのである。シュミットにあって哲学は、「すべてを（私に）自己関連させようとする、自らと合一しようとする自我の努力（私の努力）」(GA. I-3, 245 Anm.) として、要請されているだけであった。

これに対してフィヒテの把握では、「表象と、それに対応するべき客体とは一にして同一のものである。ただ、二つの相違せる観点から眺められている」(GA. I-3, 252)。こうして、「主体と客体との絶対的な同一性」(GA. I-3, 253) において存立する「自我」に、哲学の原理を見出したのである。「この同一性から（……）全哲学が現出する。その哲学によって、主体と客体との紐帯についての問題は、それらがただちに根本的に自我性において結びつけられているということが明らかになることによって、一挙に永久に答えられる」(GA. I-3, 253)。フィヒテによれば、この自我性を原理としてこそ、自我がただ主体として考察されるだけの観念論でも、自我がただ客体として考察されるだけの独断論でもない、「観念性と実在性との同一性」の上に立つ批判的観念論が樹立される、というのである。この同一性をフィヒテは、こう言い替える。「自我は端的に自己自身を措定するものである。主体にして同時に客体であるものである」(GA. I-3, 254)。主体にして客体でもある自我は、行為することを通して自らを実現していく。この自我の活動を哲学的に反省するところに成り立つ知識学は、「精神を、行為するなかでの表象作用そのもの」(GA. I-3, 257) と捉える。こうしたダイナミズムは、「意識の事実」論では見られない。シュミットにあって「哲学的営為の客体は、静止して確固としたものである」(GA. I-3, 256) のに対し、「知識学において客体は、活動的で、その活動性において叙述されたものである」(GA. I-3, 256)。フィヒテは表象を、『ただゲネーディッシュにのみ叙述されうる」(GA. I-3, 257) と捉えたのである。

ここにフィヒテは、精神の自由という観点を導入する。もとよりフィヒテの見るところ、「意識の事実」ということで考えられるのは、二つしかない。すなわち、「まず自己自身を見出す場合に強制や必然性の感情とともに見出すところのもの」か、「自由を完全に適用したあとで抽象的な形で残っているもの」(GA. I-3, 258) だという。前者の意味での意識の事実とは、「現象するがままの感性界」を、「諸事物だけ」を意識する対象意識である。といっても正確には、「この特定の個々の人間、この特定の動物、この特定の樹木が存在する」(GA. I-3, 259) というのが意識の事実だ、とフィヒテは言う。この点でシュミットの樹立した意識の事実は、その本来的な意味にそぐわないとされる。他方、疑い否定しうるものをすべて「捨象したあとに残るもの」(GA. I-3, 259) をフィヒテはもはや「意識の事実」と呼ばず、「自我」、「事行」と呼ぶ。「事行」は、精神の自由によって対象意識を捨象したあとに、自己意識の根底に残る主観―客観の反省作用として考えられているのである(39)。「すべての経験の可能性を真実に基礎づける」(GA. I-3, 264) 知識学は、「真の自己活動性」(GA. I-3, 266) に立脚していた。これは、自由を原理として経験を体系化することに他ならない。さらにまた、自己意識の自発性を基礎づけるという意味では、批判哲学を継承し、展開する道と言える。フィヒテには、カント哲学を中途半端に折衷主義へと転化することへの強い危惧があった。独断論者と批判主義者との間に「永遠の和睦」をもたらそうとしたシュミットこそ、むしろ、「時代の差し迫っている哲学的な欲求に適っている」(GA. I-3, 250) と見て、「カント主義者たちはこうした発見を利用するであろう(40)」と危機感を募らせていたのである。

批判哲学によって開始されたドイツのいわゆる哲学革命を遂行しようとする意志が、フィヒテをしてシュミットに対する論駁へと導いた、と言えるかもしれない。そしてそれは、自由を知において実現する試みでもあった。一七九五年の春にフィヒテは、バッゲセン宛の書簡の草稿でこう書いていた。「私の体系は、自由の最初の体系です。あの〔フランス〕国民が外的な鎖から人間を解放するように、私の体系は人間を物自体の軛から、外的な影響の軛から――そうした軛は、従来のすべての体系において、カントの体系においてさえ、多かれ少なかれ人間を縛っていた――解放します。そこで、体系の第一の根本命題において、人間を自立的な本質として提起しているのです」(GA. III-2, 298)。

結語　自己措定から自己否定へ

ドイツ観念論も、ドイツ・ロマン派の運動も、イェーナを中心として展開された。そして一八〇一年、ロマン派が解体に瀕し、フィヒテも既に去っていたイェーナに遅れてやって来た青年がいた。この男にとっては、多くの思想家たちがこだわったカントの「言葉」と「精神」の問題は、「カント哲学は、その精神が言葉から切り離されることを必要としていた」(GA. IV, 5) と、もはや揶揄の対象でしかなかった。言い替えるなら、カントの後継者であることが、思想の正統性を証すと考えられる時代ではなくなっていた。ここに登場した青年こそ、ヘーゲルであった。ヘーゲルは、その思想的な出発点において、ラインホルト、シュルツェ、クルークらを批判的に論評する。そこでは、我々が見てきたような、ドイツ観念論の源流近くで渦巻いていた問題に、再び光が当てられるのである。

『差異論文』でヘーゲルは、ラインホルトの「基礎づけたり、根拠を究めたりする傾向」（GW. IV. 81）が、知や哲学に到達しえないまま「生き生きとした哲学への助走」（GW. IV. 82）に留まっていると批判する。ヘーゲルの見るところ、そうした仕事は「哲学を、認識の形式的な側面、すなわち論理学に変えることに他ならない」（GW. IV. 81）という。しかるに、「論理学的な認識は、それが理性にまで実際に進行する場合には、理性において〈自らを無化する〉という結果に導かれなければならない」（GW. IV. 82）。この〈自己否定〉という知の構成原理は、もともとラインホルトの思想には見出されないものであった。[41]

ヘーゲルのシュルツェに対する批判は、彼の『理論哲学の批判』をめぐって、「懐疑論論文」で展開された。『エーネジデムス』において「意識の事実」に確実性を帰していたシュルツェは、『理論哲学の批判』においても、「意識の内で意識とともに与えられている」（KdtP. I. 51）意識の事実に、認識の確実性を帰した。シュルツェによれば、疑いが意識なしでは生起しえない以上、意識を疑うなら、「疑いが自己自身を無化する」（KdtP. I. 51）ことになるので、「意識を疑おうとすることは絶対に不可能」（KdtP. I. 51）と見たからである。そして懐疑の対象は、「感性的認識の確実性」ではなく、「感覚された客体の背後に、独立的で真かつ本来的な事柄として存しているとされるもの」（KdtP. I. 597）に限られたのである。ヘーゲルは、この「否定できない確実性を意識の諸事実に帰す懐疑論」（GW. IV. 203）に対し、本来の懐疑論の典拠に立ち返って批判する。そのなかでヘーゲルは、懐疑する意識が日常的認識の確実性を無化するとともに、懐疑する反省意識自身をも無化するところに、つまり、意識の自己否定に、理性的な認識を拓く契機を捉えたのである。[42]

ヘーゲルやヘルダーリンの生まれた一七七〇年に、ヴィッテンベルクでW・T・クルークも生まれていた。彼が一七八八年にヴィッテンベルク大学に入学した当時、哲学部の助手をしていたのがまだ無名のシュルツェだった。しかしクルークが師として仰いだのは、神学を担当していたラインハルト（Reinhard）であり、またイェーナへ赴き、ラインホルトの授業を聴講したともいう。実際に彼は、ヘーゲルの批判を浴びた『新機関』（一八〇一年）の序文で、ラインホルトへの敬愛の気持ちを語っている（Vgl. Organon, XIV）[43]。

クルークにとって「意識」とは、「自我における存在と知との根源的綜合」（Organon, 25）を意味していた。それは、「説明できず、把握されない」（Organon, 26）とされる。「すべての説明や把握が意識の内で意識とともに意識によって可能となる」（Organon, 26）以上、意識を把握しようとするなら、別の意識を必要とし、この意識を把握するためには第三の意識が必要、というように無際限に続く、と見たからである。その一方で、「意識の事実」を根拠として、哲学的な認識を基礎づけようとした（Vgl. Organon, 33ff.）。クルークは、ラインホルトの根元哲学が、意識の事実を「唯一のもの」として捉えた点で誤っていた、と捉える。「意識の事実は、限りなく多様である。これらの意識の諸事実が哲学的認識の体系全体を通して、哲学的営為の根拠にされなければならない」（Organon, 34）。こうしてクルークは、たとえどんな断固たる観念論者でさえ思弁していない時には、外界を信じていることを引き合いに出し、「外的事物の現存在への信念もしくは我々の表象の外の客観的世界の想定」（Organon, 41）は、いかなる人間にとっても自然で必然的だ、と結論づけたのである（Vgl. GW. IV, 186）。

クルークは、哲学の出発点である根本命題を、意識の事実を前提したところに考える（Vgl. Organon, 14 Anm., 55ff., u 80）。しかし、ヘーゲルの見るところ、その意識の事実には、「水は冬には氷結する」、「燐は暗闇で燃える」、「アレキサンダーは偉大な戦士であった」、「キケロは偉大な演説家であった」などまでも含まれる（Vgl. Organon, 14 Anm.）という。つまり、クルークの「意識の事実」にはありとあらゆる雑多なものが含まれていた。その結果、「およそ統一や秩序を欠いた混沌状態」（GW. IV, 201）をなしていて、ここに「理性が二格で登場して、（……）形式的な統一をもたらす」(GW. IV, 201) と、フィヒテを思わせる調子で (Vgl. GA. I-3, 244) ヘーゲルは難詰する。こうしてヘーゲルは、名前のクルーク (Krug) と壺という意味とを掛けて、「クルークということで思い浮かべるのは、ラインホルトという水、カントという気の抜けたビール、ベルリン主義という啓蒙のシロップ、さらにその手の成分を何らかの偶然によって諸事実として含むものである」(GW. IV, 184) と、多様な事実を合一できないままごちゃまぜを呈示するだけの「超越論的綜合主義」(Organon, 76) を批判したのである。もとよりクルークによれば、「知を存在から導出することも存在を知から導出することも、すなわち一方を他方から説明し把握することは、我々にとっておよそ不可能である」(Organon, 27) という直観を抱いてこそ、「真の真面目で分をわきまえている哲学」は、誤てる不遜な知恵から区別される、というのである。

クルークとシュミットに共通していたのは、多様な認識を理性が統一にもたらすと要請はしても、その論理を何ら構成できなかったことである。それというのも、彼らの「意識の事実」論には、意識を意識が自ら説明するという〈自己関係〉の構造が仕組まれていなかった。その結果、理性も、自我も、さまざまな表象といっしょくたになってしまったのである。フィヒテとシュミットの論争について、ヘーゲルは、「どうしてあのように多くの空騒ぎがいたずらに生じえたのか、どうしてカントは、〈我々は世界の内の諸事物について推論することができる〉という、非常に単純な命題を証明するためにあれほどものものしい準備をしなければならなかったのか」(GW. IV, 185) と不可解な思いを述べている。これは、一七九〇年代の論争に対して、おしなべて、ヘーゲルが抱いた思いであったろう。そのなかでフィヒテは、自我の自己措定における事行で、「意識の事実」論を超出した。そしてヘーゲルは、自己否定の論理をもって、超越論的観念論の主観性を超出しようとしていたのであった。

註

（1） GW. IV, 5――この時期のラインホルトとヘーゲル哲学との関係については、旧稿ではあるが、単行本には未収録の拙論「意識と経験――ヘーゲル『精神の現象学』の成立をめぐって」（神戸大学文化学研究科刊『文化学年報』第四号、一九八五年）を参看願いたい。

（2） 「私は、（……）理論的な純粋哲学と実践的な純粋哲学とによって前提されこそすれ、それらによって調達されることはできない学、それを根元哲学と名づける」（Beyträge. I 138）とも、「全表象能力そのものの学という学が、すべての理論哲学や実践哲学に共通した基礎（Fundament）として役立つ限り、それを私は、普遍的な根元哲学と名づける」（FdpW. 71f.）とも、ラインホルトは定義づけている。

（3） 以下、「一般常識は哲学をどのように理解しているか」は「常識批判論」と、「懐疑論と哲学との関係」は「懐疑論論文」と略記する。邦訳は、加藤尚武・門倉正美・栗原隆・奥谷浩一訳『懐疑主義と哲学との関係』（未來社）に収められている。

（4） シュミットについては、新潟大学大学院現代社会文化研究科から刊行されている『知のトポス』（第5号、二〇一〇年）に収載された、栗原隆と阿部ふく子の共訳、フィヒテの「シュミット教授によって樹立された体系と知識学との比較」、ならびに阿部ふく子による「解題」を参看賜りたい。

（5） フリーメーソンにおける活動については、K. L. Reinhold: Korrespondenz 1773-1788. hrsg. von Reinhard Lauth, Eberhard Heller und Kurt Hiller (Frommann) 1983. S. 394f. を参照。

（6） ラインホルトの思想的経歴を概観するなら、Ⅰ ワイマールでの、①啓蒙主義の時代 ②カント解釈者としての時期 Ⅱ イェーナでの、③根元哲学の樹立 Ⅲ キールでの、④フィヒテの知識学を受容した時期 ⑤ヤコービの思想に身を寄せる時期 ⑥バルディリの思想に傾倒し、「同一哲学」を語る時期 ⑦晩年の言語哲学、というように、幾度も思想的な遍歴を重ねた、とも見られている。しかし、ドイツ観念論が展開する節目には、不思議とラインホルトが大きな役割を演じている。このことについては、拙著『ドイツ観念論の歴史意識とヘーゲル』の第三章「ラインホルトの根元哲学が目指したもの」、並びに第四章「関係と超出――ヘーゲルの思想形成とラインホルト」を参看願いたい。

(7) K. L. Reinhold: Schriften zur Religionskritik und Aufklärung 1782-1784. hrsg von Zwi Batscha (Jacobi Verlag) 1977. S. 398-406.

(8) この「自己思惟」については、Max Wundt: Die Deutsche Schulphilosophie im Zeitalter der Aufklärung (Georg Olms) S. 312ff. を参照。

(9) ラインホルトがイェーナへ転居したのは、一七八七年六月二〇日だと伝えられている (Vgl. Reinhold: Korrespondenz (1773-1788), 231 Anm.)。

(10) ここで注意しなければならないのは、『ドイツ・メルクール』誌に掲載された八篇の書簡を一七九〇年に『カント哲学についての書簡』(第一巻) として公刊する時に、一二篇の書簡へと大幅な増補改訂が行なわれていることである。ラインホルトの言及している「第三書簡」というのは、その中心部が刊行本では「第五書簡」に、後半部が「第六書簡」に、そして「第八書簡」は「ギリシア人たちの合理的心理学への手掛り」という表題をもち、刊行本では「第一一書簡」になっている。また、一七九二年に公刊された『カント哲学についての書簡』(第二巻) では、新たな十二篇の書簡が収められている (Vgl. Alfred Klemmt: Karl Leonhard Reinholds Elementarphilosophie. (Felix Meiner) 1958. S. 27)。なお、『カント哲学についての書簡 (第一巻)』の第五書簡「道徳と宗教との間の必然的な連関についての、理性批判の結論」の邦訳は、『知のトポス』第五号 (新潟大学現代社会文化研究科、二〇一〇年) を参照願いたい。

(11) Karl Leonhard Reinhold: Korrespondenzausgabe der Österreichischen Akademie der Wissenschaften. Bd. 1. (Friedrich Frommann Verlag Günther Holzboog) S. 313. ――なおこの原稿をカントは、『ドイツ・メルクール』誌に寄稿するべく、一七八七年一二月三一日付のラインホルト宛書簡に同封して送る。この論文の掉尾においてカントは、目的論的な原理が自由な道徳主体としての人間の実践にのみあてはまることを論じたうえで、ラインホルトに対し、「諸目的を効果的に適用するために」その才能がきわめて稀であり有益であると、称賛したのである。

(12) KW. IX, 349――なお、G. Baum: K. L. Reinholds Elementarphilosophie und die Idee des transzendentalen Idealismus. in: Kant-Studien 64. Jahrgang. (de Gruyter) S. 213-230. においてバウムは、『純粋理性批判』とラインホルトの根元哲学との比較を通して、純粋統覚の綜合的統一とラインホルトによる意識の能力の叙述が類似していることから、ラインホ

ルトの表象能力がカントの構想力を呼び替えただけのものだ、と論じている。しかし彼の論述は、ラインホルトの問題意識の深みへ垂鉛を下ろしていず、二つの思想の外面的な比較に留まっている。ラインホルトがカント研究に誘われた原因は、実践的な問題に求められなければならない。

(13) 根元哲学の構想に連なる著作には、一七八九年の『人間の表象能力についての新理論の試み』、一七九〇年の『哲学者たちの従来の誤解を正すための寄与』(第一巻)(以下、『寄与』と略記)、一七九一年の『哲学知の基礎について』などが挙げられる。こうした根元哲学の樹立を機にカント学派は幾つかの派へと分裂するに到った、という。カント学派の分裂については、次の論稿が詳しい。Kurt Rottgers: Die Kritik der reinen Vernunft und K. L. Reinhold. Fallstudie zur Theoriepragmatik in Schulbildungsprozessen. in: Akten des 4. Internationalen Kant-Kongresses, Teil II, 2. Sektionen (Berlin: de Gruyter, 1974) S. 800.

(14) 「表象能力の理論と純粋理性批判の関係について」という『寄与』第一巻の第四論稿がこの件については詳しい。『哲学知の基礎』でも、カント哲学との関係における自らの位置づけについて語られている (Vgl. FdpW, 115)。――ラインホルトの見るところ、「カントは哲学知の新たな基礎を発見した」(FdpW, 55)。しかし、「カントが経験の可能性の内に発見し、呈示した哲学知の基礎は(……)哲学知のただ一部だけを基礎づけうるにすぎない」(FdpW, 62) というのである。

(15) 『哲学知の基礎』では、『純粋理性批判』が未展開のまま前提しているもの」(FdpW, 132) すなわち、「経験やその可能性、そしてアプリオリな綜合判断の概念」(FdpW, 136) を完全に説明することを通して、カント哲学に「体系的な形式」(FdpW, 116) を与えることが目指されている。

(16) 「私は根元哲学ということで、その上に理論哲学も実践哲学も、形式哲学も実質哲学も構築されなければならない唯一可能な諸原理の体系を理解する」(Beyträge. I, 344)。ラインホルトはこの根元哲学のために、「第一哲学」という名前を要求した (Vgl. Beyträge. I, 138)。

(17) 感性的な表象、概念、さらには感性、悟性、理性も表象能力一般として捉えられ、表象能力の理論が展開される。こうして「あらゆる哲学の改革は、単なる表象の研究から出発しなくてはならず、表象能力の理論が新しい哲学の基礎とならなければならない」(Beytrãge. I, 189) と宣せられる。

(18) 著者が実は、当時ヘルムシュテットで哲学の教授であったシュルツェであることは広く知られていた、という。——Vgl. Daniel Breazeale: Fichte's Aenesidemus Review and the Transformation of German Idealism. in: Review of Metaphysics. Vol. XXXIV, No. 135. 1981. p. 545.

(19) Aenesidemus, 98. ——当該のラインホルトのテクストは、『人間の表象能力の新理論の試み』の一九〇頁である。

(20) Vgl. Aenesidemus, 102f. 139f. u. 177.

(21) 『純粋理性批判』のB版一九四頁以下、ならびに、『エーネジデムス』の次の論述を参照。「根元哲学は、現実的な表象を表象能力から説明し導出しようとする際に、恣意的に表象の能力が現存していることを前提し、その表象の能力に、特性や行為様式として〈経験によって表象の内に見出されるべきもの〉を帰すのである」(Aenesidemus, 107)。

(22) 直観、概念、感性、悟性、理性などの現存在や区別についてはエーネジデムスも認める。「それらの現存在やそれらの区別は、一つの事実だからである」(Aenesidemus, 100f.)。こうして、「事実」はこの懐疑論者にとっても、確実なものとして前提されることを意味していた。

(23) Vgl. GA. III-1, 341——『厳密な学としての哲学の可能性について』を読むにあたって」と、フィヒテは一九七二年九月二七日付の書簡の草稿に書いている。

(24) GA. III-1, 373: 一七九三年二月二〇日付F・v・ラインハルト宛書簡——なお、一七九四年四月二日付のカール・ベッツィガー(Böttiger)宛書簡においても次のように語っている。「カントの精神を越えたところで研究する余地はありません。私は、判明にかつ規定的に樹立せんとしている根本命題を、カントが曖昧なままますべての彼の研究の基礎にしていたことを十分確信しています。だが、彼の言葉については、これを越えて行くことができることを望んでいます」(GA. III-2, 93)。

(25) GA. III-1, 409. ——一七九三年五月二五日付シュッツ宛書簡。

(26) GA. III-2, 18. ——フィヒテは、一一月中旬に、L・W・ヴレーマル(Wloemar)に宛てても次のように書いている。「断固とした懐疑論者の講義によって私は、ただちに、〈哲学が学という状況にはまだ遠く隔たっていて、私自身の従来の体系を放棄して、もっとしっかりした土台の上で考えることを余儀なくされる〉ということを、はっきり確信するに到りました」(GA. III-2, 14)。しかし、その後の思索でフィヒテは新たな観念論への道を見出す。例えば、一二月六日付のニートハンマー宛書簡では次のように述べている。「さらなる証明が与えられずに誰しもが自分の意識を引き合いに出すいわゆる事実のいずれからも、およそ不合理であることが証明されえます。普遍的な哲学を、そしてその二つの部門である理論哲学や実践哲学を基礎づける人間精神の一つの根源的な事実だけが存在します。カントはこれを確かに知ってはいましたが、決して語りませんでした。その事実を発見するであろう人は、学としての哲学を叙述するでしょう」(GA. III-2, 21)。まだ「事行」を語るには到ってないが、「事実」として前提されていることが問題であることを見据えている。

(27) その事情は、一二月中旬のH・ステファニー宛書簡が伝える。「貴兄は『エーネジデムス』をお読みになりましたか？『エーネジデムス』は久しく私を混乱させました。ラインホルトは私の傍らで突き倒され、カントは疑わしいものとされ、私の全体系は土台・根拠からひっくり返されました。野外では暮らせません！だからどうしようもありませんでした。もう一度建て直さなくてはならなかったのです。正直な話、いま私は、それを約六週間来やっているのです。私とともに結実を喜んで下さい。私は新しい基礎を発見したのです。そこから全哲学が非常に容易に展開されます」(GA. III-2, 28)。

(28) Vgl. Aenesidemus, 53f.; GA. I-2, 42.

(29) Vgl. K. L. Reinhold: Über das Fundament des philosophischen Wissens. (Felix Meiner) S. 85;——こうした主張は、Beyträge. I, 127 にも見られる。

(30) Vgl. Aenesidemus, 75; GA. I-2, 45.

(31) Aenesidemus, 76; GA. I-2, 45.

(32) 根元哲学に対するフィヒテの態度は、一七九五年四月二八日付のラインホルト宛書簡の次の箇所から明らかである。「およそ論争は貴兄の主張そのものの正当性についてでは決してありません。私は貴兄の主張の大部分を承認します。(……)論争はむしろ、貴兄の体系が本来何であるか、ということについてなのです。しかもこの問題に答えることに、知識学の存亡がかかっています。貴兄によれば、貴兄が『哲学知の基礎について』によって繰り返し説明しているのは根元哲学なのですが、私によれば、もっぱら理論的能力の哲学に他なりません。それは、確かに全哲学の予備学たりえますし、そうあるべきですが、決して全哲学の基礎であるわけにはいきません」(GA. III-2, 314)。

(33)　一七六一年四月二四日、ワイマールに生まれ、一七七八年からイェーナ大学で神学、哲学、歴史、文献学を学び、一七八一年にはシャウベルクで家庭教師生活に入る。一七八三年にはイェーナに赴き、教授資格を得てイェーナ大学の私講師になって、カントの『純粋理性批判』の講読などを行なう。一七九一年にはギーセン大学で哲学教授となり、そこで九月以降、講義を行なう。一七九三年にはイェーナ大学の哲学教授として母校に帰る。一七八六年には『純粋理性批判綱要』、一七九五年には『自然法綱要』などの著書もあり、一八一二年四月一〇日に亡くなっている。フィヒテより先にイェーナ大学に奉職していたシュミットが、ラインホルトの後任人事としてフィヒテを審査する際にどのような評価を下したかは定かでない。二人は既に、公然たる論争の渦中にあった。幸いにしてフィヒテがイェーナに赴任できたのは、K・A・ベッツィガーの尽力によると言われている。そしてフィヒテ自身も、イェーナに着任してのち、すぐにシュミットのもとへ挨拶に行っている (Vgl. GA. III-2, 116)。その後、フィヒテも、シュミットを友好的な若手グループと見なすべきか、敵対的な長老グループと見なすべきか迷う (Vgl. GA. III-2, 182) までに、シュミットとの関係は切迫したものではなくなったようである。しかし、この迷いは一年もたたずにふっきれる。当時、フィヒテをめぐる一つのスキャンダルがあった。フィヒテが「二〇～三〇年でもはや王侯や君主はいなくなる」と説いた、というものである。その噂を揶揄した文章を含む『自然法綱要』をシュミットが出版したことから、二人は論争を再開し、人格的な攻撃にまで激化していった。フィヒテのシュミット批判によって、シュミットの授業の聴講者はほとんどいなくなり、フィヒテがイェーナを離れてようやく三〇～四〇人の聴講者を回復することになった、と言われている。

(34)　Vgl. KW. IV, 143f. ――なお、先行思想の解釈における「言葉」と「精神」をめぐる問題については、拙著『ドイツ観念論の歴史意識とヘーゲル』(知泉書館、二〇〇六年) の第二章「哲学の歴史が作られる現場」、ならびに、第一〇章「精神と文字――理解と解釈のよすが」を参看賜りたい。

(35)　アエタス・カンティアナ版の『カントの著作をより簡便に用いるための辞書』は一七九八年の第四版であるが、ラインホルトの引用しているのは、第二版である。この第二版が何年に刊行されたのかは不明である。

(36) この引用は、フィヒテの「クロイツァー批評」からの引用である。

(37) Leonhard Creuzer: Skeptische Betrachtungen über die Freyheit des Willens mit Hinsicht auf die neuesten Theorien über dieselbe. Giessen 1793.――ただし、フィヒテ全集の脚註に基づいて引用するので、引用箇所については、フィヒテ全集の箇所を示す。――GA. I-2, 8 Anm.

(38) C. C. E. Schmid: Bruchstucke aus einer Schrift über die Philosophie und ihre Prinzipien. Zu vorläufiger Prüfung vorgelegt.――ただし、フィヒテ全集の脚註に基づいて引用するので、引用箇所については、フィヒテ全集の箇所を示す。

(39) こののち、シュミットにおける哲学の出発点であった「意識の直接的な事実であるところのもので、哲学は終わる」(GA. I-3, 264) と論難したあとは、フィヒテ自身、「無化行為」(GA. I-3, 266) と語っているように、シュミット哲学に対する限りない痛罵で、「シュミット批評」は終わっている。

(40) GA. I-3, 251――この言葉をヘーゲルが、「常識批判論」(GW. IV, 185) で引用していたのである。

(41) 『差異論文』におけるラインホルト批判の問題点については、旧稿ではあるが、「意識と経験――ヘーゲル『精神現象学』の成立をめぐって」(神戸大学文化学研究科刊『文化学年報』第四号、一九八五年)、ならびに拙著『ドイツ観念論の歴史意識とヘーゲル』(知泉書館、二〇〇六年) の第四章「関係と超出――ヘーゲルの思想形成とラインホルト」を参看賜りたい。

(42) この件に関しては、旧稿ではあるが、「懐疑と否定――ヘーゲル『懐疑論論文』の研究」(東北大学哲学研究会刊『思索』一三号、一九八〇年)、そして、本書の第十章「懐疑から思弁へ――ヘーゲル弁証法の原像と彫琢」を参看願いたい。

(43) なおクルークは、一七九六年からヴィッテンベルク大学哲学部の助手を務め、一八〇一年にはフランクフルト大学の教授となり、一八〇五年にはカントの後任としてケーニヒスベルクに招聘されている。さらに一八〇九年にはライプチヒに移り、途中で騎兵隊に義勇兵として参加したブランクはあるものの、そこで一八三四年まで日常的に講義したのち、一八四二年に亡くなるまで、講義活動を続けた。エルドマンの報告によると、クルークは後年、カントとの関係を次のように語っているという。「私は非常にこのカント学派の創始者を尊敬していたし、なお尊敬しているといっても、決して本来の意味でのカント主義者ではなかった。私はただ、三〇年前哲学を勉強し始めた時に、カント哲学から出発しただけであった。なぜなら当時は、まさにこれがあたりまえのことだったからである」(J. E. Erdmann: Versuch einer wissenschaftlichen Darstellung der Geshichte der neuern Philosophie. V, 370)。

付　記

本稿の成稿にあたり、参看した研究文献のなかでも、とりわけ次の文献から多くの示唆を得た。

Daniel Breazeale: Fichte's Aenesidemus Review and the Transformation of German Idealism, in: Review of Metaphysics, Vol. XXXIV, No. 135 (1981)

Daniel Breazeale: Between Kant and Fichte: Karl Leonhard Reinhold's 'Elementary Philosophy', in: Review of Metaphysics, Vol. XXXV, No. 140 (1981-1982)

第七章　表象もしくは象が支える世界と哲学体系
――知的世界を構築する神話としての〈基礎づけ〉と自己知の体系

はじめに

一七九七年八月に執筆され、のちに『哲学雑誌』に発表されたシェリングの論考「最近の哲学的文献の概観」に、ドイツ観念論の出自を振り返って証言するかのような、興味深い論述がある。

「私たちにとって、哲学的な構築物（*Gebäude*）を設立することが（カントの目的が明らかにこれであったように）問題である限り、私たちは、家を建てる時には、しっかり地面の上に立っていることで満足するような、そうした基礎づけ（Fundament）によってこそ満足するであろう。ところが、体系（*System*）について話される場合に、大地は何の上にあるのか、さらには大地が乗っているものは何の上にあるのか、ということが、果てしなく問われる。体系とは、自己自身を担い、自己自身のうちで完結している、そうした全体のことを意味している。これは自分の外に、自らの動きのいかなる根拠も自らの連関のいかなる根拠をももたない。世界の諸力の普遍的な均衡を発見した時に、世界の構築物は世界の体系となったであろう。精神的な諸力のそうした普遍的な均衡を、哲学は、体系になるためには発見しなければならない。ところが、森羅万象がそれによって存立している力が、物質から説明されるのとは違って（なぜなら、物質は諸力を前提としていて、諸力から説明されなくてはならないから）、私たちの知の体系は、私たちの知からこそ説明され得る。むしろ、私たちの知や認識よりも高次の原理をさえ、前提するのである。しかしながら、私たちの認識のすべてを凌駕するものは超越論的な自由の能力もしくは私たちの内なる意欲の能力である。なぜなら、私たちの知や行為のすべての限界として、その能力は、必ずや、唯一の把握できないもの、解決できないもの、――その本性からすれば、最も根拠のないもの、きわめて証明できないものであって、まさにそれゆえに、私たちの知における最も無媒介的で明証的なものである。

こうした原理を発見してこそ全面的な革命（Revolution）を経験するということを、哲学は、世界がそこから考察されなければならない視座を世界そのもののうちではなく、世界の外部に想定するという、唯一の都合のよい思索のお蔭を蒙っているのである。それによって満たされるのは、（哲学に応用されるなら）いにしえのアルキメデスの要請なのである」（Schelling. I4, 126f.）。

この論述は、〈実体から主体へ〉というドイツ観念論の理路とはまた違う形で、超越論的観念論での主要なテーマとなった〈体系の基礎づけ〉という問題の出自を照射している。シェリングが語っていた、ドイツ観念論での〈基礎づけ〉と〈体系〉構造の問題が、ドイツ観念論が展開することになるもう一つの基軸であったことを、本章で確認したい。

1　ラインホルトとエーネジデムスそしてマイモン

体系をめぐる論争の発端になったのは、ラインホルトの表象一元論である。『哲学者たちの従来の誤解を正すための寄与（第一巻）(Beyträge zur Berichtigung bisheriger Mißverständnisse der Philosophen)』（一七九〇年）に収められていた「根元哲学の主要契機の新叙述」を『エーネジデムス（Aenesidemus）』は、詳細に再録しながら、論駁していた。実は、同じように、ラインホルトからの引用と典拠を明示しつつ、これに基づいて『エーネジデムス』にまで論評を加えた論考がもう一つある。ザロモン・マイモンの『新論理学試論（Versuch einer neuen Logik oder Theorie des Denkens）』（一七九四年）である。この三者の間で論争が沸騰した。『新論理学試論』にマイモンは、「エーネジデムス宛のフィラレーテスの書簡」を付録として付し、ラインホルトの表象一元論に対する『エーネジデムス』の論難の論点を整理しながら、いささかラインホルトに肩入れしながらも、ラインホルトの意識律と『エーネジデムス』に対する反論を展開した。

シュルツェのラインホルト批判の中心点は、意識律といえど矛盾律に従わなくてはならず、また矛盾律によって規定されなくてはならない以上、絶対的に第一の根本命題ではない（Vgl. Aenesidemus, 60f.）というところにある。しかしマイモンは、ありとあらゆる命題が矛盾律によって規定されているからといって、それは形式上のことでしかないとする。そして意識の機能のすべてに関連しているがゆえに最高の類である意識律に、単に思索に関連しているだけの矛盾律は従属しなければならない、という（Vgl. Neue Logik, 284）。「私だったら、ラインホルト氏に代わって、こう表現したでしょう。すなわち、意識律は、これが矛盾律という一般論理学の最上の根本命題に矛盾することが許されない限り、矛盾律の下に服する、と。しかし、意識律は（その素材に関しては）矛盾律によって規定されないのです」（Neue Logik, 285）。マイモンにしてみれば、「矛盾律」は形式的な原理でしかなかったに違いない。

「意識律」をシュルツェの論難から弁護したといっても、マイモンにとっての全哲学の根本命題は、彼の言う

「規定可能性の命題（*Satz der Bestimmbarkeit*）」（Neue Logik, 286）に他ならなかった。[1] これこそ実在的な思索の根本命題であって「そこからすべての命題が導出され、それを通してすべての命題が規定される」（Neue Logik, 286）というのである。

例えばマイモンは、「十面体は正十面体である」というような、不可能な客体についての空疎な思索を「形式的な思索」だとした。他方、「四角い徳」や「ある直線は甘い」というように、「規定可能性の関係にない」思索を「恣意的な思索」だとする。「四角」と「徳」、「直線」と「甘い」との結びつきが相互依存的ではなく、偶然的でしかないからである。主語と述語との間に規定可能性の関係が生起しない、とも説明される。

これに対してある空間が三辺によって囲まれることによって三角形が構成されるような場合、空間は規定可能なものであって、三角形は規定である。空間は、三つの辺を規定することがなくても意識自体の対象である一方、三本の線は空間なくしては意識の対象とならない。ここにマイモンは実体と偶有性との関係を捉える。[2] 逆に見るなら、「いかなる命題も、その主語と述語とが規定可能性に関係していない場合には、実在的な客体に関連しない」（Neue Logik, 287）というのである。

シュルツェは、ラインホルトの概念規定が曖昧であることを指摘していた。〈主観によって客観と主観とから区別され、かつ双方に関連づけられるもの〉だけが表象を形成するというラインホルトの説明では、〈相互に関連づけられ得るとともに、相互に区別され得るもの〉が現存する時に初めて、〈区別立て〉も〈関連づけ〉も生じ得るのであって、〈区別され得るもの〉が何も現前しないところでは、〈区別立てすること〉などまったく考えられない以上、直観している間、客観と表象との区別が生じることはなかったであろうし、表象と客観との区別立てを行なったなら、直観を無にしたであろう。にもかかわらず、ラインホルトは直観をも一種の表象だとしている、と難詰する（Vgl. Aenesidemus, 84f.）。

マイモンはこの非難に同調しつつ、表象が自己意識に伴って生起するものだと解釈する。「表象は部分の描写（Theildarstellung）に他なりません。したがって表象が生起するのはただ、客体が初めて全面的に描写され（知覚され）、そのあとから、構想力が客体を、構想力の機能に従って、部分的に再生産して、さらに記憶力を媒介としてその写像をオリジナルなものに関連づける、すなわち客体を表象する、というような場合に限られます。根源的な（構想力によって再生産されていない）感性的な知覚は、自己自身の外部の何ものをも表象することはありません」（Neue Logik, 294）。にもかかわらず、ラインホルトにあっては表象が意識の外の何らかのものに関連づけられてしまうことを、マイモンは、「構想力のイリュージョン（eine *Illusion* der Einbildungskraft）」（Neue Logik, 294）と呼んだ。〈関連〉や〈関係〉などと言う場合には常に、結合されるべき何ものかと結合の根拠とが前提されなくてはならない、と見たからである。

こうしてマイモンは、次のようにラインホルトに対する自らの立場を総括する。「私は次の主要な点でラインホルト氏と一致するものであります。すなわち、（一）すべての認識には、認識能力の批判が先行しなければならない、（二）カントの批判はその手のもので唯一可能な批判ではないし、批判の種類のなかでも最良のものでさえない、という点です。／それに対して、私がラインホルトと違うのは次の点です。すなわち、（一）私は、批判哲学一般についての彼の期待を過大なものだと見なします。（二）ラインホルト氏が意識律の、そして表象や客観などについての彼の説明の基礎とした事実を、構想力のイリュージョンだと私は見なします。これによって私は、彼の基礎を根本から揺るがします。しかし私は（三）すべての実在的な思索の最上の根本命題を突き止めました、つまりこの著作で私が提示して、すべての純粋哲学の根拠にした規定可能性の根本命題を、そしてひとたび洞察されただけで望むらくはあらゆるテストに合格するはずの規定可能性の根本命題を突き止めたのです。」(Neue Logik, 298)

振り返るにラインホルトは、「意識において表象は、主観によって、主観と客観とから区別され、かつ両者に関連づけられる」(Beyträge. I, 167) という意識律に基づいて、学の体系化を図ろうとした。この意識律の根拠をラインホルトは「意識の事実」だとは言うのだが、そのためには意識を成り立たせている機構、すなわち表象が〈関連し、区別される〉根拠が明らかにされなければならなかった。にもかかわらず彼は、意識の事実として前提するだけであった。「意識は、その上に表象能力の理論が構築される本来の究極の根拠であり、基礎である。私の見るところ、普遍的に妥当する事実として想定される〈客観と主観とに対する表象の区別と関連〉こそ、私の体系の基礎である」(Beyträge. I, 280)。〈表象の区別と関連〉を「事実」として前提してしまう詰めの甘さが、『エーネジデムス』の論難を招いたのであった。

確かにラインホルトなりに、表象の根拠を示そうとして、「表象能力」なるものへと論及してはいた。しかしそれは、とってつけたような、屋上屋を架する印象のものであった。「表象能力とは、純然たる表象を、すなわち〈意識において客観と主観に関連づけられはするものの双方から区別されるもの〉を可能にするところのものであり、そして〈表象の原因において、すなわち表象の現実性の根拠を包括するところのものにおいて、あらゆる表象に先立って現存するに違いないもの〉のことである」(Beyträge. I, 175f.)。

これに対してシュルツェは、『根元哲学の主要契機の新たな叙述』においては、表象能力の客観的な現実性についての証明はどこでも言及されていない」(Aenesidemus, 98) としたうえで、『人間の表象能力の新理論の試み』(一七八九年) から次の叙述を引く。「ある表象を認める人ならば、表象能力をも認めなくてはならない。表象能力とは、それがなかったなら、いかなる表象も考えられないものを意味する」(Theorie, 190)。そして、表象能力の存立について、証明がなされないままで既成事実化されているとして、シュルツェは、ラインホルトが私たちの内なる表象に基づいて、表象能力の存在を、そして外的な事物の存在を導出していることを難じたのである（Vgl. Aenesidemus, 99)(3)。

これに対してマイモンは、能力とはあるものを現実的にする根拠であるとしたうえで、空間の表象こそ三角形を可能にするための根拠にして条件であるにもかかわらず、空間は三角形である能力をもっているなどということができないことを引き合いに出して、「空間ではなく、空間を表象する主体が、空間を三角形として規定する能力をもっている」(Neue Logik, 305) とする。とはいえ、批判哲学ではさまざまな表象の主体は純然たる形式的な概念である以上、主体について、表象能力とは呼べなかったはずで、ラインホルトが表象能力ということで理解していたのは、「単にすべての実際の表象に共通なもの」(Neue Logik, 305) でしかなかったと解釈して、ラインホルトの陥った「構想力のイリュージョン」を次のように説明したのである。「表象の概念の普遍性（意識のどのような変様であろうと、表象としては何らかのものに関連づけられるということ）は、この概念を全面的に廃棄します。それに関してはおよそ、インド人たちの問題のような事情にあります。すなわち彼らは、世界が二頭の象の上にあり、その象たちは巨大な亀の上に乗っていると人が言って聞かせた際に、素朴なことにこう尋ねたのでした。結局その亀は何の上にあるのか、と」(Neue Logik, 295)。

こうした「〈象―亀〉問題」が、体系を、体系外から、あたかもアルキメデスの支点のように、〈基礎づけ〉ようとすると、ミュンヒハウゼンのトリレンマに陥ってしまうことについての揶揄であったことを、冒頭に掲げたシェリングの『最近の哲学的文献の概観』（一七九七年）は物語っていたのである。「私たちの知の体系は、私たちの知からこそ説明され得る」(Schelling, I-4, 126f.) のであって、そうした原理を発見してこそ、哲学革命は実現されたであろうにというのである。実にシェリングも、象と亀が世界を支える比喩を念頭に置いて、哲学の原理を「自由という内面的な理念」(Schelling, I-4, 128) に求め、「自己自身を担い、自己自身のうちで完結している」(Schelling, I-4, 127) 体系の構築を、精神の自己直観を通して目指した。シェリングのその論及自体、体系の〈基礎づけ〉を目指したラインホルトから、自我の自己措定や、自己意識の自己展開に基づく体系へと、ドイツ観念論の理路が切り拓かれたことを証言するものに他ならない。

古代インドの神話的な世界観を借りて揶揄されたのは、体系の根拠を体系の外に置くというラインホルトの体系モデルであった。これに対してフィヒテは、「すべての系列が、唯一の円環の中で固く結び合っていて、この円環は(……)自分自身の力によって自らと全体系を保持しているのでなければならない」(GA, I-2, 125f.) と「地球」モデルで、体系構成を語った。体系を一つの基礎へと還元する〈還元モデル〉では、ミュンヒハウゼンのトリレンマに陥ることを明らかにしたのが、地球を支える〈象—亀〉の比喩であった。これに対してフィヒテは、自ら

参考図　古代インドの世界観

を基礎づける〈地球モデル〉の体系を構想するが、ヘーゲルはこれをも超えて、〈自己展開モデル〉の構築に向かうというのが、ドイツ観念論での体系をめぐる論争の筋道である。

2　「〈象―亀〉モデル」と「地球モデル」

フィヒテは、人間の知識が体系をなしていることを要請する。他方で、もし体系性が人間の知識のなかに存在しないとしたらどうなるか、フィヒテの見るところ、次のような二つの状態に陥るという。

一つには、知識の基礎づけを求めても、さらにその基礎づけが求められることになって無際限の連鎖を辿ることになる、という。こう見極める際の比喩が、地球を支える象と象を支える亀の図である。「我々が住居を地上に築き、この大地が一頭の象に支えられ、この象を支えるのが亀であって、この亀が何によって支えられるかは誰も知らない、という具合に無際限に進む」(GA. I-2, 124)。これは、フィヒテの『知識学の概念もしくはいわゆる哲学の概念について』において見られる叙述である。

もう一つは、私たちの知識が、有限ではあるが多くの系列から成っている場合であって、それぞれの分野で自己自身によって基礎づけられる(Vgl. GA. I-2, 124f.)ものの、相互の系列の間に連関がなく、孤立的な知の集積でしかなくなる。そうなると、それらの知識の連関については断念せざるを得なくなり、知を積み重ねても豊かになることはなく、普遍的な知識学など必要ではなくなってしまう、という。これに対してフィヒテは、ありとあらゆる学を基礎づける知識学は(Vgl. GA. I-2, 120)、自らの体系の基礎づけを自己自身のうちにもっていなければならない（Vgl. GA. I-2, 121）とした。

ラインホルトからフィヒテを経てシェリングへと到るドイツ観念論の思潮のなかで[4]、マイモンこそ、フィヒテに、『エーネジデムス』を克服する方途を示していたと想像したくもなる。ラインホルトが「表象能力」を持ち出すことによって、言うなれば地球の基礎づけに象を、さらにこれを基礎づけるために亀を持ち出すような滑稽なことになってしまった、というマイモンの指摘を目の当たりにして、ラインホルトが試みたような、体系の基礎を一つの原理に還元しようとする〈還元モデル〉ではない、新たな体系構築に向かわざるを得ない気持ちにフィヒテが誘われた、と考えたくもなる。マイモンの揶揄によって、ラインホルトのように、体系の基礎を〈象や亀（表象能力）〉に依拠させるのではなく、体系の原理を地球そのもの（意識）に内在化させることが必要だという自覚をフィヒテは迫られたと推断したくなるのも正直なところなのである。

ところが、フィヒテの『知識学の概念もしくはいわゆる哲学の概念について』が刊行されたのは一七九四年五月一一日、そして、フィヒテからその書を贈られたマイモンが、お礼に自著『新論理学試論』をフィヒテに贈ったのは、同年八月一六日である。したがって、『新論理学試論』が、ラインホルトと『エーネジデムス』との論争を止揚する契機として、フィヒテにおける知識学の成立に影響を与えた、とは考えられない[5]。

フィヒテによれば、「人間の精神のなかには、第一の場合のように一つの体系の一つもしくは幾つかの断片や、第二の場合のように多くの体系が存在するべきではなくて、むしろ、一つの完全で唯一の体系が存在するべきだというのなら、そうした最高かつ絶対的に第一の根本命題が存在しなくてはならない」（GA. I-2, 125）、という。「すべての系列は、唯一の円環の中で固く結びついていて、この円環は何ものにも固定されることはなく、自分自身の力によって自らと全体系を保持しているのでなければならない」（GA. I-2, 125f.）。こうしてフィヒテは、知自身が知の体系を基礎づけるモデルを、地球そのものに擬えた。「今や私たちがもっているのは、自分自身の重力によって自らを維持している地球であって、この地球の中心は、私たちが地球の周囲に実際に建築したのであって、まさか空中に建てたのではないすべてのものを（……）、一塵たりとも自らの領域から引き離されないようにしている」（GA. I-2, 126）。確かに、フィヒテもマイモンも、象と亀の比喩で語ろうとしたのは、体系の〈基礎づけ〉を、ラインホルトのように体系の外の根本命題に求めても、さらにその基礎づけが無際限に必要になるという見極めであった。フィヒテとマイモンとは同じように、体系それ自身が自らを基礎づけなければならないと考えていた、とも言える。

「地球」そのものが、〈知が自らを基礎づける〉体系モデルの比喩として成り立つためには、知の成立の叙述そのものが、学の体系の存立を証明するという、言わば〈循環〉が引き受けられなければならなかった。ここに私たちは、象と亀の比喩で揶揄されたのは、体系を一つの根本命題によって基礎づけようとするラインホルトのストラテジーであって、フィヒテにあっては、そうした〈還元モデル〉に基づく体系構成は断念され、循環を引き受けてでも〈知が自らを基礎づける〉体系モデルが模索されることになった、ということを確認しておきたい[6]。そして超越論哲学こそ、そうした循環を引き受けてでも、〈知が自らを基礎づける〉ことに向かう哲学であった。

　こうした議論の流れのなかでヘーゲルも、『差異論文』で、ラインホルトに見られたような、「基礎づけて、究明しようとする傾向」（GW. IV, 81）については、「哲学に先立って哲学すること」（ibid.）、つまり「哲学を論理学に還元しようとする基礎づけの傾向」（GW. IV, 91）に他ならず、こうした「基礎づけがいそしむのは、常に手がかりを求め、生き生きとした哲学に向けて助走をすることである」（GW. IV, 82）と切り捨てていた。むしろ「学は、その諸部門のそれぞれを、絶対的に措定し、これを通して端緒においてそして個々のそれぞれの点において、同一性と知とを構成することによって、自らを自らのうちで基礎づける、と主張する」(GW. IV, 82)。これは、ラインホルトが、体系の外に体系の原理、体系の手がかり、すなわちアルキメデスの支点を求めるようなことになったことへの、ヘーゲルなりの反論である。そしてヘーゲル自身も『差異論文』では、哲学体系の「地球モデル」を語ったのである。

「全体は、基礎づけの特殊な手がかりを必要としない。それはまるで、地球のように特殊な手がかりを必要としないために、太陽の周りを地球が回る力によって、同時に地球のさまざまな形態の生き生きとした全体の多様性において維持している力によって、捉えられることができるのである」(GW. IV, 82)。

3　ヤコービからヘーゲルへ

「私は、この冬、酷い病気に冒されていたにせよ、無為に過ごしたわけではありません。貴兄とフィヒテそしてマイモンが私の心を惹きまして、結局『エーネジデムス』まで読んだのです。そのために私は旅に出ることができませんでした。こうしたことすべてを通して私には、自分自身、より明晰判明になりました」(FiG. I, 408)。一七九七年二月二二日付けのこの書簡を書いた主はヤコービ、そして受け取ったのはラインホルトであった。すなわちヤコービも、私たちがこの論考で辿ってきた理路を自ら逍遥したのである。此の頃、反フィヒテという共同戦線で、一時、ラインホルトとヤコービは近づく。そして、一八〇一年九月一六日に「前書き」が脱稿されたラインホルトの『一九世紀初頭における哲学の状況についていっそう容易に概観するための寄稿』第三分冊に、ヤコービは「理性を悟性にもたらし、哲学一般に新たな意図を与えんとする批判主義の企図について」を発表、そこには次のような叙述がある。

「それら〔多様性と統一〕の現存在は、わざとまことしやかに影へと影を投げかけて、錯覚を起こさせる二重ガラスによる営みである。影の本質との遊びを完全に詳述するなら、あの古代に立ち返って新たなイメージで叙述することになる。――世界を担っている一頭の象に支えられている世界について、そして象を担っている亀に支えられている象についてのイメージである。ただ、あなたがたは一つの図形を何回も、そして亀を二回にわたって用いているという違いはある。つまり理性は既に初めに注意していたように、あなたがたにあっては悟性に支えられている。その悟性は構想力で支えられている。構想力は感性で支えられている。それからまたしても感性は、ア・プリオリの直観の能力である構想力で支えられている。結局、構想力は何によって支えられているのか？明らかに無である。構想力こそ本当の亀であり、絶対的な根拠、いっさいの本質のなかの本質なのである。構想力は自らのなかから自己自身を純粋にア・プリオリに生み出し、ありとあらゆるものの可能性そのもの（現象において、介入や把握として明らかになる生産活動を生み出すもの）として、あり得るものだけでなく――おそらく！あり得ないものの可能性としても、構想力は生み出す。」(Beytr. III, 47: JW. III, 115f.)。

　ここでヤコービは、「構想力の前には何もなく、構想力ののちにあるものは、ただ構想力を通して、構想力のうちで、構想力によってのみ存在する」(Beytr. III, 47f.: JW. III, 116) とする考え方を揶揄しているのであって、『フィヒテ宛公開書簡』でフィヒテに突きつけた「ニヒリズム」とする論難に通じた発想を示している。そしてこの箇所をヘーゲルは『信と知』でとりあげ、次のように批判したのである。

「カントは（……）〈感性のア・プリオリな総合的な統一が普遍性へと高められ、この同一性が感性と相対的に対立するようになるところ〉に悟性を措定して、理性をさらに、前の相対的な対立より高次なポテンツとして措定する結果、こうした普遍性や無限性は、単に形式的で純粋な無限性でしかなく、そうしたものとして固定されていることになる。こうした実に理性的な構成によって、〈能力〉という悪しき名称だけは存続してはいるのだが、本当のところいっさいのものの一つの同一性が措定されているというのに、ヤコービは、この理性的な構成を、能力が相互に依拠しあうことへ転化する。『理性は君たちにあっては、(……)悟性に依拠している。悟性は構想力に依拠し、構想力は感性に依拠し、それから感性はまたしてもア・プリオリな直観の能力としての構想力に依拠する。この構想力は結局――何に支えられるのか？　明らかに無だ！　構想力は本当の亀であり、絶対的な根拠であり、すべての本質のなかの本質である。構想力は自らのなかから自己自身を純粋に生み出し、ありとあらゆるものの可能性そのものとして、あり得るものだけでなく――おそらく！あり得ないものの可能性としても、構想力は生み出す。』ヤコービは諸能力をこのように美しい結びつきのうちにもたらした結果、何かあるものが――確かに統体性から切り離されたものとしての構想力ではないが――自己自身に依拠しているということはヤコービにとって、自己自身を支えているある存在者に世界を担わせようとする愚かなインド人の比喩のように、非哲学的であるだけでなく、冒瀆的でさえあるのだ」(GW. IV, 367f.)。

　ヘーゲルには、ヤコービは〈理性的な構成〉と〈能力が相互に依拠しあうこと〉との違いが分かっていないと見えたに違いない。すなわち、ラインホルトに見られたように、さまざまな能力を相互に依存させながら、体系を一つの根本命題へと、体系の基礎へと還元しようとする〈還元モデル〉でしか、体系構成を理解できないヤコービに対して、体系の〈理性的な構成〉に見られる〈自己自身に基づくこと〉は、ヤコービにしてみれば、非哲学的なのだ、という強烈な攻撃が展開されたのである。既にヘーゲルは、体系の「地球モデル」を超えるところに達しているように思われる。

『信と知』には、もう一回、「地球」と「亀」が登場する。「この〔フィヒテの〕観念論は、形式的な知の本当のさかさまである。しかし、ヤコービが言っていたように、スピノザ主義という立方体のさかさまなのではない。なぜなら、スピノザの立方体は自由なエーテルのなかに漂っていて、そこには、上も下もない以上、さかさまになることもないからである。まして立方体が土台とするような地球とか亀などは存在せず、むしろ、立方体は自らの安定と根拠とを自己自身のうちにもち、立方体自身が地球であり、亀なのである。これに対して、形式的な知の不規則な多面体は、自らにとってフレムト（fremd）な大地の上に立っていて、そこで自らの根を張り、自らの支えをもっている。であるからしてこの形式的な知にとっては、上も下もある。普通に形式的な知は、多様な経験を根拠としてもっているが、この根拠から理念的な雰囲気のうちへと、多様な概念の頂点を引き出してもいる。ところが、フィヒテの形式的な知は、そうした普通に形式的な知のさかさまなのである」（GW. IV, 392）。

ヤコービは、『フィヒテ宛公開書簡』でスピノザの実体を「立方体」だと嘲るとともに、フィヒテを「顚倒したスピノザ主義」だと言明した（Vgl. GA. III-3, 227）。だが、ヘーゲルの見るところ、スピノザの体系は「根拠を自己自身のうちにもつ」一方、フィヒテにあっては、「フレムトな大地」に支えられる。すなわち自我は、それ自身、さまざまに述語づけられ得るなかで、自らが自らを述語づけることによって成り立つとされた。それをヘーゲルは、「自らにとってフレムトな大地の上に立っていて、そこで自らの根を張り、自らの支えをもっている」と表現したのではないか。フィヒテの理念にあっては、無際限に述語づけ、概念化することができる規定可能性を根拠として、自我の自己措定という経験がなされる。ヘーゲルにしてみればそれは、経験を根拠として概念化に到るというのでは、通常の形式的な知の「さかさま」に他ならなかったに違いない。

そして、ヘーゲル自身は、哲学体系を、体系が自らを構成するという「地球モデル」として捉えはしない。「こうした主観性の形而上学というものは、他の諸形態ならこうした領域に算入されさえしないのに対して、カント哲学とヤコービ哲学そしてフィヒテ哲学にあっては、主観性の形而上学のさまざまな形式の完全な円環を遍歴してしまっている。それゆえ、教養形成の諸側面に算入されるもの、すなわち、統体性の個々の次元を絶対的に措定することとか、これらの個々の次元を体系にまで仕上げることが完全に物語られていて、これによって教養形成を完現してしまっている。こうしてここにただちに、本当の哲学がこの教養形成から復活して、それらの哲学がさまざまな有限性を絶対化したことを無化しつつ、統体性のうちにある哲学の豊かさの全体を伴いながら、同時に完成された現象として自らを物語る外的な可能性が措定されているのである」(GW. IV, 412f.)。

この時ヘーゲルには、「体系が絶対的なものの否定的な側面、すなわち絶対的な〈思惟〉としての無限性にまで高まって、その限りで純粋な観念論となっている」(GW. IV, 387f.) フィヒテ哲学を乗り越え、知の自己否定を貫徹する教養形成を経て体系に到るという、哲学の存立機制をイメージしていたに違いない。

超越論的観念論が成立する基底には、ラインホルトに代表される〈還元モデル〉の体系構想を超克する、哲学体系への模索があった。ラインホルトのように、体系を一つの基礎へと還元する〈還元モデル〉では、ミュンヒハウゼンのトリレンマに陥ることを明らかにしたのが、この〈象—亀〉問題であった。〈体系の基礎づけ (Ergründung)〉から、〈体系の構成 (Konstruktion)〉へとドイツ観念論が展開したなかで、フィヒテは、自らを基礎づける〈地球モデル〉を語ったが、ヘーゲルは「信と知」以降は、図学の用語である「構成」をも離れ、知の〈自己展開モデル〉の構築に向かうことになったのである。

結語

残された課題は、どのようにして「世界」と「象」と「亀」の神話に思い至ったか、ということである。フィヒテが「一頭の象」[7]と明言しているのに対して、マイモンが「二頭の象」と言っている以上、二人の典拠も違うとも考えられる。D・ヘンリッヒによれば、考えられるのはメンデルスゾーンである。

メンデルスゾーンは『イェルーザレム』（一七八三年）の第二部で、異民族の宗教概念を評価する際に、「すべてを自国の目で見ることを用心しなければならない」(Jerusalem, 84) 例として、次のように述べている。「イェルサレムの征服者たちは、神殿を略奪した際に、契約の聖櫃の上のケルビムたちを見て、ユダヤ人たちの偶像だと思ったものだった。彼らは、すべてを異邦人の眼で、自分たちの観点から見たのだ。神の摂理や現存する恩寵のイメージをローマ人たちは、自分たちの習わしに従って、神性のイメージとして、神性そのものとして理解して、その発見を喜んだものであった。そのように読者は今、この万有を象たちが支え、その象たちを巨大な亀が支え、この亀を一頭の巨大な熊が支え、その熊を途方もなく巨大な蛇が載せているとしたインド人の哲学者たちを笑うであろう。だが善き人士たちは、じゃあその途方もなく巨大な蛇は、いったい何の上に横たわっているのか、などとは考えなかったものである」(Jerusalem, 85f.)。

ここでの「象」は複数である。マイモンはここからヒントを得たのではないか、というのがヘンリッヒの推測である。そして、『イェルーザレム』は若きヘーゲルが読んでいた書でもあったことが知られている。世界の根拠としてのインド神話の形象は、こうして、ドイツ観念論にあっては、体系を一つの基礎へと〈還元する〉モデルのイメージとして語られ、ミュンヒハウゼンのトリレンマに陥ることが揶揄された。

本論を通して瞥見したように、ドイツ観念論の枢軸となった一つの課題は、体系の基礎づけを体系のうちに取り込もうとする思索であって、〈根拠〉と、その外側に〈基礎づけられる体系〉とがあるのではなく、〈体系が自らで自らを基礎づけようとする〉哲学を構築することであったと言ってよいであろう。そしてそこにこそ超越論的哲学が果たそうとした革命的な意義を看て取ることができるのである。

註

(1)　野田又夫の「サロモン・マイモンの哲学」では、「限定可能性の原理」は、こう説明されている。「この原理の意味するところは、客観的実在性をもつ思惟はいつでも、ある無限定なるしかも限定可能なる主語的存在を前提し、それに本質的に属する述語的限定を加える、という形で行なわれる、ということである。実在的思惟は、独立なる限定可能者(Bestimmbares)すなわち主語に、依存的なる限定(Bestimmung)すなわち述語を加える、という形をとる、というのである」(『野田又夫著作集第Ⅳ巻』白水社、五九七頁)。

(2)　リヒャルト・クローナーの『ドイツ観念論の発展Ⅱ』(理想社)では、「規定されうるものの自立性と規定の非自立性という概念のうちに、スピノザの有名な定義を再発見するのは難しくない。ただし、スピノザの実体はドイツ観念論においては自我になってゆくのであり、そのことが、スピノザの『エチカ』の根本思想をマイモンが取り込んだことの重大さを図る基準となる」(邦訳六八頁)と説明されている。

(3)　この件については、本書の第八章「意識と無――シュルツェとドイツ観念論」を参看賜りたい。内なる確実性から外なる対象の現存在について推論することはできない、これがシュルツェにとって譲ることのできない一線であった。エーネジデムスに因る論難を回避するかのように、フィヒテは言う。「問題は、外部から内部への移行について、あるいはその逆についてである。我々が移行を必要としないということ、我々の心情のうちに現われるものすべて、心情そのものから完全に解明され、把握され得るということ、そうしたことを示すのが批判哲学の仕事なのである」(GA. I-2, 55)。

シュルツェは、ラインホルトの言う表象能力について、「表象の現実性の原因にして条件を構成して、いっさいの表象以前に現前している客観的で現実的な何ものか、だと理解する以上、まず初めに我々が探究しなくてはならないことは、何によって根元哲学は、そうしたものが客観的に実在することについての熱狂的な知見へと到ったのか」(Aenesidemus, 98) であると疑問を呈していた。だが、そうした解釈は、表象能力をもって、現実的に現存している客観的なものだと解する点で、曲解に他ならなかった。フィヒテは、「『エーネジデムス』批評」で、「〈表象能力〉という言葉を耳に挟むや否や、その表象作用から独立に物自体として、しかも表象活動をしているものとして実在している(……)何らかのものとしか考えられない、そんな懐疑論には少なからず驚かされる」(GA. I - 2, 50)と反論、「非常に不遜な独断論を目指している」(GA. I-2, 49)と厳しく非難したのである。

(4)『一般文芸新聞』一七九四年一〇月一日に掲載された『全知識学の基礎』の刊行告知では、次のように述べられていた。「当面の著作において(……)含まれているのは、哲学を、まったく新しく、疑いをいれない諸原理へと立ち返らせ、これによって、〈マイモンやエーネジデムスといった最近の懐疑論者たちの著作から、その所在が十分に感じられ、その厄介さにドイツの哲学者たちが、ラインホルト以来久しくきわめて立派な理由を伴って配慮してきたところの窮境〉を取り除こうとする、そうした試みに他ならないのである」(FiG. I, 209)。この出版広告から、当時、マイモンは、『全知識学の基礎』が成立する動機として意識されていたことがうかがえよう。

(5) しかしながら、やはりマイモンは確かにフィヒテの自我論に大きな影響を与えたと考えられる。それは、マイモンの『超越論的哲学についての試み』(一七九〇年)に既に現われている「規定可能性の根本命題(Grundsatz der Bestimmbarkeit)」である。『全知識学の基礎(Grundlage der gesammten Wissenschaftslehre)』においてフィヒテは次のように自我の成り立ちを論述する。「自我はただ、自らを措定するところのものである。自我が無限であるということは、自我が自らを無限に措定する、ということである。自我は無限性の述語によって自らを規定する。それゆえ自我は、自己自身(自我)を無限性の基体として限定する。自我は自己自身を、自らの無限の活動性から区別する」(GA. I-2, 358)。無限に自らを規定し得る自我は、自らを形成する主体であるとともに、自らをさまざまに述語づけることが可能である。自我は、それによって主語であるとともに、無限の述語の基体でもあることになる。こうした発想の根底に、私たちは、マイモンの「規定可能性の原理」の思想が息づいていることを見ることができよう。
「いっさいの客観的なものが廃棄される時でも、少なくとも、〈自己自身を規定し、かつ自己自身によって規定されたもの〉、すなわち自我もしくは主体は残っている。主体と客体とは相互に規定され合って、一方は他方によって端的に排除される。もし自我が、自己自身だけを規定するのなら、自らの外部の何をも規定しない。もし自我が、自分以外のものをも規定するのなら、自分自身だけを規定するのではない。しかし今や自我は、絶対的な捨象能力によっていっさいの客体を廃棄したあとでも残るものとして規定されている」(GA. I-2, 382f.)。そしてこの絶対的な捨象能力をフィヒテは「理性」(GA. I-2, 382)と呼ぶのである。私たちは、「規定可能性の原理」を通してフィヒテが、自己自身を措定する主体としての自我の存立機制について明らかにした現場に立ち会っている。デカルトの〈自己直観〉にも似た、いっさいの客観的なものを廃絶したとしても残る自我、ここに、すなわち自我が自らを規定し、かつ自らによって規定されるとされるところに、自我へと、主体と主観と主語と理性とが合流していると言えよう。

このことから、「規定可能性の原理」を媒介することによって、スピノザの実体形而上学が主体化されるに到った理路を、看て取ることができる。フィヒテは言う。「規定された規定可能性が我々の求めた統体性である。それを人は実体と呼ぶ。――もし、まず第一に、〈端的に措定されたもの〉から、ここでは、〈自分だけを措定する自我〉から出発されないなら、すなわち、自我から〈あるもの〉が、ここでは〈措定された非我〉もしくは〈客体〉が排除されないなら、実体は実体として可能ではなくなる。(……)しかしながら、実体は、(……)〈端的に措定されたもの〉によって、ここでは〈自己措定〉によって再び規定されることがないのなら、無規定のままに留まり、実体ではない(いっさいを包括するものではない)ことになる」(GA. I-2, 347)。「いっさいを包括するもの」という、フィヒテによる実体解釈の当否はともかく、自己措定する自我が実体に擬えられていることは確認できるであろう。フィヒテからヘーゲルへと連なるドイツ観念論を、スピノザの実体形而上学の主体化として捉えるなら、彼らをしてスピノザに魅了させたのは、ヤコービによる『スピノザ書簡』であるとともに、マイモンの「規定可能性の原理」でもあったことを私たちは忘れてはならないのである。

(6)　フィヒテの『知識学への第二序論』(一七九七年)においても、象と地球の比喩が用いられている。「物自体のこの思想は、感覚によって基礎づけられている。ところが彼ら〔カントの解釈者たち〕は、またしても物自体の思想で感覚を基礎づけようとする。彼らの地球は大きな象の上に乗っている。ところが大きな象は――彼らの地球の上に立っている。単なる思想にすぎない彼らの言う物自体が、自我に作用するなんて！」(GA. I-4, 237)。

(7)「一頭」と明言している先行者にロックがいる。「いったい、内属する事物を必要とする一種の実在する存有者としての偶有性という思念に初めて到達した人たちは、偶有性を支える実体ということばをいや応なしに見つけだした。で、かりにもし(大地もこれを載せるある事物を求めると想像した)哀れなインド哲学者が、この実体ということばを考えついたとさえしたら、苦労して大地を支える象や、その象を支える亀を見いだすには及ばなかっただろう。実体ということばがこれを効果的にやっただろう。そして探求する者は、実体がなんであるかを知らずに大地を支えるものだということをもって、インド哲学者からの立派な答えとしてしまうことができたであろうし、その点は、実体のなんであるかを知らずに偶有性を支えるものだということをもって、わがヨーロッパ哲学者からのじゅうぶんな答でりっぱな学説だと私たちがするのと同じである。それゆえ、実体について私たちはなんであるかの観念をもたず、ただなにをするかの混乱した不明瞭な観念をもつだけなのである」(ジョン・ロック『人間知性論(二)』大槻春彦訳、岩波文庫、二七頁――John Locke: An Essay Concerning Human Understanding. Oxford 1975, p. 173)。

ヒュームにも、地球と象の比喩は見出される。「われわれは、そのような観念的世界をたどって他の観念的世界ないしは新しい知的原理に到達したいという同一の論拠をもちはしまいか。しかしもし我々が立ちどまり、それ以上先に進まないとすれば、なぜここまで進むのか。なぜ物質的世界で立ちどまらないのか。無限に進み続けることなくしてどうしてわれわれは満足できるのか。また要するに、そのような無限の前進のなかにどんな満足が存するのか。インドの哲学者と彼の象の物語を思い出そうではないか」(デイヴィッド・ヒューム『自然宗教に関する対話』福鎌忠恕訳、法政大学出版局、五七頁)。

付　記

本稿の成稿にあたり、Dieter Henrich: Die „wahrhafte Schildkroete“. Zu einer Metapher in Hegels Schrift „Glauben und Wissen“. In: HEGEL-STUDIEN. Bd2. から多くの教示を得た。

Ⅳ　超越論的観念論の方位

第八章　意識と無――シュルツェとドイツ観念論

はじめに

一七九三年一二月に、イェーナ大学から招聘されることになるフィヒテは、その直前に、H・ステファニーに宛てて書き送った書簡のなかで、次のように新たな哲学を着想した経緯について語っていた。「学兄は『エーネジデムス』をお読みになりましたか？　『エーネジデムス』は久しく私を混乱させました。ラインホルトは私の傍らで突き倒され、カントは疑わしいものとされ、私の全体系は土台・根拠からひっくり返されました。屋外では暮らせません！　だから、どうしようもありませんでした。もう一度、立て直さなければならなかったのです。正直な話、今、私はそれをほぼ六週間やっているのです。私と一緒にその結実を喜んでください。私は新しい基礎を発見したのです。そこから全哲学が非常に容易に展開されます」(GA, III-2, 28)。もちろん、新たに発見された基礎とは、「自我」であった。それは、ヘルムシュテット大学の哲学教授、G・E・シュルツェが『エーネジデムス』(一七九二年)を匿名で刊行した一年半後、フィヒテがそれを手にした七ヶ月後、フィヒテが『知識学もしくはいわゆる哲学の概念について』を刊行する四ヵ月前のことであった。

『エーネジデムス』は、冒頭、ヘルミアスという批判哲学の信奉者がエーネジデムスに対してラインホルトの根元哲学の真理性と普遍妥当性についての確信を書簡として書き送るのに対して、意見を異にするエーネジデムスがその検証を、ラインホルトの『哲学者たちの従来の誤解を正すための寄与(第一巻)』(一七九〇年)に収められていた論稿、「根元哲学の主要契機の新叙述」を再録しながら、意識律が、哲学における第一の根本命題ではないと論難するという体裁をとっていた。この書の巻き起こした衝撃を物語っているのが、先のフィヒテの書簡であり、『エーネジデムス』は、ラインホルトはもとより、マイモン、フィヒテらからの反論を惹起することを通して、カント以後のドイツ観念論が、ラインホルトを源流としつつ、彼の批判者として登場したシュルツェを媒介として形成されていく縦糸となる。

本章は、ラインホルトと厳しく対決した『エーネジデムス』の思索を概観することから始まり、『エーネジデムス』批評」で、シュルツェ批判を通してラインホルトをも超克するなかで、フィヒテが自我論を形成した現場を垣間見るとともに、シュルツェの『理論哲学の批判』とヘーゲルの「懐疑論論文」におけるシュルツェ批判を確認したうえで、一八〇三年のシュルツェの「絶対的なものについてのアフォリズム」、ならびに一八〇五年の「人間の認識についての懐疑論的な思考様式の主要契機」を承けて、シュルツェとの対決の文脈のなかで『精神の現象学』を捉え直すことを通して、ドイツ観念論におけるシュルツェの思索の意義を確認しようとするものである。

1　ラインホルトの根元哲学と、『エーネジデムス』

デカルト以降、哲学的な考察が進められてきた意識一般を、さらに分析したところに、ラインホルトやシュルツェは、自らの思想的な境位を捉えていた。「意識している間、〈自我〉と区別されるところの〈さまざまな表象の内容〉が普遍的に異なっている」(Aenesidemus, 348) ことは、厳密に研究されないままだったとシュルツェは言う。「近世になって人間そのもののうちに現存して、生じたものがいっそう注目され始めて以来、意識も非常に重要な思弁の対象となっている。しかしラインホルト氏は、従来これらの思弁によって周知とされていたことをすべて、無規定的であやふやで、非常に欠陥に満ちたものだと見なしている。そこで我々に意識の新理論を届けて、哲学全体を彼が改革するに先立って存立していた哲学すべてにとって、この点で共通していた誤謬と欠陥とを、根本的に永遠に改善しようとした」(Aenesidemus, 348)。この点にラインホルトの功績を見る。

ラインホルトは、「ア・プリオリに認識可能である限りの経験的な自然の学」(FdpW. 70f.) を構築したカントによってさえも、樹てられることのなかった「感性と悟性において存立している経験的な認識能力の学」(FdpW. 71) の構成に、すなわち表象能力の学の構築に向かったのである。それが、意識律の上に立脚するラインホルトの根元哲学である。意識律とは、「意識において表象は、主観によって、主観と客観から区別され、かつ両者に関連づけられる」(Beyträge. I, 157) という原則のことを言う。

ラインホルトは意識律を、『哲学者たちの従来の誤解を正すための寄与（第一巻）』や『哲学知の基礎について』（一七九一年）などで、哲学知の基礎とすることによって、哲学全体を基礎づける根元哲学の構想を展開した。「意識律という私の第一原則は、表象の概念を規定する諸事実だけを表現する。（……）意識律はこうした定義を、自ら他の定義によって基礎づけられることなくして基礎づける。意識律の根拠は意識であり、意識において、意識律が表現する事実である」(FdpW. 80)。こうした言い回しでラインホルトが主張しているのは、意識律は形式的には、他の命題によって基礎づけられることのない最上の第一の根本命題であり、実質的には、自己自身によって基礎づけられるということである。原理はそれ自身で自らを基礎づけるものだとされる。「私は意識律を、自己自身によって規定された命題だと呼んだ。そうした自己自身によって規定された命題ということで私が理解しているのは、その意味がより高次の命題によって規定されることのない命題、ということである」(FdpW, 82)。

これに対してシュルツェは、「これまで哲学には、すべての他の命題が確実であることを直接的にせよ、媒介的にせよ、基礎づけるような最上にして普遍妥当的な根本命題が欠けていた、ということ、そうした根本命題を発見して樹立してこそ、哲学は初めて学問としての価値を要求することができるということ、こうした点については、私は根元哲学の著者とともに完全に一致している」(Aenesidemus, 53f.) と認めはする。しかし、「根元哲学の学説が果たして、〈普遍妥当的で絶対的に第一で、自己自身によって完全に規定された根本命題〉の上に立脚しているのかどうか」(Aenesidemus, 56) と難詰するシュルツェの論鋒は鋭い。シュルツェによれば、「意識律はつまりまず第一に、いかなる観点からしても、別の命題に従属することのないような、端的にいかなる他の命題によっても規定されることのないような、そうした絶対的に第一の根本命題ではない」(Aenesidemus, 60)。なぜなら、いかなる命題であれ、主語と述語との結びつきが矛盾していてはならない以上、矛盾律に依存しなければならないはずなので、意識律をもって第一の根本命題と見ることはできない、というわけである。

さらにシュルツェは、意識律を、自己自身によって全体的に規定された命題でもないと見る。なぜなら、「意識律が自己自身によって全体的に規定された命題であるとされる場合には、意識のうちに現出する〈区別立て〉と〈関連づけ〉という活動は、意識律において用いられている言葉によって、厳密にかつ完全に規定されて申し立てられていなければならないのであって、すべての人によってたえず、ただ一義的に、余計でもなく過小でもない徴標が意識律に結びつけられ得るようでなければならない (Aenesidemus, 65)。ところが、意識律においては、

〈区別〉と〈関連〉については規定されていないままで曖昧だ、と見たからである。たとえば表象の形式が主観に〈関連する〉とは、〈属する〉という意味なのか、主観の〈作用〉という意味なのか、〈対応する〉という意味なのか、〈代表する〉という意味なのか、曖昧だというわけである。

むしろ、「表象という言葉の通常の用法によれば、心情における〈区別立て〉と〈関連づけ〉とはどれも、一つの表象作用である」と見たシュルツェは、ここから、「根元哲学において表象作用について言及されている徴標は、〈実際に表象作用を構成していて、用語法に従って表象作用だと呼ばれなければならないすべてのもの〉に当てはまるわけではない」(Aenesidemus, 87) と、ラインホルトの説明不足を剔抉する。

もとより、シュルツェの見るところ、意識律は特定の経験を表現するものでしかなかった。「〈意識において表象は主観によって、客観ならびに主観から区別されているとともに、双方に関連づけられる〉という命題は、〈特定の経験への結びつきに留まらず、すべての経験に伴う事実〉を表現する、というような命題ではない」(Aenesidemus, 73f.)。

その特定の経験とは、自らが自らを対象化しつつ、これをも自分だと捉える自覚である。シュルツェは意識律の妥当性を、ラインホルトが主張するような意識の事実に基づくものというよりも、「我々が自覚しているありとあらゆる説明や思想に伴う」(Aenessidemus, 71) 自己意識に限定して捉えた。そうであればこそ、例えば自己意識の伴わないような場合には、自らを区別しつつ関連づける作用は生じない。何かに夢中になったり、気もそぞろのような時、〈関連〉と〈区別〉が機能しない場合があるのも、また事実である。さらには、意識律で言及されている意識の構成要素、つまり表象と客観そして主観、ならびに表象が、客観そして主観に関連づけられること、というすべてが現出するわけではないことも現実にはあることが指摘される。ある外的な対象に目を奪われたような場合が想起されよう（Vgl. Aenesidemus, 72）。

ラインホルトは、〈関連〉と〈区別〉を意識の事実だと前提したがゆえに、そこから自己関係性へ想到することのないまま、「自我」を発想しこそすれ[1]、これを原理に据えるには到らなかった。他方、シュルツェにあっては、自覚の根底に〈自我〉が捉えられた。「私の外部に現実に現存しているとされる対象を直観するに、私は、なるほど、直観する私の〈自我（Ich）〉や、直観の内容を構成する表象に注目する」（Aenesidemus, 72）。自我は主体と重ねあわされることで、自らが自らを基礎づける哲学の原理が主体化されることになる。「主体もしくは〈私の自我〉は、意識の現実的な表出において現われるのであって、いつでも特殊で変様された、そして多様な特性によって規定された主体（Subjekt）でもある」（Aenesidemus, 83）。

ラインホルトは、客観や主観に表象が関連することそれ自体をも、表象作用だと見なすことについては、これを斥けていた（Vgl. Aenesidemus, 86）。それをも表象作用だとして意識作用を包括的に捉える時、そこにシュルツェは、〈自我〉を見定めた。ラインホルトの言う「主観」を「自我」として捉え直した注記が『エーネジデムス』にある。「根元哲学が表象作用やその本質的な特性について与えている説明によれば、主観がまず最初に我々のうちで表象される。というのも、〈主観や表象する〈自我〉から区別されたもの〉が関連づけられる特殊な意識の客観に、主観はなるからである。そしてこうしたことが生じるまでは、根元哲学によれば、主観は決して我々のうちで表象されていることはない」（Aenesidemus, 88Anm.）。対象化された主観を意識するところに自我を捉えるシュルツェの発想が、フィヒテに強く影響を与えたものと想像されるのである。

2　シュルツェの懐疑論と、フィヒテの「『エーネジデムス』批評」

詳細を極めるシュルツェによるラインホルト批判にあって、フィヒテによって斥けられた論点がある。ラインホルトの『表象能力の新理論の試み』で表象能力が想定される箇所に対するシュルツェの論難である。ラインホルトでは次のように論じられていた。

「いかなる観念論者も、いかなる独我論者も、いかなる独断的な懐疑論者も、表象の現存在を否定することはできない。だが、ある表象を認める人ならば、表象能力をも認めなくてはならない。表象能力とは、それがなかったならいかなる表象も考えられないものを意味する」(Versuch, 190)。ラインホルトの文脈では、ことさら、表象されたものが実在するという議論ではない。ところがこれをもってシュルツェは、「我々の内なる表象と思想の性質から、我々の外部の事柄それ自体の性質への推論がなされて、表象能力の客観的な現実性のための証明を構成する論弁」(Aenesidemus, 99) だと見なす。本書第六章の「事実から事行へ――ヘーゲルによるシュルツェ批判、クルーク批判の前哨」で詳述したように、エーネジデムスの戦略は明らかである。人間の心情に、我々の認識の根拠を求めたうえで、我々の内なる表象や思想の性質から、我々の表象の外部に現存しているものの客観的で実在的な性質へと推論しようとしたところに、カントおよびラインホルトの思想の枢軸を捉えて、これを論難したのである。ヒュームによって疑わしいとされたことを、批判哲学は決まりきったこととして前提したというわけである。

ラインホルトに対するシュルツェの論駁を斥けながら、シュルツェによる批判をバネとしてラインホルトを超えようとするフィヒテの思索の結実が、一七九四年二月一一日と一二日の『一般文芸新聞』に発表された、『エーネジデムス』批評」として結実する。もとより、哲学にはこれまで、最上の普遍妥当的な根本命題が欠けていた、そしてこうした根本命題に基づいてこそ哲学は学問たり得る、という認識に関して、ラインホルトもシュルツェも、そしてフィヒテも共有していた（Vgl. GA. I-2, 42)。しかし、その根本命題の内容に関しては大きく異なっていた。

根元哲学を検証する際にシュルツェが原則とした一つが、我々の内には表象が存するということであった。「そうした諸表象に即して、多様な区別も現出するし、またこれに鑑みて諸表象が相互に合致しているところの確実な徴標が見出される」（Aenesidemus, 45)。表象内部で真理性が検証されることになる。もう一つの原則は一般論理学に求められ、矛盾律が強調されたのである。したがって、シュルツェの懐疑論は、客観的な認識を疑い、表象の外部に現存している事物について推論することを認めない一方、直接的な意識の事実や、表象相互の合致、矛盾律の確実性などを認めるものであった。「懐疑論は意識のうちで直接的に事実として現出するものの確実性については、批判主義の独断論者や非批判主義の独断論者と完全に合致している」（Aenesidemus, 45）とさえシュルツェは言う。

矛盾律についてフィヒテは、ラインホルトが「確かに意識律も矛盾律の下に服する。しかし、意識律を規定する原則の下にというのではなく、意識律がそれに矛盾することが許されない一つの法則の下に、というがごときにすぎない」（FdpW, 85）と述べている箇所を踏まえて、「ラインホルトは、矛盾律にいっさいの実在的な妥当性を認めず、（……）ただ、形式的で論理的な妥当性だけを残した」（GA. I-2, 43）と解釈する。矛盾律によっては、形式的な整合性が確認されるだけだ、というわけである。「意識律についての反省は、その形式からいえば、ありとあらゆる反省と同じように論理的な矛盾律の下に存立するが、この意識律の実質は矛盾律によって規定されない」(GA. I-2, 43) と、フィヒテは、エーネジデムスからラインホルトを弁護する。

とはいえ、意識の事実を表現する意識律にあっては、意識が前提されていたことによってむしろ、意識の根拠が必ずしも明確にはされなかった。意識律の表現する意識の事実は、繰り返し「単なる反省によって」(FdpW. 78: Vgl. Beyträge. I, 168 u. FdpW. 87) 明らかになるとされてはいた。しかしながら、「表象は、意識において、主観によって客観と主観とから区別されるとともに、双方に関連づけられるところのものである」(Beyträge. I, 168) という説明では不十分だとシュルツェは見た。〈客観や主観に対して表象が関連するとともに、双方から表象が区別されるということは、意識において現出する〉ということと、〈意識が客観や主観に関連したり、意識が主観や客観から区別されたりすること〉とが、繋がりに欠けているため、〈関連〉と〈区別〉もひとつの表象であるのに、そのことが説明されていないと見なしたのである。「表象という言葉の通常の用法によれば、心情における〈区別立て〉と〈関連づけ〉はどれも、一つの表象作用である。したがって、こうしたことからもう一度、次のことが明らかになる。すなわち、根元哲学において表象作用について言及されている徴標は、〈実際に表象作用を構成していて、用語法に従って表象作用だと呼ばれなければならないすべてのもの〉に当てはまるわけではない、ということである」(Aenesidemus, 87)。

これに対してフィヒテは、客観や主観そして表象なくしては意識を考えることができない以上、それらが意識の概念に含まれていると考えて、〈区別〉と〈関連〉を生ぜしめる「表象そのものの活動」(GA. I-2, 45)、すなわち「意識の能作 (Akt)」(ibid.) に、「客観と主観そして表象が区別され、関連づけられる綜合、しかも最高の綜合であり、ありとあらゆる綜合の根拠」(ibid.) を見定めた。そしてこれを「心情の行為様式 (Handlungsweise)」(GA. I-2, 48) として捉え直す。「〈区別〉と〈関連〉とは表象の客体となり得る。しかも根元哲学においては実際にそうなっていた。しかし、〈区別〉と〈関連〉とは、根源的に表象の客体であるのではなく、表象を生じさせるためには必然的に考えられるべき行為様式 (Handlungsweise) に他ならない。だがその結果、まったくはっきりと明らかになるのは、表象が我々の心情において思惟されるべき行為すべての最高概念ではないということである」(GA. I-2, 48)。意識の事実を表現していた意識律が、意識や表象の存在を前提していたのに対して、フィヒテは、表象作用の根拠を明らかにすることに向かった。

　フィヒテは、「単に形式的であるだけではなく、実在的でもある根本命題」(GA. I-2, 46) を樹立してこそ、「一つの事実を表現するだけでなく、事行 (Tat*handlung*) をも表現できる」(GA. I-2, 46) と考えた。確かに、意識律が曖昧さを残していたにせよ、ラインホルトの「表象能力一般」は「自我」に先駆するものでもあった。ラインホルトは、「〔客観と主観とに〕関連づけられるものが現存しないなら、何も関連づけられ得ない」(Beyträge. I. 173) として、客観および主観に対する表象の先行性を認めていた。

　ところがシュルツェは、「相互に関連づけられるものが何も現存していない時には、何も相互に関連づけられ得ない」(Aenesidemus, 90) と切り返して、表象に対する客観と主観の先行性を認めた。フィヒテは『『エーネジデムス』批評」において反論する。「主観と客観が表象に先行して考えられなければならないのはもちろんである。しかし、ラインホルトがもっぱら問題としている心情の経験的規定としての意識のうちではそうではない」(GA. I-2, 48)。ラインホルトが問題としていた意識を経験的な意識だと見なすことによって、シュルツェの論駁を斥けるとともに、ラインホルトの意識律の意義をも貶める。「意識律そのものの真理性」(GA. I-2, 48) についてフィヒテはこれを認める一方で、『エーネジデムス』の異論はすべて、あらゆる哲学の第一の根本命題としての意識律や、単なる事実としての意識律にあてはまることはもちろん、意識律の新たな基礎づけを必然的にする」(GA. I-2, 49) と結論づけたのである。

「絶対的な主体、〈自我〉は経験的な直観によって与えられるのではなく、知的直観によって措定される。絶対的な客体、〈非我〉は、〈自我〉に対立するものである。経験的な意識のうちで〈自我〉と〈非我〉が現われるのは、表象がそれらに関連づけられるからに他ならない。経験的な意識のうちでは、〈自我〉と〈非我〉は、表象するものと表象されたものとして、間接的に存するにすぎない。絶対的主体、すなわち表象されはしない表象するものと、絶対的な客体すなわち物自体とは、いっさいの表象から独立していて、決して経験的に与えられたものとして意識されることはない」(GA. I-2, 48)。ここに、自我論の概念装置は出揃っている。『エーネジデムス』批評」でフィヒテは、完全で必然的な哲学知の基礎を、「我々の心情のうちに」(GA. I-2, 55) 見出し、「人間の精神の持続する行為様式 (Handlungsweise) の体系」(GA. I-2, 62) の根拠を「自我」に求めたのであった。

内なる確実性から外なる対象の現存在について推論することはできない、これがシュルツェにとって譲ることのできない一線であった。エーネジデムスによる論難を回避するかのように、フィヒテは言う。「問題は、外部から内部への移行について、あるいはその逆についてである。我々が移行を必要としないということ、我々の心情のうちに現われるものすべて、心情そのものから完全に解明され、把握され得るということ、そうしたことを示すのが批判哲学の仕事なのである」(GA. I-2, 55)。

ところがシュルツェは、ラインホルトの言う表象能力について、「表象の現実性の原因にして条件を構成して、いっさいの表象以前に現前している客観的で現実的な何ものかだと理解する以上、まず初めに我々が探究しなくてはならないことは、根元哲学はどうして、そうしたものが客観的に実在することについての熱狂的な知見へと到ったのか」(Aenesidemus, 98) だと疑問を呈していた。だが、こうした解釈は、表象能力をもって、現実的に現存している客観的なものだと解する点で、曲解に他ならなかった。フィヒテは、「『エーネジデムス』批評」で、「〈表象能力〉という言葉を耳に挟むや否や、その表象作用から独立に物自体として、しかも表象活動をしているものとして実在している(……)何らかのものとしか考えられない、そんな懐疑論には少なからず驚かされる」(GA. I-2, 50) と反論、「非常に不遜な独断論を目指している」(GA. I-2, 49) と非難したのである。

3　シュルツェの『理論哲学の批判』と、ヘーゲルの「懐疑論論文」

フィヒテから完膚なきまで批判されたシュルツェは、一八〇〇年八月、『理論哲学の批判(第一巻)』の序文を書き上げた。シュルツェは、この書においても、我々の内面から外的な諸事物を推論しようとする理性の欲求を斥ける。「我々の心情の根源的な仕組みのゆえに我々は、我々の洞察によるとただ制約された様態で実在するにすぎないすべてのもののために、究極かつ無条件的な根拠を、つまりそうしたものを探求することを要求する」(KdtP. I, 21)。ところがそうした無制約な根拠には際限がなく、制約されてあるものの探求は、不完全のまま、きりがないという。これに対して、我々の意識の範囲内に与えられたものについては、その確実性をシュルツェは認める。外的な対象への推論を斥ける一方で、シュルツェは、意識の事実の確実性に立脚する。「我々の意識の範囲内に現前するものとして与えられているところのものの実存は、まったく否定しがたい確実性をもっている。

というのも、我々の意識の範囲内に現前するものとして与えられているものは、意識のうちで現在しているがゆえに、我々はそのものの実存を、意識そのものを疑わないように、疑わないからである」(KdtP. I, 51)。

シュルツェが知の対象としたのは、意識の外部にあるものについてではなく、意識の内部にあるものに限られた。「表象が真であり、実在的であり、ひとつの認識を構成するのは、ひとえに、表象が、〈それの関連するところのもの〉、そして〈それによって表象されるところのもの〉と完全に合致したり、あるいは他ならぬ〈表象されたものにおいて現存しているもの〉を意識に対して突きつける限りにおいてである」(KdtP. I, 68)。ここで語られているのは、表象と対象との一致ではない。表象された客観と表象とが意識のうちで一致することが考えられているのである。なぜなら、「〈表象〉と、〈それによって表象された実存している客体〉との完全な同一性は、(……)完全に断じて不可能である」(KdtP. I, 69)と明言して、いわゆる対応説を斥けるからである。にもかかわらず、日常生活にあっては、表象と表象される事柄との一致は、確実なものとしてたえず前提されていると言ってのける。こうしたシュルツェの懐疑論が、ヘーゲルによって「懐疑論論文」において厳しく批判されたのである。

他方、意識内在主義とも言うべき〈概念〉と〈対象〉、〈尺度〉と〈検証されるべきもの〉、双方が意識そのもののうちにあるという知の構造は、ヘーゲルにとって興味深いものであったに違いない。「対象についての自らの知が果たして対象に一致しているのか一致していないのか、こうしたことが同じ意識に対して生じる」(GW. IX, 59) というのは、まさしく『精神の現象学』における知の構造でもあったからである。

それだけに、古代の懐疑論把握をめぐるシュルツェの迷走はヘーゲルには不可解であっただろう。もちろん、古代の懐疑論の本質は、「懐疑論論文」が繰り返し指摘するように、感性的な認識の相対性を明らかにすることを通して、判断中止へと導き、心の安寧を得ようとするものであった。ところがシュルツェによれば、「感官そのものによって得られた認識は、我々の行為の基礎たることができないほどに、それが不確実で信頼できないとすることなど、懐疑論者の誰にも思いつかなかった」(KdtP. I. 596) という。他方、「懐疑論者たちが攻撃するのは、感性的な認識の確実性についての独断論者たちの学説であり、懐疑論者たちが拒むのは、感覚における客観を媒介として、〈その背後に真にして本来的な独立的に存立している事態 (Sache)〉として見出されるはずだとされるものについて、確実に何らかのことが認識される、ということである」(KdtP. I. 597)。あたかも懐疑論者は物自体を斥けたというばかりの論調なのである。「懐疑論論文」でヘーゲルは次のようにシュルツェを批判する。「懐疑論が攻撃したのは感性的な知覚そのものではなく、単にその背後や根底に独断論者が想定したところの事態にすぎない、と見なす解釈にはまったく根拠がない」(GW. IV. 205)。

シュルツェが古代の懐疑論のテクストを読んでいなかったわけではない。『ピュロン哲学綱要』に則って忠実に、懐疑の自己否定を説いたアルケシラオスを懐疑論から外している (Vgl. KdtP. I. 608Anm.)。それならなぜ、シュルツェは、「古代の懐疑論者たちにおける感性的な認識の確実性への論駁は、徹頭徹尾、〈いっさいの経験の外部にある事物〉についての学へ関わる」(KdtP. I. 598f) と考えたのであろうか。

奇妙な叙述がある。古代の懐疑論者について、シュルツェは、「超越論的な事物の性質について、これを独断論者が認識するなどと言うにしても、それらの性質が独断論者によって主張されるように客観的に実在的であるとか、そうでないとか、何も規定しないし、そこでこうした事物について肯定的な仕方でも、否定的な仕方でも断定しない」(KdtP. I. 607Anm.) と説明しているのである。もちろん、これについてもヘーゲルによって「事物の超越論的性質とはいったい何を意味しているのか、そもそも、事物も事物の性質も存在しないというところに、超越論的なものがあるのではないか」(GW. IV. 210) と批判されている。ここから読み取ることができるのは、シュルツェが懐疑論者の名のもとで攻撃したのは、感性的な感覚や知覚を介して、意識を超えた、もしくは経験の外部の、あるいは現象の根底の「〈本来的な事態として現象の背後に見出されるはずのもの〉との調和を、感性的な感覚の客体に付与しようとする」(KdtP. I. 597) 思弁哲学であったということである。認識の確実性からその対象の実在性を推論することを斥けるという戦術にかけては、シュルツェは、『エーネジデムス』から一貫していたとも言える。そして、客観的な〈真理〉を想定することを忌避するシュルツェは、自らが本当だと〈確信〉する意識に依拠することで、ヤコービに近い立場を構築していたのである。

実際、意識のなかでこそ、本当だと確証できるという立場を貫くシュルツェには、「表象と事態が一致する可能性は、人間的自然の最大の謎のひとつ」(KdtP. I. 70) であった。「理性にとっては、制約されたものが現存しているということは長い間、謎に満ちて、把握されないまま」(KdtP. I. 21) だという。無制約な認識を構築しようとしていたヘーゲルは、こうしたシュルツェの懐疑論を、「意識を超えて出てゆかない哲学」(GW. IV. 202) と総括するとともに、「シュルツェの懐疑論は最も粗野な独断論と一致している」(GW. IV. 214) と非難したのである。

4　シュルツェの「絶対的なものについてのアフォリズム」と「懐疑論的な思考様式の主要契機」

ヘーゲルによって懐疑論の意義は、制約された認識を無化することを通して思弁に到る道程を準備するものとして顕揚されることになる。「有限なものそのものにおいて認識されるべき二律背反から、懐疑論は通常の意識の非真理性を認識する。これが通常の意識がもたらす真理を超える高揚、そしてより高次の真理の予感であるに違いないので、懐疑論は、哲学への第一段階と見なされ得る」(GW. IV, 215f.)。懐疑論は、悟性的な制約を担った認識に対して二律背反を構成して、その真理性を否定する、そうした相対的な認識を破滅に誘う淵であるからこそ、思弁へと高まる理路を拓く契機だと捉えられた。こうした懐疑論把握をシェリングも、一八〇二年夏学期に講じられた『大学における学問研究の方法について』で共有する。こうしたなかでシュルツェは、一八〇三年には匿名の論稿、「絶対的なものについてのアフォリズム」を、一八〇五年には「人間の認識についての懐疑論的な思考様式の主要契機」を発表、ヘーゲルとシェリングに反論を試みたのである。

「ひとは、同一性や無差別性という概念を介して、客観的なものや主観的なもの、存在や思惟を一緒に融合させることによって、絶対的なものを獲得したと思い込んだものであった」(Trans. u. Spek. 339)。この時期のシェリングの同一哲学、さらにはヘーゲルの『差異論文』が念頭に置かれていることは明白である。ただ、シュルツェには、意識や悟性がその制限性を脱して理性へと自らを超出してゆくことが理解できない。悟性的認識の領域は相対性の相貌しか示さないからである。シュルツェは言う。「ひとは、悟性が、悟性から制作された概念を介して、認識を普遍性にまで高め、自らを個別的なものを超えて高揚させる、ということを誇っている。しかし悟性が、この高揚を通して、いささかたりとも相対性の領域を克服することがないということを(……)洞察できているはずだ」(Trans. u. Spek. 341)。悟性は無力であって、「相対性を刻印されていないものを表象することはできない」(Tras. u. Spek. 341) ともいう。それだけにシュルツェにしてみれば、シェリングやヘーゲルが、悟性によって意識にもたらされたものについて、単なる否定態以上のものとして捉え返すことを媒介として、「絶対的なものに近づくことができるなどというのは妄想だ」(Tras. u. Spek. 341) ということになる。

「全系列は、純然たる相対性 (Relativität) から成り立っている」(Trans. u. Spek. 342)。この立場からシュルツェは、へーゲルの理性命題論を揶揄するかのように、原因と結果という概念に論及して、「双方は、相互なくしては無であり、それらのうち一方は常に他方において、自らの支えと存在とを求めている」（Tras. u. Spek. 342）とも言う。悟性によって認識されるものに相対性を免れるものはなく、自立的なものなどないのに対して、シュルツェによれば、「絶対的なものは、変更を蒙ることも、増大することも、減少することもあり得ない。また、存在していなかったものが初めて生成することなどあり得ないし、それであるところのものであることを止めることもあり得ない。絶対的なものは常に、自己自身に等しいままであり、決してある種の存在から別のものへ移行することもない。そして、永遠の静謐なのである」（Trans. u. Spek. 344）。シュルツェにおける絶対的なものとは、超越的でさえある。「絶対的なものは、（……）ただ自己自身に即していて、自己自身によって、自己自身のためにある。絶対的なものは、何も前提しないし、それから区別されるものによって制約されることもない。また、自らに対立するものに関連することもない。むしろ、絶対的なものは、すべての他のものにとって前提されなくてはならないのであって、自分の本質と自分の存在の完全な原理をもっぱら自己自身のうちにもっている」（Trans. u. Spek. 344）。

したがって、シュルツェには、有限で制約を担った認識が、無制約な思弁的な認識へと展開することなど思いもよらない。「対立や関連によってのみ、何がしかを捉えるような悟性にとっては、絶対的なものは、決して客体とはなり得ない」（Trans. u. Spek. 344）。意識は絶対的なものから隔絶されている。「絶対的なものを、〈通常の意識において現出して、悟性とか構想力とかによって表象されるもの〉と比較するべきではない。なぜなら、絶対的なものは、これらすべてから、徹底的に区別されているからである」（Trans. u. Spek. 344）。

その絶対的なものは、認識の及ばない超越的なものであるとはいえ、無媒介的に自らの精神のうちに想定されてもいる。したがってシュルツェによれば、「精神が自らの最内奥へ転回すること」（Trans. u. Spek. 349）が必要だという。「神的にして本当の真なるものには、いかなる表象でも、またその分析でも到ることはなく、まさしく同じように、多くの表象の結合もしくは推論、論弁もまた達することはない。むしろ人は、ただ、直接的な営みによって、絶対的なものとの最内奥での合一によって、絶対的なものを見出すことを学ぶ。人間は神を認識するためには、自己自身を超えてゆかなければならない」(Trans. u. Spek. 348)。精神の内部で絶対的なものに際会するという論述に接すると、真理を自らのうちに求めることによって、むしろ本当だという〈内面的な確信〉へと主観化させてしまう点で、『エーネジデムス』以降のシュルツェの基本的な姿勢が貫かれている思いを新たにする。だが、ヘーゲルにしてみれば、真理の主体化を図るなかで、逆に個別性を脱却して間主観性への地平を切り拓く理路の構築こそが思索の課題であった。

もとよりシュルツェも、絶対的なものへの理路を断念したわけではない。自らの外部に絶対的なものを認識したとしても、それは悟性が無力である以上、絶対的なものについては何ら知ることはできない。自己自身のうちに絶対的なものが現前していると信じ込んでも、夢想でしかない。シュルツェは言う。「理性の人は、絶対的なものを自らの外部にも、自らの内部にも求めない。むしろ彼の努力は、自己自身を絶対的なものにおいて見出そうとすることであり、絶対的なものと自らが統一していることを認識しようとすることである。知的な感情の深淵へ沈潜するなら、そうした人にとって自分の外部や内部の存在はすべて無(Nullität)であって、これは、人が感性や悟性と名づけている我々の精神の無力のために、何か実在的なものであるような外観をもち得ているのである」(Trans. u. Spek. 350)。つまり自らのうちで知性が自らの制約を無にするところに、「絶対的なものへの沈潜を介した精神の浄化」(ibid.) という、シュルツェの哲学の方法が見定められたのである。

「人間の認識についての懐疑的思考様式の主要契機」のうちに、シェリングの『大学での学問研究の方法について』は名指しで、「懐疑論論文」については論文名を挙げずに『哲学批判雑誌』の頁づけ表記のみで、いかにもヘーゲルを軽視する態度で、「絶対的観念論」の「前例を見ないほどの素朴さ（Naivetät）」について非難している箇所がある。「ある命題がやっとのことで理性認識を獲得して、悟性的であるのをやめるのは、その点で合一されている諸概念が相互に廃棄し合い、矛盾し合う時だけである。彼の体系に専売特許の思弁というのは、矛盾対当的に対立し合う諸概念を、矛盾を包括しながら等置することから始まる、というのである」（Tras. u. Spek. 375）。ここで言及されているのは、理性命題論に他ならない。さらにヘーゲルへの侮蔑は続く。「懐疑論の攻撃は、ただひとえに思弁的独断論に対して向けられている。その独断論は、おのれの体系的な夢を最高の知恵だとか学問だとかと僭称して、そして弁証法という小技によって、世界の物事をひっくり返すか、それともこれらの物事についての懐疑論の自然的な考え方をひっくり返そうとするか、いずれかによって、人間精神をいっそう豊かに洞察させようというわけである」（Trans. u. Spek. 382）。

こうしたヘーゲルへの反批判以上に、ヘーゲルに、シュルツェに対する再反論へと駆り立てたと思われる箇所がある。断章五〇の次の文章である。「懐疑論はむしろ、それについての我々の洞察によれば、ひとつの閉じられた全体であって、それは自分自身を、そしてそこで説かれた普遍的な不確実性を超えてゆくことはできない」（Trans. u. Spek. 383）。意識の自己超出のひとつの契機として、懐疑を理性の否定作用のうちに位置づけようとしたヘーゲルにとって、懐疑論は閉じられた完結したものであってはならない。むしろ思弁的理性へと開かれていなくてはならなかった。その際に重要になるのは、〈ああとも言えるし、こうとも言えるので、どちらとも言えない〉という懐疑論の否定作用から、自己否定を経て、思弁的理性に到る「自己関係」の理路である。その核心になるのが、懐疑する意識そのものの確実性まで否定するような徹底的な懐疑を理性そのもののなかに導入することであった。だからこそヘーゲルは「懐疑論論文」で、典拠としていた『ピュロン哲学綱要』の記述をあえて曲げてまで、中期アカデメイア派の代表者であるアルケシラオスの思想を懐疑論だと強弁したのであった。ところがシュルツェは懐疑論を、自己自身を超えてゆかない完結したものだと捉えた。『精神の現象学』での有名な叙述、自然的意識から学へと到る意識自身の教養の歴史は、「疑いの道程と見られるかもしれないが、より本来的には、絶望の道程である」(GW. IX, 56) として、「自己実現する懐疑論」(ibid.) だとされた。その背景に私たちは、一八〇五年のシュルツェの懐疑論把握に対するヘーゲルからの再批判の意図を見ることができるのである。

結語　シュルツェと、ヘーゲルの『精神の現象学』

イェーナ時代初期においてヘーゲルは、暫定的に当面、さしあたり哲学を始めることを繰り返し徹底的に批判するとともに、いわば哲学をもって哲学を始めることを求めていた。ところがシュルツェは、「自分の純粋な統一を統覚する精神にとって、つまりはその精神の最内奥で絶対的なものそのものと一致していることが啓示される」(Trans. u. Spek. 349) と、「汲み尽くせない深淵 (Abgrund)」(Trans. u. Spek. 349) とも言うべき精神独自の中心点で、絶対的なものが無媒介的に照らし出される、というのである。

シュルツェの思索は、ヘーゲルにしてみれば、シェリングのかつての同一哲学と輻輳して見えたのかもしれない。『精神の現象学』では、周知のように、本来の知になるために精神は、「長き道程を耐え抜いて労苦しなければならない」としたうえで、「ピストルから発射されでもしたかのように、無媒介的に絶対知から始める感激」

(GW. IX, 24) を斥けている。

シュルツェは言う。「絶対的観念論者が自らの哲学的営為を営まざるを得ないのは、没意識的状況であるが、そうした意識がないという状態の力を借りてでもして、絶対的観念論者が、そこですべてのうちにすべてを見たとか、自らを絶対的なものと同一であると洞察したなどと思い込むことがどのようにしてできたのか分かるとしても、絶対的な観念論者があの夜闇 (Nacht) の奇跡について、目覚めていながら語ることができたのはどうしてかという謎は残ったままである」(Trans. u. Spek. 378)。シュルツェの二つの論稿で繰り返される「無」や「闇夜」のメタファーは、ヘーゲルを十分に辟易させたであろう。それは、「絶対的なものの反映かそれとも無か」(Trans. u. Spek. 352)、という二元論的な発想にシュルツェが立っていたからに他ならない。絶対的なものに到るにも自らを無にしなくてはならず、絶対的なものではない世界も無に等しいという。

「絶対的なものに対抗している無は、しかし、単に相対的で部分的な、〈でない〉だと見なされてはならず(……)、むしろいっさいの実在性の全面的な欠如を構成している。無の生成とは、その本質について語ることが許されているのなら、無とは云々と語ったり表象したりできるものを、すっかり完全に奪われているところに存立している。(……)それは単なる夜、闇である。なぜなら、光の尽きるところから、闇が始まるからである」(Trans. u. Spek. 351)。こうしたシュルツェの叙述に接するに、『精神の現象学』でのよく知られた叙述、「自らの絶対的なものを、言い習わされているように、すべての牛が黒くなる闇夜だと言い立てることは、認識の空虚さを示す素朴さ (Naivität) である」(GW. IX, 17) を想起せざるを得ない。自らに向けられた「素朴さ」という言葉を用いて、ヘーゲルが意趣返しを行なった相手は、巷間言われてきたシェリングの同一哲学ではなく、シュルツェだったのではないだろうか。もちろん、シュルツェは絶対的なものを無から切り離してはいた (Vgl. Trans. u. Spek. 355)。だが、シュルツェにとって絶対に確実なものは、シュルツェ自身も無だと言う意識の事実に他ならないことを剔抉したのが、ヘーゲルに他ならなかった。

ヘーゲルに先駆けて、『エンツュクロペディー』という名の書物が一八一四年に刊行された。著者はシュルツェその人であった。一八一八年、一八二四年と版が重ねられている。「古代の懐疑論は、単に、往時の独断論者たちが学問においてなした努力の挫折に基礎づけられているだけではない。むしろ、我々の本性の仕組みにすべての人間の認識が依存していることを引き合いに出すことによって、正当化されるものであった。本性の仕組みに依存することで、人間の認識は、ただ何か主観的に妥当するものとしてしか、見ることができない。これに対して近代の懐疑論は、自らの攻撃を、とりわけ形而上学に向けて、哲学のこの部門の学説の基礎づけに応用される諸原理の不確実性を提示しようとする」(EdpW. 17f.)。こうしたシュルツェの懐疑論把握に接してヘーゲルは、そもそも懐疑論の徹底化をもって哲学への緒論と捉えるのでは具合が悪いとの思いを強くしたに違いない。『精神の現象学』の「体系」における位置づけ、意義づけに、終生ヘーゲルが思い煩った要因は、シュルツェへの再反論という意図が『精神の現象学』に込められていたにもかかわらず、シュルツェが切り拓いた意識内在主義を骨格としていたから、そして絶対知を目指しながらも真理を主体化しようとする枠組みの書物であったから、と見ることもできよう。

註

(1) この件については、本書第一章「信念と懐疑――ヤコービによるヒュームへの論及とドイツ観念論の成立――」を参看賜りたい。

付　記

本稿の成稿にあたり、Kurt Rainer Meist:»Sich vollbringender Skeptizismus«. G. E. Schulzes Replik auf Hegel und Schelling——拙訳「自己実現する懐疑論——G・E・シュルツェによる、ヘーゲルおよびシェリングに対する再反論」（理想社刊、高山守・藤田正勝監訳『論争の哲学史——カントからヘーゲルへ』所収）から多くの教示を得た。

第九章　精神と世界――歴史的世界を創建する神話としての超越論的観念論

はじめに

「自由で自己意識をもった実在とともに、同時に、全世界が――無から立ち現われる」（SW. I. 234）。これは、ドイツ観念論の思索のモチーフが象徴的に散見される「ドイツ観念論最古の体系プログラム」に見られる言葉である。この断片では、ポエジーが「すべての学問や芸術を超えて生き延びる」ところに、「人間の歴史にとっての諸原理」（SW. I. 235）が捉えられるとともに、「啓蒙されたものと啓蒙されないものとが一緒になる」ために「哲学が神話的にならなければならない」（SW. I. 236）として、「新しい神話」の創出が求められていたことで知られている。「新しい神話」については、シェリングが『超越論的観念論の体系』（一八〇〇年）の掉尾でも論及している。F・シュレーゲルもまた、「文芸についての対話」（一八〇〇年）で、「新しい神話」を共有する必要を訴えている。近代も啓蒙を経た世紀の転換点にあって、「新しい神話」が求められたのは、なぜだったのか。

本章は、F・シュレーゲルの唱えた「新たな神話」の創出とは、超越論的観念論を構築することであって、シュレーゲルにあっても、そしてシェリングにあっても、体系の構築を通して歴史的世界を創建することが試みられ、そこに自己意識の歴史も重ね合わされて捉えられたことを確認したい。そのうえで、そうした試みが、量的な蓄積モデルで進歩を捉える近代の進歩思想に対して、歴史的展開の自覚化を求める形で、近代の超克を図ろうとする思潮の理路のなかで企てられたことを明らかにすることを目的とする。

1　F・シュレーゲルにおける観念論の構想

『アテネーウム』に発表された「文芸についての対話」でF・シュレーゲルが、新たな神話を生み出す時期に来ていると主張したのは、当代の文芸に中心点が欠けていると見たからであった。もとより、その神話は古代世界における神話とは違うものだとシュレーゲルは見ていた。若々しい空想の最初の開花だった古代の神話が、感性的な世界の最も生き生きとしたものに即して形成されたのとは「反対に、新しい神話は、精神の最も奥深い深淵から汲み上げられて形成されなくてはならない」(KFSA. II, 312) というのである。そしてこうも述べている。「新しい神話というものが、精神の最も内奥の深淵からのみ、自己自身を通して生み出されるように作り出されるというのなら、私たちが求めているものにとっての非常に重要なヒントと注目すべき確証がこの世紀の偉大な現象のなかに見出される。すなわち観念論のうちに！である」(KFSA. II, 313)。観念論は、神話と同じように、「いわば無から生成するのと同じ仕方で生成し」(KFSA. II, 314)、人間の力はあらゆる方向へとますます展開しつつ拡大しながらも、「帰路を決して見失わない」(KFSA. II, 314)。そうした知的な営みの中心点としての役割を託された超越論的観念論によって人類が、自らの「時代の密やかな連関や内面的な統一」(KFSA. II, 314) に想到することを通して、学問・芸術に「大いなる革命」(KFSA. II, 314) がもたらされる、とシュレーゲルは考えた。

「帰路を決して見失わない」ということは、超越論的観念論にあっては、低次元の意識から精神の高みへと知の旅路が叙述されるとともに、知に到って初めて知に到る道程も知の存立機制であることを確証するという循環構造になっていることに他ならない。そして神話を端緒として歴史が発生し、建国神話を中心にその国民が歴史を生きてきたように、知の成立過程を通して観念論は、「時代の密やかな連関や内面的な統一」について示唆する。ここからも、体系構成と歴史的展開とが重なるという観点を、看て取ることができよう。

実際シュレーゲルは一八〇〇年の、イェーナ大学における「超越論的観念論」講義で、こう述べていた。「哲学は無限なものの意識を問題とします。哲学が無限なものを没意識的だと見るならば、哲学は最も深い深淵へと沈み込みます。哲学が無限なものを、意識しながら見るならば、哲学は、人間精神が到達しうる最高の高みへと上ります。

哲学の傾向は絶対的なものへと向かいます。ここから明らかになるのは、以下のような、哲学にとっての二項目です。(1)すべての人間のうちで、無限なものへの憧憬(die Sehnsucht nach dem Unendlichen)が展開されるべきである。(2)有限なものの仮象は、無化されるべきである。そしてそうするためには、あらゆる知が革命的な状況へと措定されなければならない。

意識は歴史です。規定されたものを規定されないものへと還帰させることが、さまざまな時期を包括し、あるいはまた創り出しもします」(KFSA. XII, 11)。

「文芸についての対話」でシュレーゲルが観念論を神話に擬えたのは、意識が知を確証することを通して知のうちで歴史的世界を創建しようとする試みを、超越論的観念論として構想していたからに他ならない。すなわち、超越論的観念論は、体系の完成が歴史的世界の完成でもあるような学として構想されたのである。

もとよりシュレーゲルの「アテネーウム断章」の三二五には、「歴史は生成している哲学であり、哲学は完成した歴史である」（KFSA. II, 221）とある。「イデーン断章」の一三〇では、「世界と一つになっている者だけが、自己自身と一つになることができる」（KFSA. II, 269）と語られている。いずれからも、哲学に歴史の完成を見定める観点を看て取ることができる。したがって超越論的観念論は、歴史意識を知へと体系化したものであったとも言えるかもしれない。

世界の体系化に自己意識の歴史を重ねて捉える企てはシェリングにあっては、『超越論的観念論の体系』で打ち出される。「自己意識においては無際限な葛藤があるので、全体的に直観しようとしても無際限な課題の対象となるような、無限な行動――（もしその課題が完全に解決されたなら、客観的世界の全関連ならびに自然のあらゆる規定が、無限に小さなものに到るまで、我々に明らかになるに違いない）――が、我々が出発する一つの絶対的な作用において合一され、凝縮されている」（Sch. II, 398）。そこで「哲学が、さまざまな異なった時期（Epoche）をもっている自己意識の歴史であって、これを通して一つの絶対的な綜合が継起的に組成される」（Sch. II, 399）ために、シェリングは、「客観的世界が私たちの内なる表象に、そして私たちの内なる表象が客観的世界に同時に適合」するような、「理念的な世界と実在的な世界という二つの世界の間の予定調和」（Sch. II, 348）を前提する。

このように語られる『超越論的観念論の体系』の思想的な萌芽は既に、「最近の哲学的文献の概観（Allgemeine Übersicht der neuesten philosophischen Literatur）」（一七九七～九八）において散見される。精神の活動を精神の生成過程のなかで捉えて、これを物語ることが哲学に課せられた。「精神は超越論的哲学において、世界とともに生成し、成長する」（Schelling. I4, 130）とされたのである。

シェリングやシュレーゲルの超越論的観念論の構想にあっては、精神の自己認識において無限なものを意識することが目指されるとともに、そうした学の完成が、歴史的世界の総括にもなると見込まれていたことを確認しておきたい。言うなれば、シェリングやシュレーゲルは、歴史的世界を知のうちに創建する神話として、超越論的観念論を構想したのである。「精神のすべての活動は、それゆえ無限なものを有限なものにおいて叙述することに向かう。このすべての活動の目標は自己意識であり、この活動の歴史が自己意識の歴史に他ならない。(……)それゆえ人間精神の歴史は、それを通して精神が次第に自分自身を直観し、純粋な自己意識へと到るさまざまな状態の歴史に他ならないであろう」(Schelling. I4, 109)。シェリングにおけるこうした発想を歴史意識と捉えるなら、それは、ヘーゲルの『精神の現象学』にまで波及したことについては論をまたないであろう。

2 超越論的観念論の意味の変遷

翻ってみるに「超越論的」の意味は多義的である。例えば、ヤコービとメンデルスゾーンの間のスピノザ論争において焦点の一つとなったレッシングの『人類の教育』七三節で用いられている「超越論的」はむしろ、伝統的な意義、すなわち範疇を超えているという「超越疇」の意味に照らしてこそ理解され得よう[(1)]。「三位一体論が人間悟性を限りなくああだこうだと惑わした挙句、結局のところ神は有限な諸事物が一つであるという意味で一つであることはできないということを、すなわち神の統一はある種の数多性を排除しない超越論的統一(eine transzendentale Einheit)でもあるに違いないということを、認識する途上にまで連れてきただけであったなら、どうだろう?――神は少なくとも、自分自身についての完全な表象を、すなわち神自身の内にあるすべてのものを含み込んでいる表象をもっていてはいけないのか？」(Erziehung des Menschengeschlecht. §73)。

これに対してカントは、『純粋理性批判』で超越論哲学を次のように規定した。「私が超越論的と名づけるのは、対象に関する認識ではなくて、むしろ私たちが一般に対象を認識する仕方――これがア・プリオリに可能である限り、――に関するすべての認識のことである。するとこうした概念の体系は、超越論哲学と呼ばれてよい」(KdrV, B25)。

だが、「超越論哲学」についてのカント的な意味に照らすなら、シェリングやシュレーゲルにおける超越論的観念論は、必ずしもおさまりが良いとは言えない。シェリングやシュレーゲルにおける超越論的観念論をカントにおける超越論哲学の意味から際立たせて、特徴づけるのは、体系の展開に歴史の展開が重ね見られたこと、そしてそうした展開が意識に内面化されて知の展開となったこと、という二つの要素だと見定めることができよう。管見するに、新たな「超越論的観念論」の構想は、ロマン派の思想圏においてフィヒテを媒介として生じたように思われる[2]。たとえばさしあたり、シュレーゲルがフィヒテを読んだ際に、そうした二つの要素を吸収したふしを看て取ることができるのである。

一七九五年八月一七日にF・シュレーゲルは兄のA・W・シュレーゲルに宛てて次のように書き送っている。「現在生きている最も偉大な形而上学の思想家は非常に大衆的な著作家です。そのことを君も、レーベルクが槍玉に挙げられた有名な『フランス革命について大衆の判断を正すための寄与』から分かるでしょう。『学者の使命』でのこの人の魅惑的な雄弁さを、シラーの様式化された美辞麗句と比較してごらんなさい」(FiG. I, 297)。つまり、フィヒテの『フランス革命について大衆の判断を正すための寄与』(一七九三年)と『学者の使命』(一七九四年)をF・シュレーゲルが読んで、感激していたのは確かである。

『学者の使命』の第五講義は「人類の福祉に及ぼす芸術や学問の影響についてのルソーの主張の検証」と題されている。そこでフィヒテは次のようにルソーの『学問芸術論』を批判する。「私は人類の使命を、文化の絶えざる進歩（Fortgang）と、人類の素養と欲求のすべてが一様に持続的に展開するところ（Entwicklung）に措定しました。私は、進歩についてそしてこうした展開が一様であることについて監視しなければならない階級に、人間社会における非常に名誉な地位を割り当てたのです。／この真理にルソーほど、はっきりと、一見理由がありそうなまでに、力強い雄弁をもって反対した人はいません。ルソーにとってみれば、文化の進展（Fortrücken）こそ、どんなものであれ、人間が堕落する唯一の原因なのです」（GA. I-3, 60）。進歩史観の立場からフィヒテは、ルソーに対してその矛盾を衝く。自然状態を抜け出ていたからこそ、人間の意識が教化されたことによって習俗の純化が取りざたされるにもかかわらず、ルソーは、あたかも自然状態にこそ美徳があるかのように誤った推論を行なったというわけである。そしてフィヒテは自らの知識学が優れていることを、次のように説明する。「一定の知識に達するために進まなければならなかった道程全体を概観するようになると、この道程から逸れて間違った意見に通じる脇道も簡単に見えるものです。すべての迷っている人に、その人が迷い出た地点をいともはっきりと指摘することなど実に容易でしょう」（GA. I-3, 59）。

すなわち、フィヒテは知識学を、知識に到るための道程として位置づけていたと、読者であるシュレーゲルが読み解いたとしても、ことさら不思議なことではない。しかもフィヒテは、「人間が自己自身と完全に一致すること」（GA. I-3, 31）を「人間の究極の最高の目標」（ibid.）と見定めるとともに、「この目標に限りなく近づくことが、人間としての、つまり、理性的ではあるが有限な存在者として、感性的ではあるが自由な存在者としての彼の本当の使命です」（GA. I-3, 32）と言う。こうして自己自身との完全な一致という「完全性（*Vollkommenheit*）」に向けて「限りなく完全にしていくこと」(ibid.) をフィヒテは求めたのである。こうした論点から、シュレーゲルが、体系の完成に自己自身の完成を重ね合わせて捉えたうえで、そこに歴史的な発展をも織り込む構成を読み取った、ということは、十二分にあり得たことであったに違いない。

『フランス革命について大衆の判断を正すための寄与』の「序文」に次のような論述がある。「世界におけるあらゆる出来事は、人類の偉大な教育者が、人類にとって知ることが必要なものを、世界の出来事に即して人類が学ぶために編成した教訓に満ちた画集であるかのように私には思える。人類はこれらの出来事からそのことを学ぶ、というのではない。私たちは、世界の歴史全体のなかで、私たち自身が前もって投げ込んで・読み取って (hineinlegen) いなかったものを見出すことは決してない。むしろ人類は、現実の出来事を評価することによって、人類自身のなかにあるものを比較的楽な仕方で自己自身から展開する、ということなのである。だからフランス革命は、人間の権利と人間の価値という偉大なテクストについての豊かな絵画であるように私には思える」(GA. I-1, 203)[3]。こうしたフィヒテの論述に接して、世界史という外面的な出来事が、人間自身の内面から展開されたものに他ならないとされているとシュレーゲルが理解したと、推測することも十分に可能であろう。加えて、我々が歴史のなかに見出すものは、予め歴史のなかに投げ込んで、読み取っていたものだという〈循環〉をも、シュレーゲルは看て取ることができたであろう。

シュレーゲルはこうして、フィヒテから、体系の展開に歴史の展開を重ね見ること、そしてそうした展開が意識に内面化されて知の展開となること、という超越論的観念論の新たな構想を特徴づける二つの要素を吸収したと考えられるのである。

3　シェリングにおける精神の自己形成

超越論的観念論の構想を下支えしているシェリングにおける歴史意識は、近代の進歩史観に対抗するなかで形成されたと見て間違いない。なぜなら、ベルリンの王立アカデミーが一七八八年以来募集していた懸賞論文、「ライプニッツやヴォルフの時代以来、ドイツで形而上学は何を獲得してきたか？」に入選したラインホルトやシュヴァーブらの哲学史観に対する批判のなかで、シェリングは、自己意識の歴史について把握を深めることになったからである。量的な蓄積モデルの進歩史観に対して、世界の自覚化モデルと言ってよいかもしれない。あるいは、新旧論争にコミットするなかで、単なる進歩史観を克服するのと相俟って超越論的観念論の構造が形作られたと見てよいかもしれない。

懸賞論文「ライプニッツやヴォルフの時代以来、ドイツで形而上学は何を獲得してきたか？」は、まさしくタイトル通り、〈進歩〉の理念に基づいた提題であった。これに入選した、ラインホルトやシュヴァーブ、そしてアビヒトの論稿は、一七九六年に刊行されていた。一七九七年に刊行された『哲学雑誌』第五巻第四分冊には、シェリングが連載していた「最近の哲学的文献の概観」のなかに、「懸賞論文の校閲」と題された一章があって、ここでラインホルトやシュヴァーブに対して論評が加えられたのである。

シュヴァーブは、「形而上学的な思弁を、ヨーロッパの他の国民がほとんど諦めた時代になおも考え続けている」（Preisschriften, 3）ドイツの思想家たちを、古代ギリシアの思想家たちに擬えていた。それに対してシェリングはまぜっかえす。「今日では、こうした所見をしばしば聞くことができる。それも、とりわけ哲学に好意的でないことに自分なりの理由をもっている人から、そして模倣への執着や自分自身の力への不信が自分たちの間からなくならないようにするために、自分たちの不利になるように、自らの国民を古代の諸民族や近代の諸民族と比較することに飽きない人々から、聞くことができる」(Schelling, I4, 95)。シェリングが新旧論争を念頭に置いていて、古代と近代とのどちらが優れているかと比較することなど無意味だと考えていることは明らかである。〈古代か近代か〉という対比からは、相対的な比較に基づいた一方的な絶対化しか出てこない。シュヴァーブによれば、「同一律や矛盾律をライプニッツは必然的な真理の基礎だと見なしたが、それらは、周知のようにアリストテレスにおいて既に見出される」(Preisschriften, 10) という。シュヴァーブは、哲学史のうちに、「文字」として残されている典拠に基づいて、「先行者 (Vorgänger)」(Preisschriften, 10) を求めようとした。これに対してシェリングのシュヴァーブ批判の要諦は、彼ほどのライプニッツの賛美者にしてライプニッツ哲学の精神を伝えていない者はいない、という点にある。「我々の間では、哲学でさえも博識の対象になっていて、ときおり哲学に対して関心を抱く大多数の大衆は、常に精神 (Geist) よりも文字 (Buchstabe) にこだわっている」(Schelling, I4, 96)。シュヴァーブの論稿を通して全般に見られるのは、「哲学の諸体系を、その精神に従って、全体において評価するというのではなく、それらの個々の根本命題の文字に従って評価するという手法」(Schelling, I4, 97) に他ならないとされる。シェリングによれば、「このやり方では、哲学の歴史はその本来の興味・関心を喪失する」(Schelling, I4, 97) というのである。

　この点、ラインホルトは、「文字」ではなく、「精神」によって哲学の歴史を認識するという観点を打ち出していた。「ライプニッツ哲学の真正な精神だけは、その文字をまったく捨て去った時でも常に作用し、それも非常にはっきりと作用し続けた」(Preisschriften, 183)。ラインホルトの見るところ、形而上学はライプニッツやヴォルフ以来、「かなりの進歩」(Preisschriften, 183) を遂げ、バウムガルテンによって、ライプニッツ—ヴォルフの学説は「完全性の段階」にまで高められ、形而上学そのものという呼称に改められて良いようになった、という。ただ、「形而上学のさまざまな教科書において、いろんなセクトのさまざまな学説が、哲学的にというより歴史記述的 (historisch) に、探求的にというより物語的 (erzählend) に論じられた」(Preisschriften, 174) と捉えていた。

　これに対してシェリングは、ライプニッツの天才的な精神を、「さまざまな意見のカオスのなかから(……)合法則性や調和を示すことのできる『視野の中心点』」(Schelling, I4, 98) に見定めた。こうした視座をもって初めて、「すべての個別的な体系に、たとえそれらが互いに対立し合っているにせよ、人間の知そのものの体系のなかで連関と必然性とを与える普遍的な体系の理念」(Schelling, I4, 98) に通じるようになることをシェリングは強調する。シェリングは、解釈する際に「精神」に依拠することによって、哲学の歴史を、人間精神の展開として捉えることができると考えていた。[4] 精神の自己認識の過程が、歴史的世界の把握に重なる。「外的な世界が私たちの眼前に開示されているのは、そのなかでこそ私たちの精神の歴史を再び見出すためなのである」(Schelling, I4, 110)。こうしてシェリングにあっても、知の体系化へ向けての精神の展開が、歴史的な展開と重ね合わされたのである。「精神はただ生成においてのみ存在する。あるいはむしろ、精神はそれ自身、永遠の生成に他ならない。(そこから、予め死せる物質から生ける自然の理念に到るまで、進展するもの、我々の知の進歩的なものが把握される。)それゆえ精神は、自分自身にとって客体であるのではなく、むしろ客体になるべきなのである」(Schelling, I4, 86)。こうしてシェリングにあっては、精神そのもののうちに精神の自己知を可能ならしめる条件や境域を探求するための、精神の自己生成過程として、知の体系が構想された。「予め萌芽 (Keim) のなかに合一されていなかったものは萌芽から展開されることがないように、哲学においては、予め精神そのもののうちに（根源的綜合によって）現存していなかったものは、（分析によって）生成することはできない。それゆえ、体系という名前に値するような個々の体系のすべてを貫いているのは、共通の支配している精神である」(Schelling. I4, 98)。

逆に言うなら、歴史が内面化されて知の体系となる。「哲学における進歩はすべて、展開による進歩である。それぞれの体系は、体系という名に値するものなら、萌芽と見なされうる。その萌芽は、ゆっくりと次第次第にではあるが、たえず、いろんな方向に向かってきわめて多様な展開をするなかで、自らを形成してゆく。一度、哲学の歴史のためにそうした中心点を見出した人だけが、哲学を本当に、そして人間の精神の尊厳に則って記述することができるのである」(Schelling. I4, 98f.)。

知の体系化のなかで歴史を捉えたシェリングにあって、歴史は、有機的に〈展開〉するものであった。それは、単なる羅列にすぎない〈列挙〉でもなく、連関のない〈変化〉でもなく、また、外的に成果が付け加わる〈蓄積〉でもなかった。歴史を、精神の〈展開〉を通して、すなわち「内的な原理によって内面から有機的に形成」(Schelling. I4, 99) することを、シェリングは目指した。こうして歴史的な生成が知の構成と重ね併せに捉えられたのである。しかも精神のうちに内化させられることになる。「超越論的哲学は、いっさいの客体的なものを、予め、現前しないものだと見なすのであるからして、その本性上、〈生成して生き生きとしているもの〉に向けられている。なぜなら、超越論的哲学は、その第一の原理において生成的であって、そして精神は超越論的哲学において、世界とともに生成し、成長するからである」(Schelling. I4, 129f.)。超越論的哲学が、知に向けた精神の形成を叙述するとともに、世界の完成をもたらすからこそ、「体系とは、自己自身を担い、自己自身のうちで完結している、そうした全体のことを意味している」(Schelling. I4, 127) とされる、超越論的哲学は言わば、哲学知に導くきざはしにして、哲学体系を歴史的世界の最先端で支える根拠となることが期待されたのである。

シェリングに見られるこうした歴史意識に通じるものをヘーゲルのうちに探すなら、さしあたり、一八〇五年以来講じられることになる『哲学史講義』における歴史の理念に逢着する。すなわち、「さまざまな哲学は、それ自身を意識するに到る理性の必然的な発展段階なのである」（EGdP, 123）という論述は、哲学史の講述を俟って哲学の歴史が完成して、個々の哲学が一つの哲学に総括されるという把握に裏打ちされている。こうした発想は既に、一七九七年ごろ、シェリングが抱懐していたものに他ならない。しかし、そこには、知の成立を跡づける過程もまた知、という循環が残る。超越論的観念論はそうした〈循環〉を引き受けてこそ成り立つものであった。

4　歴史を生み出すところに神話があり、歴史の尽きるところに哲学が成り立つ

〈自らを知るに到る〉以前の過程を〈歴史〉として捉えるという把握もシェリングにはあった（Vgl. Schelling, I-4, 189）。そして歴史の誕生の場所を、「神話」（Schelling, I-4, 189）と呼ぶのである。『超越論的観念論の体系』でも次のように述べられている。「神話（Mythologie）は、本能の支配から自由の領域への第一歩をもって、黄金時代の喪失をもって、言い換えるなら堕罪もしくは選択意志の最初の発現をもって、歴史を始めさせている」（Sch. II, 589）。すなわち、シェリングやヘーゲルにあって〈歴史〉が問題とされたのは、〈歴史〉そのものが重要だと考えたからではなく、〈精神の自己知〉を生み出す過程と見なされたからに違いない。ということは、哲学知が成立する以前の、そこに到る過程が〈歴史〉として残されたと見ることもできる。

一七九八年になって発表された「最近の哲学的文献の概観」のうちに、「歴史の哲学は可能であるか？」と題された一節がある。「語源によると、歴史は、生起したことの知見である。それゆえ、歴史が対象とするのは、存続するもの、持続的なものではなく、むしろ、変化するもの、時間において進展するものである」(Schelling. I4, 183)。したがって、生起したものの総括こそが、歴史の客体たり得る。そうした総括をシェリングは、「自然」(ibid.) だとする。「自然の本質としての人間にもふりかかったようなこれらの出来事のすべてが、自然の現象としてではなく、むしろ、自然の結果として、歴史の内に受容される」(Schelling. I4, 183f.)。人間に「ふりかかった出来事」、というのは、人間が予め知るに及ばなかった出来事である。それに対し、自然現象だと見なされている出来事は、人間にとって生起し得ることが知られている現象である。日蝕や彗星の接近は計算できて予測され得る以上、歴史の対象ではない。日々の星の運行や潮の干満、火山の爆発の周期など「定期的 (*periodisch*) に合法則的に反復しているように人には見える出来事は、たとえ人がこの反復の規則を洞察していないにせよ、(その規則のあることを前提している以上) 歴史には属さない」(Schelling. I4, 184)。

人間が知るに到っていない点に、歴史的である所以が帰せられる。シェリングは、〈歴史〉を、知るに到る過程として、生きられるものとして捉えている。「我々の知の限界が拡大すればするほど、歴史の限界は狭まってゆく。(それゆえ、多くの人にあって、その人の歴史物語的な知見の領域は、その人の本来の知の領域と反比例している)」(Schelling. I4, 189)。言い換えれば、歴史は、知に到って初めてそこに自覚されるものだと言えるかもしれない。したがって、シェリングにしてみれば、〈歴史〉を生きるということは、〈知〉を実現する途上にあるということであって、〈歴史〉を完成した時こそ、〈歴史〉の終焉であり、ここから〈知〉が始まるのであった。〈知〉が必然的で自覚的であるのに対し、シェリングは、〈歴史〉を偶然的な出来事の領域にのみ限定する。

「我々がア・プリオリに規定できないすべてのものは、我々にとって歴史に属する」(Schelling I4, 189)。言うなれば、歴史は、経験を通してそれを知って、再構成する人間にとって初めて、単なる過ぎ行く時間ではなく、歴史として物語られる。だからこそ歴史は書き換えられもする。「意図としては、たとえば、詩人は、歴史でないものを歴史にする、すなわち、必然的な出来事を、彼は偶然的なものとして叙述するのである」(Schelling. I4, 189)。自然的な時間のうちで生じた出来事は、人間が自ら初めて紡ぎ出す物語として再構成され得てこそ、歴史として生み出されると言っていいのかもしれない。

しかし、そうであるからこそ、「歴史の哲学が、ア・プリオリな歴史の学問としてある限り、歴史の一つの哲学というのは不可能である」(Schelling. I4, 190)。ア・プリオリな学としての歴史哲学は、その存立可能性を否定される。このことは、逆に言うなら、経験的な実践哲学としての歴史哲学の可能性は残された、ということになろう。『超越論的観念論の体系』における次の叙述も、そうしたことを裏づけている。

「歴史は、絶対的合法性とも、また絶対的自由とも両立しないまま、むしろ、ただ一つの理想が、無限に多くの逸脱のもとに、なるほど個々のものではなく、全体が理想と一致するように実現されるようなところにこそある」(Sch. II, 588)。このような全体の進歩を構成するものをシェリングは、種(Gattung)の性格を担っている存在者に捉える。「理想は、決して個人によってではなく、むしろひとえに種によってのみ遂行され得るものであるが、そうした理想を自らの前に掲げている存在者にとってのみ、歴史は存在する」(Sch. II, 589)。確かに、私たちには理想や目標を意識してこそ、歴史を生きる意味が明らかになる。しかし歴史は既に、個人に担いきれるものではない。超越論的観念論は、個人のそうした制約を超越する過程を、知のうちに歴史的世界を創建することを通して明らかにする営みであった。もとより、その知は、個体的な制約のある知を脱するまでは、「仮定的に(hypothetisch)」

「暫定的に（provisorisch）」「当面（vorläufig）」「さしあたり（vorderhand）」、知と見なされる物語なのである。

ヘーゲルは、有限な意識をもって哲学の端緒とするような、こうした意識の哲学の方法論を、『差異論文』の表現を用いるなら、哲学への「助走のための助走」（GW. IV, 83）に他ならず、哲学を論理学に還元する（Vgl. GW. IV, 83）営みだと見た。しかし、いきなり哲学知から哲学体系を始めるわけにはゆかない。イェーナ時代の講義でヘーゲルは、こう語ったとも伝えられている。「フィヒテの知識学もシェリングの超越論的観念論も、双方いずれも、論理学もしくは思弁哲学を純粋にそれだけで叙述しようとする試みに他なりません。（……）シェリングはなるほど、フィヒテ哲学から出発して、しかものちにこの立場を止揚しもしました。しかし、思弁哲学そのものに関しては、これらの試みでは、それ以外のものは何も重要ではなかった、という意識を持ち合わせていなかったようですね。シェリングは、その後の哲学観においては、思弁的理念を樹てはしますが、理念そのものにおける展開を欠いたまま、一般的に提示しているだけです」（GW. V, 472）。そこで、意識が知を確証する過程を叙述する超越論的観念論の構造に、理念の「展開」行程を組み込んで成立したのが、『精神の現象学』であったことには論を俟たないであろう。『精神の現象学』の精神章は、まさしく歴史的世界を知のうちで創建する試みなのであった。

結語　精神の解釈学？

精神の自己知に到る過程を歴史的世界の把握に重ね合わせて叙述する超越論的観念論のストラテジーは、ヘーゲルの他の著作からも看て取ることができる。『哲学史講義』でこう論じられていた。「歴史が物語るものは、ある時には存在したけれど、他の時には消失し、他のものによって駆逐されたものです。真理は永遠であるというところから出発するなら、真理は過ぎ去り行くものの領域には現われませんので、真理は歴史をもちません」(EGdP. 14f.)。時に応じてさまざまに物語られる領域には、真理がないとするなら、真理はどこに現われるのであろうか。

ヘーゲルは言う。「真なるものは、永遠に即且つ対自的に存在し、昨日存在していたものでも、明日存在するものでもなく、端的に現在しているものであって、絶対的現在の意味での〈今〉である」(VidG, 182)。真なるものとして精神が把握するものには過去がないというのは、精神の対象となるのが〈自分〉だからである。その精神の自己知への過程が歴史だというのなら、そこには超越論的観念論における自己意識の歴史に共通した構造をみることができる。歴史的展開の到達点において、精神の自己知が世界の歴史と自己意識の歴史とを包括する形で開示される時、哲学的な世界史は、〈過去〉と〈今〉とを〈絶対的現在〉という真理において一挙に把握するのであろう。だからといって現在を聖化して寿いでいるのではない。

精神の自己知が世界の再構成に繋がるという構想は解釈学の課題にも通じている。シェリング学徒にして、イェーナでのヘーゲルの同僚に、フリードリヒ・アストというプラトン学者がいた。その『解釈学』では、次のように述べられている。「理解や認識の根本法則は、全体の精神を、個別的なものから見出すことであり、全体を通して個別的なものを把握することである」(Hermeneutik, 116)。著作を理解するにあたって、明らかにされるべきは、「文字」や「言葉」ではなく、「精神」であり、著者個人の精神と時代全体との精神とを統一的に捉えるところに、「理解」が見定められている。したがって、ある著作から、その時代の、その世界の精神をさえ理解できることになる。

「古代の著作家はみんな、とりわけその著作が精神の自由な所産であるような人たちは、それによって古代の一つの精神を叙述してはいる。しかしながら、それぞれは、その人の時代によって、その人の個体性によって、その人の教養や外的な生活の境遇によって措定されているその人の仕方に従って叙述するのである。古代のそれぞれの特殊な作家や著者によって私たちには、古代全体の理念や精神が開示される。しかしながら、私たちが完全に著者を理解するのは、ただ、その著者のうちに啓示される古代全体の精神を、著者個人の精神との統一において捉える時だけである」(Hermeneutik, 117)。

古代世界の精神を、著者個人の精神と併せ捉えるために必要なことは、「個別的なものは、全体を通してのみ理解され得るし、逆に全体は個別的なものを通してのみ理解され得る」(Hermeneutik, 119) ということだとされる。こうした〈循環〉を、著者の精神と、それが書かれた時代の精神とを、解釈者の精神のなかで捉える構造として、アストは積極的に捉える。「個別的なものから全体の理念を把捉する最初は、予感 (Ahnung) であり、すなわち、精神についてのまだ規定されてもいない先行認識 (Vorerkenntnis) である。これが直観的で明晰な認識へと到るのは、個別的なものの把捉が進展することによる。それから個別的な領野に目を通すなら、最初の把捉で予感されていた理念が、個別性において与えられていた多様なものの明晰で意識的な統一として出現し、了解と説明とが完成するわけである」(Hermeneutik, 119)。

解釈する際に全体の理念が、当面は予感されているなかで、読解が進むにつれてはっきりしてくるという〈循環〉が、超越論的観念論の存立機制としての〈循環〉に通じることは、次の箇所からも明らかである。「ある著作の全体だけでなく、特殊な部分、いや個別的な箇所さえも、ただ、次のように理解され、説明されてよい。すなわち、人は、最初の特殊性でもって、精神や全体の理念を予感しながら捉えるのだと。それから、個別的な分肢や個別的な境地を解釈して、著作の個体としての本質を洞察するに到ることができる。すべての個別性を認識したあとで、全体は統一へと総括される」(Hermeneutik, 120f.)。

精神の自己理解を通して全体の理念が明らかになるに到って、遥かに隔たった時代の著者とその時代の精神を、今に生きる解釈者が理解することができるという、アストの解釈学におけるこうした発想と構造は、シェリングの超越論的観念論から継承したものに違いない。ここには、〈進歩〉とか〈変化〉とか〈蓄積〉などの観念の入り込む余地はない。全体の〈展開〉を通して真理が顕わにされる。アストの叙述に接すると、ヘーゲルの『精神の現象学』で語られた知の成立を叙述する方法へと想到せざるを得ない。「真なるものとは、自らを回復する同等性、言い換えれば他在において自己自身に反省することであり、根源的な統一そのものもしくは無媒介的な統一そのものではない。真なるものとは、自分自身に成ること、自らの結びを、自らの目的として前提し、また端緒としてもち、遂行と自らの結びとによってのみ現実的である円環(Kreis)なのである」(GW. IX. 18)。

真なるものを、そして世界を、精神が自己内反省する円環の完現を通して知において創出しようとすることこそ、超越論的観念論の方法であった。実体であろうと真理であろうと絶対知であろうと、主体や自我からは超越的なものに間違いない。私には世界でさえも超越的である。そうした超越的な関係にあるものを反省的に把握することのできる回路を切り結ぶことが超越論的観念論の目指したところであったのなら、その発想と構造は、アストはもとより、ヘーゲル哲学の根幹にも息づいていたように思われるのである。

註

（1）トレンデレンブルクの『カテゴリー論史』（松籟社、日下部吉信訳、一九八五年）は次のように超越疇について説明している。「すべてのカテゴリーを貫くがゆえにという理由でアリストテレスは一と存在をカテゴリーの外に置いたが、それと同じようにカンパネラは存在と真と善に同様な位置を与え、そしてそれをスコラ的な表現でもって transcendens〔超越疇〕と呼ぶ。存在、真、善のなかに彼は形而上学的原理（……）の対象を再認するのである」（二三四頁）。そして次のような、カンパネラの典拠のテクストが示されている。「超越疇は事物のすべての共通性のなかでも最も普遍的な共通性を意味する術語である。そしてそれがために存在、真、善、一のように、何らかの類比的一般者に至るまでのすべての異なる類について直接的に述語となりうるものである」（前掲書二三七頁）。

因みにアリストテレスは、『形而上学』で、たとえば次のように述べていた。「ところで、『一』というのは『存在』というのと同じように用いられる、そして一つであると言われる事物の実体は一つであり、その事物の実体が数において一つであるところのその事物は数において一つであるからして、したがって明らかに、『一』は『存在』と同じく、これによって事物が一つであるとか存在するとか言われるところのこの当の事物の実体ではありえない。このことは、あたかも『元素』とか『原理』とかいう概念がそう言われる事物〔たとえば水や空気〕の実体ではないのと同様である」（出隆訳『形而上学（上）』岩波文庫、二八八頁）。

ハイデッガーの「ドゥンス・スコトゥスの範疇論と意義論」によれば、「超範疇（Transcendens）とは、それを包みうるようなより高次の類を最早もたないもののことであり、したがってそれについては最早何事も陳述されえない。対象性一般としての有ルモノ（Ens）がもつこの究極的なものという性格は、超範疇（Transcendens）に本質的なものである」（ハイデッガー『初期論文集』創文社、二一六頁）という。また、次のように論じられている思想史的な文脈に照らせば、神の統一を「ある種の数多性を排除しない超越論的統一」とするレッシングの論述は、不思議なものでないのかもしれない。「如何なる『多性（Vielheit）』、あるいはこの方が適切だが、如何なる多様性（Mannigfaltigkeit）ないし多重性（Mehrerleiheit）も、端的に数を基礎づけるものではない。多様性はもともと数よりも広い妥当領域をもっており、この点は超範疇（Transcendens）としての一（Unum）の場合とまったく同じである」（ハイデッガー『初期論文集』創文社、二二一頁）。

さらにカント哲学にあって「超越論的」の意味が変わったことについて、山口祐弘は「超越論哲学の理念と知識学の課題」において次のように説明している。「『純粋理性批判』における『超越論的』ないし『超越論哲学』とは、対象についてのア・プリオリな認識様式（諸概念、諸表象）について認識を遂行することであり、またこの認識様式がどのようにして認識対象に適用されうるのか、どのようにして対象についての認識でありうるのか（可能性）を明らかにすることである。こうした課題の設定によって、『超越論的』という言葉は『存在・一・真・善』といった古来の『超越疇（Transzendentalien）』とは一線を画することとなる。それは対象的事物の最も一般的なあり方を意味するものではなく、対象について認識せんとする主観の働きへの反省を表すものであり、この意味で『超越論的認識』ないし『超越論哲学』とは純粋理性の批判であり、批判哲学となるのである」（『フィヒテ研究』第一四号、二〇〇六年、一九頁）。

（２）宮田眞治はその論稿「『創造する精神の構成論』としての『実験術』——ノヴァーリスにおける『諸科学のポエジー化』の問題——」（伊坂青司・長島隆・松山壽一編『ドイツ観念論と自然哲学』所収、創風社、一九九四年）において、ノヴァーリスによるフィヒテ研究を紹介するとともに、F・A・C・グレン著『自然学概論』への注釈において、「学の完成」が「世界の完成」であるという把握が行なわれていたことを実証している。本稿は、宮田氏のこの見解を機縁に構想されたものであり、ここに謝意を表する。

（３）「教訓に満ちた画集」として歴史を捉える観点の対極に想定できるのが、哲学史を「愚者の歴史」と捉えたラインホルトの把握である（拙著『ドイツ観念論の歴史意識とヘーゲル』八〜九頁参照）。ラインホルトを批判してヘーゲルが、それでは哲学史が「愚者の画廊」に堕すことになる、という表現を用いた際に、フィヒテの「画集」という表現が念頭にあったのかもしれない。

（４）「精神」に依拠して解釈するべきか、あるいは「文字」にこだわって解釈するべきかという問題については、拙著『ドイツ観念論の歴史意識とヘーゲル』の第一〇章「精神と文字——理解と解釈のよすが」において、アストの解釈学を紹介しながら詳述したので参看賜れば幸甚である。

付　記

本稿の成稿にあたり、Ives Radrizzani: Zur Geschichte der romantischen Aesthetik: Von Fichtes Transzendentalphilosophie zu Schlegels Transzendentalpoesie. In: FICHTE-STUDIEN. Bd. 12. から多くの教示を得た。

第十章　懐疑から思弁へ——ヘーゲル弁証法の原像と彫琢

序

『エンツュクロペディー（二版・三版）』において、弁証法の論理を説明するにあたりヘーゲルは、有限な認識が自己否定に到る「弁証法的契機」と併せて、この否定作用の結果を、無ではなく「規定的否定」として一定の成果だと捉え直すところに、「思弁的なものあるいは肯定的理性的なもの」の働きを見据えている。この境位に到ってこそ本来の哲学は成り立つとされる一方、それに到る契機としての弁証法的なものがそれだけで抽出されて学問として講述されるところに、ヘーゲルは懐疑論の存立を捉える。ヘーゲルにとって弁証法は本来、認識が自らの制限性を「内在的に超出する」ところに、「【学問の】進展を動かす魂」（GW. XIX, 92.【GW. XX, 119】）として生きているものでもあった。弁証法は、懐疑論を契機として含みつつ、思弁的な認識を拓くべく、「有限なものを外在的にではなく、真に超出する」（GW. XIX, 92. GW. XX, 119）ことを通して、悟性による規定の自己矛盾を明らかにしてその否定に誘う一方で、自らは、理性的な認識に達するという、こうした両側面を兼ね具えてもいた。そして、「思弁」は、「投機（Handelsspekulation）」という原義の分析をもとに、「無媒介的に現前している事態を超え出て」（SW. VIII, 178 Zusatz）実現されるべき企てでもあるはずだ、と説明されたのである。

この『エンツュクロペディー』の八一節、八二節で明らかにされる弁証法の構図、「懐疑」を包含する「思弁」によって、否定された悟性的な認識の肯定的な成果が捉え返されるという考え方の、基底を探るのが、本章の課題である。そのためには、三版でも改訂が施された七八節の叙述を顧慮するなら、イェーナ時代のヘーゲルの考察に立ち返ることを余儀なくされるのである。

七八節には、このようにある。「認識のあらゆる形式にわたって貫徹される否定的な学問である懐疑論は、そうした哲学に到る前提の無効性が呈示されるような一つの緒論として示されもしたであろう。だが、懐疑論というのでは、単に好ましくない方法だけではなく、《些か》余計な《こと》【方法】ともなったであろう。なぜなら、すぐに示されるであろうが、弁証法的なものそれ自身、肯定的な学問の本質的な契機をなしているからである。それ以外にも、懐疑論なら、有限な形式を、ただ経験的にまた非学問的な形でのみ見出し、与えられたものとして、受容しなくてはならなかったであろう。そのような完遂された懐疑論（volbrachter Skepticismus）を要求することは、すべてのものに対する疑いを、《いやむしろ、すべてのものに対する絶望（*Verzweiflung an Allem*）を》、学問よりも先行させるべきだ、すなわち、すべてのものにおける全面的な無前提性を先行させるべきだという要求と同じである」（《GW. XIX. 90f.》：【GW. XX. 117f.】）。

ここで想起されるべきは、『精神の現象学』の緒論で、現象する知の叙述の道筋について、「絶望の道程」というほどに「徹底的に完遂された懐疑論」（GW. IX. 56）であるとまで語られたくだりである。ところが、『エンツュクロペディー（二版・三版）』においては、懐疑論は学問への緒論となり得るかもしれないにせよ、弁証法がその機能を果たす以上、余計なことである、と語られる。

とはいえ、懐疑論が哲学への緒論の役割を果たすという議論は、イェーナ時代初期にはむしろ、ヘーゲル哲学の核心にあって首肯された考え方であった。しかも『ハイデルベルク・エンツュクロペディー』でも明確に、「懐疑論もまた、有限な認識のあらゆる形式を貫いて遂行される否定的な学である限り、（『精神の現象学』と）同じく学への導入の役割を演じるであろう」（Gl. VI. 48f.）と語られていたのである。加えて、学問の無前提性の要求についての議論も、イェーナ時代の思索にまで遡及されるべきものである。こうして、ヘーゲルの論理思想、最後の彫琢の真意を探るためには、そして思弁に到る理路を確認するためにも、イェーナ時代の思想に立ち返って、文脈をさらに掘り起こすことを通して、ヘーゲルの哲学的な経験の現場を明らかにしてみなければならない。

1　懐疑論は感性的認識の妥当性を否定したのか

「論理的なものは形式上、三つの側面をもっている。（α）抽象的もしくは悟性的側面、（β）弁証法的もしくは否定的‐理性的側面、（γ）思弁的もしくは肯定的‐理性的側面、である」（GW. XIX. 91: GW. XX. 118）という有名な定式がある、この『エンツュクロペディー』における三つの契機に連なる発想は、既に、ヘーゲルが自らの論理思想を初めて講じた、一八〇一年冬学期の「論理学および形而上学」講義から看て取ることができる。すなわち、真の論理学の対象を「有限性の諸形式を樹てること」、「悟性の努力を叙述すること」、「悟性的な諸形式そのものを理性によって止揚」することという三段階にわたって見定めたヘーゲルは、次のような順序で論理学の手続きを進める。「有限性の普遍的な諸形式もしくは法則を、（……）絶対的なものの反照として叙述すること」、「有限性の主観的な諸形式もしくは有限な思惟を、悟性を考察すること」、「理性による有限な認識の止揚」という三段階である。そして、「論理学のこの第三部、つまり理性の否定的で無化作用をもつ側面から、本来の哲学もしくは形而上学への移行がなされるでしょう」(GW. V, 272f.)、と位置づけられた。ここでは、論理学の第一部は、ヘーゲルの欄外への書き込みによれば、「一般論理学、カテゴリー論」にあたると見なされていて、論理学の第二部と第三部とが、後年の悟性的側面と弁証法的側面にあたることになると見てよい。

さて、この最初の論理学の授業からして、懐疑論への言及がなされている。「懐疑論という幽霊が哲学をおののかせようとしていますし、最近でも依然として多くの人が、哲学の手強い敵対者だと見なそうとしていますが、私たちはこの幽霊を、白日のもとに引き摺り出して、その正体を認識することになるでしょう」(GW. V, 275)。この哲学に敵対する懐疑論が誰の思想であるかは明言されていないが、シュルツェを批判する「懐疑論論文」が執筆されていたのは、時期的に同じ頃だと推定されていることから、シュルツェと見なされるべきであろう。いずれにせよ、ヘーゲルの最初の論理思想からして、懐疑論は問題にされていた。しかもそれは、シェリングと共有する形でのものであった。

シェリングが一八〇一年夏学期に行なった、同一哲学を基礎づける講義において、懐疑論へ論及したことが、トロクスラーによって伝えられている。「この同一性は、既にいわゆる常識においてさえ明らかに見出されます。常識が哲学の理念などまったく知らなくても、常識の前で精神と物質は一つです。ただ、思想が展開されることになると、それらが分かれてしまうだけです。/ヤコービが証明している原理を知らずとも、まこと思弁的に哲学することだってできます。哲学は、さまざまな形式で現われてきますが、それらを根源的な形式において講述したいと思います。常識の程度までは、私たちはとりわけ経験論をもってきました。ギリシアの懐疑論によって誘われるのは、(外的な客体とも呼ばれていたような)物自体が現象に対応せず、むしろ視覚的、聴覚的にも錯覚する場合さえある以上、内的本質が仮象などから区別されて、そして錯覚は生理学的に、心理学的に説明されてきました。それが解明された経験です。二元論が生成したのは、個別的なものから高まり、抽象によって、結局は、形式と素材に到達したからです。しかしそこには、たとえばカント主義でも決して埋めることのできない亀裂（Kluft）があるのです」（Troxler, 31f.）。

実に、ここからは、ドイツ観念論の根本問題のありかを看て取ることができる。本書の第一章で明らかにしたように、表象された外的な対象についての知の確実性をめぐって、「第四パラロギスムス批判」で二元論に立つことを宣言したカントに対して、そうではない理路で表象された知の確実性を基礎づけようとするなかで、ヤコービは、コモン・センスの思想に身を寄せつつ、外界の実在性を「信じる」という態度を表明したのに対して、ラインホルトは、表象一元論の思想を展開することを通して、シュルツェは超越論的な対象への懐疑を徹底するなかで、表象の知に自足する懐疑論を打ち出すことを通して、意識内在主義の方向へと、ドイツ観念論を主導することになった。フィヒテの知識学やシェリングの『超越論的観念論の体系』は、そうした思潮の珠玉の所産であった。こうした歴史的な展開を受けて、シェリングはこの講義で、常識から脱して、形式と素材、本質と現象などの二元論を克服して、思弁哲学に到る過程にあって、常識の独断論を否定する契機として懐疑論を位置づけている、という構図が、先の受講生のノートからは浮かび上がってくるのである。

「懐疑論論文」でヘーゲルは、プラトンの『パルメニデス』篇について、独断論に対抗する「真正の懐疑論」（GW. IV, 208）だと見なして、制約された認識や意識の事実の確実性を否定するところに「あらゆる哲学の自由な側面」（GW. IV, 208）を捉えて、これを高く称揚した。セクストス・エンペイリコスによって伝えられる古代の懐疑論者たちについても、ヘーゲルは、「ひとえに感性的知覚の不確実性にのみ関わった」（GW. IV, 205）と見たのに対して、シュルツェの懐疑論にあっては、その矛先がむしろ「我々の意識の外側に存在していると想定される事物を認識しようとする思弁哲学」(GW. IV, 201)に向けられていると断じた。シュルツェの懐疑論によれば、「日常的な意識は、無限な諸事実のことごとくに及ぶ意識の全領域にわたって、否み得ない確実性をもっている」(GW. IV, 222)とされた。これが懐疑論の名にそぐわないことを、ヘーゲルは繰り返し難詰したのである。

疑うということが意識なしにはあり得ないように、意識を疑うことが絶対に不可能である、と見極めることに基づいて、「意識の内に意識とともに与えられているものを意識の事実と呼ぶならば、意識の事実は否定し得ない現実であり、すべての哲学的思弁はこの現実へと関係しなければならない」(GW. IV, 202)としたシュルツェ(Vgl. KdtP. I, 51)の「意識を超えて出ていかない哲学」(GW. IV, 202)に対して、ヘーゲルの批判は厳しい。だが、翻ってみるに、古代の懐疑論は、感性的認識の相対性だけを剔抉したのではなく、言うなれば、感性的か理性的かを問わず、認識全体を懐疑の対象にしていたと見るべきであろう。ところがヘーゲルは、古代の真正な懐疑論ということでプラトンに言及することを通して、懐疑論の範疇を拡大解釈したうえで、真の懐疑の対象を、対立的で制約された認識に陥る悟性的認識に限局した。ヘーゲルは、セクストスの伝える懐疑論を「哲学から分離し、哲学に敵対している懐疑論」(GW. IV, 213)とする一方、プラトンの『パルメニデス』を「哲学と一致している懐疑論」(ibid.)と呼ぶことを通して、懐疑論を哲学の一側面として、知の展開の一契機として受け入れようとしたのである。些か強引とも言えるそうした戦略は、ヘーゲルがシュルツェを論駁しなければならなかったからこそのものだと見なければならない。

2　懐疑論のモデルはヒュームだったのか

なぜ、シュルツェは論難されなくてはならなかったのか。それはシュルツェが、「意識の事実」の確実性にこだわったからに他ならない。そもそもの発端は、「懐疑論論文」から一〇年遡る。シュルツェは、その著『エーネジデムス』(一七九二年)で、懐疑論者を標榜して、ヒュームと向き合うことを通して、批判哲学を正面きって批判していたのである。『エーネジデムス』は、ラインホルトの『哲学者たちの従来の誤解を正すための寄与(第一巻)』(一七九〇年)に収められていた「根元哲学の主要契機の新叙述」を採録しながら展開されるラインホルト批判が基軸になってはいるが、随所にカント批判が組み込まれていた。

「哲学においてきわめて重要な問いの一つが、既に長い間、存在している。それは、我々のもっている表象が、どこから触発されるか、そして、どんな仕方で我々の内で生成するか、という問題である。われわれの内なる表象は、表象される事柄そのものではない以上、人は、とりわけ、この問いに対して根本的で信頼できる解答がなされることによって、我々の表象と我々の心情の外部の諸事物との連関が提示され、我々の認識のさまざまな構成要素が実在していることについての確実性が求められるに違いない」(Aenesidemus, 94)。初期ドイツ観念論の問題は、表象された対象が実在するのか、感覚内容は真理性が保証されるのか、という問題をめぐって繰り広げられた。ところが、表象一元論を展開した「根元哲学は、現実の表象を、表象能力に基づいて、あたかも何か客観的に現実的なものから導出するかのように導出して、そしてこれを表象の原因だと説明することによって、自分自身の根本命題や、理性批判の結論と自己撞着をきたした」(Aenesidemus, 103) というわけである。こうしてシュルツェは、実在と表象の関連とその根拠を問う。そのためには、ヒュームの懐疑論が提起した問題が、批判哲学で片づけられたのかどうかを吟味しなくてはならないとされたのである。

「ヒュームの懐疑論全体は、すべての人間の知識はもっぱらひとえに感覚されたものに由来しているという経験論の基礎的な命題に基づいている、であるからして、彼の明敏な論敵たちが、原因と結果の概念における本質的な構成要素をなしている必然的な結びつきという概念は、ある経験のうちで現出するとか、あるいはこの概念は内官や外官の感覚以外の起源から起因して導出されるに違いないとか、どちらかだと実証したことによって、ヒュームを完全に論駁したとむしろ誤って思い込むことになった。(……)人間の認識はすべて、ある対象が心情に与える印象 (Impression) に起因するという命題を、ヒュームの最高の原理と見なすならば、ヒュームの懐疑論の本当の根拠を徹底的に誤認してしまう」(Aenesidemus, 117Anm.)。

感覚されたものに知の確実性を見ようとするようなヒューム理解に基づいて、シュルツェは、ヒュームの懐疑論は理性批判によって実際に論駁されたかどうかの検証を行なう。そこでのシュルツェの結論は、「理性批判が、ヒュームの懐疑論を本来的に反駁するにあたって行なおうとしたことは、ヒュームが自らの懐疑的な疑いをすべて、その信頼性に向けていたところの諸命題を、既に確実で決まりきったことだと前提することであった」(Aenesidemus, 133)、というものであった。

「理性批判は、我々のうちの表象や思想の性質から、我々の表象の外部に現存しているものの客観的で実在的な性質へと推論している。言い換えるなら、理性批判が証明しているのは、何らかのものが実は、他のようには考えられない以上、かくかくの性質であるに違いないということである。しかし、まさしくこうした結論も、その正当性をヒュームが疑ったものである」（Aenesidemus, 140）。シュルツェの見るところ、我々の表象と外的対象との連関や、我々の思想のうちにあるものとその思想の外部にあるものとがいかに関連しているのかを想定する原理は、いまだ知られていない、という。内面的な感覚からその外部にある対象について推論するところにこそ、シュルツェは独断論の基礎を捉えた。「そうした基礎は、哲学において用いられてきた。これを応用することによって、その結論に自己矛盾するような理論的な世界知の体系が基礎づけられてしまった。それゆえ、理性批判は、ヒュームに反論するために、ヒュームが徹底的に欺瞞的で誤謬に導くとして説明した推論を用いている」（Aenesidemus, 141）。要するに、観念論でありながら、二元論として、表象の外部の対象の実在性を保証しようとしたカント哲学を「詭弁」（Aenesidemus, 140 u. 173）だとして攻撃したのである。

他方、外的な対象と物自体とが、必ずしも明確に区別されていなかったのも事実である。「心情が可想体（*Noumenon*）として、（……）我々の認識における必然的なものの原因であるとされるのなら、理性批判は、空疎な虚構を、我々の認識の構成要素の起源へと高めることになったであろう。この虚構については理性批判自身がこう主張する。すなわち、我々にとって現実的なものを洞察するためには不必要であるだけでなく、われわれにはまったく知られ得ないのだ、と」（Aenesidemus, 159f.）。こうしてシュルツェは、理性批判が懐疑論によって揺らぐであろうことを宣言したうえで、「我々の表象の外部に現存するはずであろうと、現存するはずがなかろうと、そうした何らかのものについて、何ごとかを語ったり決定したりして、それによって恣意的な私念の織り成すもの以上の多くのことを発見する哲学を実現しよう、などと考えてはならない」（Aenesidemus, 180）、という辛辣な言葉で「ヒュームの懐疑論は理性批判によって実際に論駁されたか」の一章は閉じられている。

日常的な意識の事実については、懐疑論であってもこれを否定するものではないという認識は、初期ドイツ観念論におけるヒュ一ム受容とも相俟って、シュルツェ一人に留まるものではなかった。

3　懐疑論が拒否するものは何か

一七九三年、ヒューム『人間知性研究』の、テンネマンによる独訳が刊行され（序文脱稿一七九三年四月三〇日）、その本文に先立って、ラインホルトによる「哲学的懐疑論について」という論考（一七九三年三月一日序文脱稿）が掲げられた。この論考は「否定的な独断論もしくは形而上学的な懐疑論の、より詳細な叙述」と改題されて、『哲学者たちの従来の誤解を正すための寄与（第二巻）』（一七九四年）に収められる。「哲学における懐疑論の概念が、今日ほど多義的であると同時に、厳密に規定された時代はなかったし、今日ほど、多くの洗練された、しかも現実的でない哲学的な懐疑論者がいた時はなかった」（Beyträge. II, 161）と書き出されるこの論考は、明らかにヒュームをめぐる議論が沸騰したことを受けて、また、懐疑論者を標榜するシュルツェやマイモンによる論難に対して書かれたものであった。「彼らが自らを懐疑論者だと見なすのは、彼らが自分たちのいわゆる哲学的な営為のおりにふれて到達する結論が、かの問題を未決定のままにする（*dahingestellt seyn lassen*）ところに成り立つからである」（Beyträge. II, 162）。

ラインホルトは、論理的な真理を表現する矛盾律にこだわったシュルツェに反論する。「批判哲学の論敵も、批判哲学によって準備される（別名なき）哲学の論敵も、いずれに対しても懐疑論が対立する、と見なしてきた。

その懐疑論というのは、単に論理的な規範の他には何ら他の諸原理を承認せず、論理的な真理だけから始まるがゆえに、独断的でしかなかったであろう」(Beyträge. II, 175)。これに対して、ラインホルトの見るところ、「懐疑論者が戦う、といっても唯一戦い得る真理というのは、客観的な真理である。これはすなわち、表象の一致、つまり、思想や感情と、〈実在的にして、すべての単なる表象から異なっている単なる表象に依存していない客観的なもの〉との一致、論理的な規範によってのみでは論駁されもしなければ基礎づけられもしないような一致、のことである」(Beyträge. II, 176)。

ラインホルトは懐疑論の議論を紹介しながら、表象と実在とが対応するところに真理を捉える実在的な真理の対応説を斥ける。「従来の哲学は、表象されたものをそれが表象と一致する限りにおいて、すなわち客観的に真であるとされた限りにおいて、物自体として考えなければならないと信じていた。実在的かつ純粋な真理は、一般的には、表象と事物との一致、それもそれ自体で表象から独立して存在している事物との一致だとされてきた。この一致が可能にして現実的だと見られた場合には、実在的な真理が主張されたし、その一致が不可能だと見られた場合には、実在的な真理が拒否されたりした。／ピュロン主義は、そうした実在的な真理を拒否して、その際に、とりわけ外的な感官の表象に際する器官の証言の相対性に依拠した」(Beyträge. II, 179)。

そしてラインホルトは主観的な真理、すなわち明証的であるところに自足する。「主観的な真理は、それが思想と感情との間の調和に存しているとともに、思想それ自身相互の間の調和に存立してもいる限り、思想それ自身相互の間だけの調和において存立している真理以上のもの、もしくは単に論理的な真理以上のものである」(Beyträge. II, 173f.)。主観的な真理といっても、思い込みの真理という意味ではなく、意識内在主義に拠って立つ真理と言い換えてもよい。

ラインホルトは、シュルツェによって提起された、理性批判によってヒュームが論駁されたかどうかという問題構制そのものも斥ける。ヒュームの「哲学的な懐疑論は実際のところ、批判哲学の創始者に、その人自身の告白によれば、彼によって切り拓かれた新たな研究の道の最初のヒントを手渡したのであった。その哲学的な懐疑論は、とりわけ懐疑論が人間の精神の感情や欲求において強力な敵対者を見出すことになるので、『純粋理性批判』を研究し、理解するための最良の準備となるであろう。この研究や理解は、今まではまだほとんど達成されていなかったし、達成されていないのである」(Beyträge. II, 201)。

懐疑論を楯に取った立場からのカント批判を、一応は斥けながらも、カント哲学と懐疑論とを対置する。「カントが明らかにしたのは、単に、物自体が経験論者たちの言うような経験によっても認識できないし、あるいはまた、合理論者たちは認識できると見ているのとは違い、ヒュームがカント以前に既に示したことではあったが、理性によっても認識できない、ということだけではなかった。それだけでなく、客観的な真理が徹底的に、物自体を認識しないままでも(物自体は、懐疑論者たちによってもこの真理の条件だとか、むしろ本性だとか見なされたものであったが)可能であり、――そして客観的な真理とともに、厳密な学としての哲学(*Philosophie als strenge Wissenschaft*)が可能だ、ということである」(Beyträge. II, 203)。そのうえで、自らの根元哲学こそが、批判哲学を受け継ぎ、完成させるものであることを宣言する。「経験論、合理論、懐疑論そして批判主義でさえも、来たるべき別名なき学問的な哲学にとっては、この哲学に向けての端的に必然的な準備として先行(*vorhergehen*)していたに違いないし、していなければならない」(Beyträge. II, 204)。

時は移り、晴天のハイデルベルク、一八一七年五月六日に行なわれた「論理学および形而上学」講義において、ヘーゲルは、次のように懐疑論について語っている。「4・懐疑論は抽象的で学問的な弁証法ですが、これがとりわけ成果として獲得するのは、空虚な無でしかありません。しかし、懐疑論は、疑いが解消されるべきだという考えや要求を抱きながら、あるものの真理性を疑うだけではありません。むしろ、真理性への絶望（Verzweiflung）、すなわち確固としたものであるはずの諸規定もすべて終わることになろうという確信なのです。しかも古代の懐疑論の意図は、意識にとって揺るぎようのない純粋な自己確信が、あらゆる規定された存在者や有限なものの動揺から生ずるということであったのに対し、近代の懐疑論の無益な狙いは、神的なものや真なるものを学問的に認識することを無化しようとする一方で、真理を経験的な意識のさまざまな事実に、つまり有限で偶然的な知の領域に制限しようとするところにあるわけです。（……）５・懐疑論は、確かに独断的な哲学に対置されていますが、思弁哲学に対立しているのではなく、思弁哲学の内在的な一契機となっているのです。しかしながら、まさにそれだからこそ、懐疑論という形式をとっています。なぜなら、思弁哲学は弁証法的な成果を、懐疑論の規定された真理のなかで捉えるからです」（Vorlesungen. XI, 14f.）[1]。

『エンツュクロペディー（二版・三版）』における懐疑論把握も、この延長線上にあると見てよい。強引なまでに、イェーナ時代初期から一貫して、ヘーゲルは古代の懐疑論の拒んだものを、感性的で有限な認識に限定しようとしている。古代の懐疑論は、「何よりもまず感性的なものに対抗した」（GW. XIX, 57: GW. XX, 77）とする。また、「補遺」の伝えるところでは、次のようにヘーゲルが語ったとも伝えられている。「本来の懐疑論は、悟性にとって確実なものすべてに対する完全な絶望（die vollkommene Verzweiflung）であって、そこから生じる心構え（Gesinnung）は、心の揺らぐことのない、自らの内に安らう境地です」（SW. VIII, 176 Zusatz）。

これに対して、批判哲学から派生した当代の懐疑論は「単に、超感性的なものの真理と確実性とを否定し、これに反して感性的で、直接的な感覚の内に現存するものを、我々が支えにするべきものとして表示するところに存立しています」(SW. VIII, 176 Zusatz) というのである。ここで当代の懐疑論ということで念頭に置かれているのはシュルツェだと見てよい。そして懐疑を媒介として、表象の内に確実な知の拠りどころを見いだそうとしたシュルツェの意識内在主義が斥けられている。他方で、古代の懐疑論の否定作用を、対立に囚われる悟性認識に対して向けられているものだとして局限することを通して、否定的理性の否定作用へと転釈すると同時に、思弁への理路を切り拓こうとしたのである。

4　懐疑論は二律背反を構成することで、哲学の緒論たり得るか

振り返ってみるに、反省作用は、反省する自分と反省される自分とを対置するなかにあって成り立ち、結局、自分へと再び内省する。その結果は、主観的な反省が残ることになる。一八〇一年冬学期のイェーナ大学、「論理学および形而上学」講義を受講した学生のノートにはこうある。「反省はいずれも規定されたものを用いて二つの対立したものを措定します。そのうえでそれらをもう一度綜合しようとします。それによって反省は、理性の努力を表現してはいますが、ただ反省は自分のたてた対立と綜合が無効 (Nichtigkeit) であることを認めないために、矛盾に陥るだけなのです」(Troxler, 70)。

やはり同じ学期に講じた授業、「哲学入門」の冒頭でヘーゲルは、「学としての哲学は、緒論を必要としませんし、緒論たり得るものでもありません」(GW. V, 259) と語り出した。ヘーゲルによると「可能な哲学への緒論は、主観的な諸形式と、客観的で絶対的な哲学との間の紐帯をなし架橋するもの」(GW. V, 261) だという。この時期のへ

ーゲルにあって、哲学への緒論としての役割は、論理学に求められた。なぜなら「論理学が、有限な諸形式をそのままに固定する限りにおいて、反省を完全に認識して、除去するからであって、その結果、反省が思弁の邪魔にならずに、同時にいわば絶対的なもののイメージを常に反照させて、これに通じるようになる」(GW. V. 272f.) からだという。

もとより、『差異論文』がこうしたプログラムを立てていた。「論理学の認識が実際に理性にまで進展する場合には、理性において自らを無化するという結果に導かれなければならない。論理学の認識は、最高の原理として、二律背反を認識しなければならないのである」(GW. IV. 82)。したがって、問題は、対立的な制約された認識を、思弁のもとにおいて相互に関連づけることによって無化し、止揚する論理 (Vgl. GW. V. 271) の構築である。二律背反という形で「有限なものと無限なものというこれらの対立し合うものを、両者が相互に対立し合うものとして同時に存立するように固定するなら、悟性は自らを破壊してしまう。というのも、有限なものと無限なものとの対立は、その一方が措定される限りにおいて他方が廃棄されている、という意味をもっているからである。理性はこうしたことを認識しているがゆえに、悟性そのものを廃棄してしまっている」(GW. IV. 17)。『差異論文』や「論理学および形而上学」講義でヘーゲルが思索をめぐらせた中心問題は、制限された有限な認識に留まろうとする反省哲学を理性が克服する論理であった。克服するにはまず、二律背反の構成が前哨とされた。「二律背反において通常の反省なら、矛盾しか見抜くことができない。理性だけは、双方が措定されていると同時に無化されていて、双方があると同時にないという絶対的な矛盾において真理を見抜く」(GW. IV. 77) と、ヘーゲルは捉えていたからである。理性が二律背反を構成して、悟性的認識の自己否定を誘うところに、理性の否定作用は捉えられ、その否定作用は思弁的理性への展開の内部に位置づけられたのである。

ヘーゲルは、「いかなる言説にも、それと同等の〔有効性をもつ正反対の〕言説が対置される」(GW. IV, 208) ところに立脚する懐疑論の意義を、有限な認識の相対性を顕らかにして、二律背反を構成するところに捉えていた。懐疑論の原理は、「あらゆる命題に対して同等の命題を対置する」(GW. IV, 208) ところにあった。その際に懐疑論は、単に反対命題を主張するのではなく、「一方とも他方ともつかない」(GW. IV, 210) という態度をとって、判断停止に到る。そのために、相反する判断の立てられることを指摘する基準が、トロポイであった。

だが、ヘーゲルは、トロポイについて、判断停止という点ではなく、通常の認識については対立した判断の立てられることを証すことによって、二律背反に陥らざるを得ない悟性的な認識の確実性を否定するところに、その意義を捉えた。「一〇箇条のトロポイのどれ一つをとっても、理性や理性的認識に関わるものではなく、すべてのトロポイは徹底的に有限なもの、およびその認識つまり悟性にのみ関わる」(GW. IV, 215)。悟性にとっては、相反する判断は矛盾でしかない。ヘーゲルにとって悟性は、とどのつまりは、その反省的な認識によって、主観的な判断に帰趨するものでしかなかった。これに対して、相対的な認識の確実性を否定する懐疑論にヘーゲルは、「矛盾しているものどもを合一して、双方を同等に措定し、アウフヘーベンする」(GW. IV, 23) 否定的理性と同様の働きを見たのである。(2)

有限なものそのものにおいて認識されるべき二律背反から、懐疑論は、通常の意識の非真理性を認識する。これが「通常の意識がもたらす真理を超える高揚、そしてより高次の真理の予感であるに違いないので、懐疑論は哲学への第一段階とみなされうる」(GW. IV, 215f.) という。この、内在的に自らを超出するという自己否定の構造において、懐疑論は、哲学知への「緒論」として位置づけられた。そして、これはまた、ラインホルトやシュルツェらの「意識の事実」論を克服する論理であるとともに、『差異論文』で語られた理性の内在的な自己超出の論理の道筋でもあった。

「意識が特殊性にとらわれているのを見出す理性が哲学的な思弁になるのは、理性が自己自身に高まり、自己自身と、その対象でもある絶対的なものに自らを委ねることによってのみである。理性がそのために賭けるのは、知識の有限性にほかならない。この有限性を克服して、意識の内に絶対的なものを構成するためには、理性は思弁に高まり、制限されたものや独自なものが根拠のないものであるなかで、自己自身の基礎づけを、自己自身の内にこそ捉えなければならない」(GW. IV, 11f.)。理性が「悟性を誘惑」(GW. IV, 17)して、悟性自身をして自ら破滅させる、その破滅の淵が懐疑論なのであった。

ところで、こうした問題設定は、実は、シェリングも共有するところとなった。一八〇二年の夏学期に講じられた『大学における学問研究の方法について』の第六講から、ヘーゲルと共有した思想圏を明確に看て取れる。「哲学について、なるほど本来的に学ぶことはできませんが、しかし、授業によって訓練され得ることがあります。それは、この〔哲学という〕学問の技術的な側面であって、言い換えるなら一般には弁証法(Dialektik)と呼んでも構いません。弁証法の技術なくしては、いかなる学問的な哲学も成り立ちません！　すべてを一つのものとして叙述して、そもそも反省(Reflex)に属する形式の内に、しかも根源知(Urwissen)を表現しようとする哲学の狙いが、既に、そのことを証明しています。すべての弁証法を支えているものは、こうした反省に対する思弁の関係なのです」(Methode, 61)。ここでは、反省から思弁に到る道筋が、弁証法と呼ばれるとともに、「意識の事実を超えて、即自的にそれ自身絶対的であるようなものへと到る」(Methode, 62)ところに、すべての哲学のそもそもの意図が捉えられている。そしてそのうえでシェリングは、ヘーゲルと共同歩調をとるかのように論理学の位置づけと懐疑論の機能について付言する。「もし、論理学が絶対的なものとの関係のなかで有限性の諸形式を純粋に叙述するものであるというのなら、それは、学問的な懐疑論でなくてはならなかったでしょう」(Methode, 63)。認識の有限性を剔抉することをもって、懐疑論を哲学への第一段階と位置づけるとともに、有限な認識が矛盾して自己否定に到ることを叙述することを通して、哲学への道を準備する論理学に、懐疑論と同様の働きを読み込むという哲学の方法論を、シェリングはヘーゲルと分かちもっていた。となると、『エンツュクロペディー』の第二版への改版にあたって、懐疑論が哲学への緒論の機能を果たすという把握について、「好ましくなく……余計」と表現するに到ったのは、どのような経緯があったのであろうか。

5　懐疑的否定の自己関係に、自己超出の論理は見定められたか

古代懐疑論の本領を、ヘーゲルは二律背反を構成するところに捉えはしたが、〈ああ言えば、こう言う〉では、『精神の現象学』で言うところの、「強情な子どもたちの口喧嘩」(GW. IX, 121) に終始しかねない。〈ああとも言えるし、こうとも言えるので、どちらとも言えない〉という形から、「一方とも他方ともつかない」(GW. IV, 210) として、一面的な認識の確実性を否定するところに、理性認識を拓く準備をヘーゲルは捉えた。

たとえば、スピノザの『エチカ』第一部の、「自己原因とは、その本質が存在を包含するもの、即ちその本質が存在するとしてしか考えられ得ないもの、と解する」(スピノザ『エチカ（上）』畠中尚志訳、岩波文庫、三五頁) という定義一である。ヘーゲルによれば、本質という概念は、現実に存在しているものが捨象されることによってのみ成立し得るので、本質と存在というのは、対立し合う形で規定されるにもかかわらず、このスピノザによる定義は両者

を一つのものとして結合して呈示することによって、対立し合う本質と存在という規定が同時に否定されている、という。また、定理一八の「神は世界の内在的原因であって、超越的原因ではない」という命題は、世界の「原因」である神を、「結果」である世界に内在させることによって、「結果」と一つのものにして、それによって、「原因」と「結果」という二つの概念の対立関係を無化したというのである。「こうした理性命題はいずれも、端的に相互に矛盾している二つのものに分解されるがゆえに――たとえば『神は原因であり、かつ神は原因でない』(……)という風に――いかなる命題に対しても同等の命題が対置されるという、懐疑論の原理が強烈に現われている」(GW. IV, 208) というのである。

この理性命題論は、理性認識そのものを積極的に呈示したものではなく、理性認識を拓く理路を論じたものである。その意味では、『差異論文』において哲学的反省として構想された、「絶対的に対立しているものの叙述から端を発し、それらを二律背反へと結合する」(GW. IV, 38) という、「絶対的なものを叙述する反省の唯一の方法」(Trans. u. Spek. 375) が、理性命題論において明らかにされたとも言えよう。だが、まだ具体的な内容に乏しいとも言わざるを得ない。そこを突いたのが、シュルツェであった。

シュルツェは一八〇三年には匿名の論文「絶対的なものについてのアフォリズム」、一八〇五年には「人間の認識についての懐疑論的な思考様式の主要契機」を発表して、ヘーゲルやシェリングに反論を試みたる。とりわけ、後者において、「絶対的観念論」の「前例を見ないほどの素朴さ (Naivetät)」について非難する舌鋒は鋭い。ヘーゲルの理性命題論についてシュルツェは難詰する。「やはり彼によってなお告白されるべきことがあっただろう。つまり、彼がそうしたことを始めたのは、相互に廃棄し合って、それゆえ相互に意識の同じ能作から突き動かされて、亡ぼし合うような諸概念を、統一へと総括したいがためだった、と」(ibid.)。思弁的理性を具体化しようと気ばかりは逸っているが、内実に乏しい思想だ、というわけである。

「観念的なものと実在的なものとの完全な同等性というのは、それによれば、観念的なものは、その内容からして、実在的なものと同一なものを構成して、それゆえ観念的なものは実在的なものによって、そして実在的なものは観念的なものによって完全に止揚されて、無化される、ということなのだそうだが、そうした同等性というのは、つまり、理性が捉えることのできる最も高次のもの (das Erhabenste) を、言い換えるなら、まったく欠陥のない絶対的なもの (*das ganz defectlose Absolute*)、唯一の即自、真の実体 (*die wahrhafte Substnz*) を構成する、という」(Ibid.)。シュルツェは、イェーナ時代初期に、シェリングとヘーゲルとが体系の原理として共有していた「構成」の有効性を問題視する。

「さて、確かに、正当な数学的な構成であるならどれにおいても、概念に裏打ちされた直観は、概念に適合していなければならない。ところが、構成する (Construiren) にあたっては、数学者は自らの認識主観を、自分が構成によってもたらすところの図形と同一化 (identificiren) するわけではない。それゆえに、それは、絶対的な観念論においてそれについて与えられた記述によれば、絶対的な認識ではないことになる」(Trans. u. Spek. 376)。ただ、既にヘーゲルはこの時点では「構成」に見切りをつけていた。

「人間の認識についての懐疑的思考様式の主要契機」においてシュルツェは、懐疑論と思弁の関係について、次のように述べている。「懐疑論は、それが真の懐疑論であるならば、全面的に反省認識(これは、その本性上、思惟と存在の対立に基づいている)に対抗して向けられている一方で、知的直観に基づいている真の思弁という原理に基づいている。ただし、懐疑論は、こうしたことを定言的に言表することができない。というのも、そうでなければ、懐疑論は懐疑論たることを止めてしまうからである」(Trans. u. Spek. 372)。反省に対する否定作用としてシュルツェが懐疑論を再把握したことは、「懐疑論論文」への応答であったのかもしれない。しかし、思弁が知的直観に基づいているという認識は、一八〇五年のヘーゲルには、認めることはできなかったであろう。既に、ヘーゲルにあって同一哲学への共鳴は消え、体系「構成」の原理を断念しながらも、体系の樹立に向けて概念の労苦を始めていたのである。

あまつさえ、この「主要契機」の最終章に見られる、次のような総括は、ヘーゲルをして、シュルツェに対して再反論せざるを得ない気持ちへと駆り立てたに違いない。すなわち、断章五〇には次のようにある。「懐疑論はむしろ、それについての我々の洞察によれば、一つの閉じられた全体であって、それは自分自身を、そしてそこで説かれた普遍的な不確実性を超えてゆくことはできない」（Trans. u. Spek, 2383）。

意識の自己超出の一契機として、懐疑を理性の否定作用として位置づけようとしたヘーゲルにとって、懐疑論は閉じられた完結したものであってはならない。むしろ、思弁的理性へと開かれていなくてはならなかった。その際に重要になるのは、〈ああとも言えるし、こうとも言えるので、どちらとも言えない〉という懐疑論の否定作用から、悟性的な認識の自己否定を経て、思弁的理性の「自己関係」へと到る理路である。その否定から肯定へという跳躍点となったのが、アルケシラオス解釈であったことは、本書の第八章「意識と無――シュルツェとドイツ観念論」で確認したことでもある。

ヘーゲルは「懐疑論論文」で自らが懐疑論を論ずるにあたって典拠としていたセクストス・エンペイリコスの『ピュロン哲学綱要』での叙述を曲げてまでして、中期アカデメイア派の代表者であるアルケシラオスの思想を、懐疑論だと強弁した。それは、一つには、ヘーゲルが、懐疑する意識そのものの確実性まで否定するような、徹底的な懐疑を求めた結果だとも言える。なぜなら、シュルツェは、懐疑を否定するわけにはゆかないので、懐疑の出立する意識を疑うことはできないと見ていたからである（Vgl. KdtP. I, 51）。さらには、アルケシラオスが、いっさいのものを疑うなら、自らの疑いそのものについても疑わしいという懐疑の自己否定を説いていたところに、ヘーゲルは、知の自己関連の構造の原型を見出したからに違いない。もとよりピュロンにあっても、第一巻第二八章で、懐疑論が自らの真理を確言したならば、「自分で自分を否認することがありうる」(3) ことが指摘されていたのである。こうしてヘーゲルは、懐疑に、感性的な認識や悟性的な認識を丸ごと否定する作用を期待したのである。

しかしながら、ヘーゲルにとって〈否定〉は、いわば空無の深淵をもたらすようなものではなかった。一八〇三年冬学期の「思弁哲学の体系」講義以降は、〈否定〉を己れの成果として捉え直すところに、理性の自己内超出を見る論理が確立されていく。一八〇五年の「論理学および形而上学」では、「それ自身の反対、すなわち否定態になって、この否定態からそれ自身の反対の反対、すなわち再び自己自身に統体性として成る」（GW. VII, 7）と、「概念の弁証法」の構造が語られる。一八〇六年夏学期の「精神哲学」講義では、「自らを自らでもって媒介する」（GW. VIII, 185）という精神の自己媒介を語るに到って、ヘーゲルは、自らの内で自らの限界を超出する全過程の筋道をつけることができるようになる。イェーナ時代に弁証法は、スケッチから、構造、そして内実へと具体化してゆくことになったが、それは、二律背反における反省的認識に対する懐疑的否定を経て、自分自身の反対になる精神の無限性へと、言わば、〈他在における自己同一〉を思弁哲学において具体化する道筋でもあった。(4)

ところがシュルツェは、懐疑論が「閉じられた体系であって、それは自分自身を、そしてそこで説かれた普遍的な不確実性を超えてゆくことはできない」と言う。『精神の現象学』での有名な叙述、自然的意識から学へと到る意識自身の教養の歴史は、「疑いの道程と見られるかもしれないが、より本来的には、絶望の道程である」（GW.

IX, 56）として、「自己実現する懐疑論」（ibid.）であるとされたのは、一八〇五年のシュルツェの懐疑論把握に対するヘーゲルからの応答という側面のあることを、見逃すわけにはゆかない。

6　闇の中の黒い牛は誰であったか

もとより反省は、反省する自分と反省されるべき自分との往還のなかにあって、反省した自分に収斂する。このように主観的な有限性を救済することになる反省的な悟性を超え出たところに、ヘーゲルは「一にして普遍的な理性の自己自身を目指す活動」（GW. IV, 12）として、思弁を捉えた。これは、『差異論文』では、哲学的反省とも呼ばれていた。「哲学的反省は、（……）絶対的に対立し合うものの叙述から始まり、それらを二律背反へと結合して――これが絶対的なものを叙述する反省の唯一の方法である――（……）絶対的な同一性を、主観と客観を捨象する同一性としてではなく、主観と客観との同一性として構成することができる」（GW. IV, 38）。反省と思弁との間には、架橋できない懸隔さえあるように思われるなか、ヘーゲルは、懐疑を理性のなかに取り込むことによって、内在的な自己超出の論理を構築しようとした。「思弁」は、先行きを見越して、自らを照らし合わせる先行投資のような思索でもあった。

ヘーゲルによって「完成された屹立する真正の懐疑論の書物」（GW. IV, 207）と讃えられたプラトンの『パルメニデス』篇は、「悟性概念における知の全領域を包括し、かつ破壊する」（ibid.）、すなわち、疑うのではなく、「悟性的な認識の真理性をいっさい全面的に否定（Negieren）する」（ibid.）と見なされた。他方で「それ自身、絶対的なものを認識するための否定的側面であって、無媒介的に、肯定的側面としての理性を前提している」(ibid.) ともされた。すなわちヘーゲルは、思弁的理性を予め前提することによって、懐疑による意識の自己否定を、思弁的理性に到る一契機として、否定されたものを成果として捉える理性に内在させようとした。

ヘーゲルが、懐疑論の求めた判断停止に立ち止まることなく、なぜ、懐疑の否定対象を感性的な認識に局限したのか、懐疑の自己関係性を指摘したアルケシラオスの思想をどうして懐疑論だと評価したのか。それは、懐疑の否定作用を、思弁的理性に到る認識の展開過程に内在化させるためであった。もとより、知識の進化・発展は、自己意識の内で、既知の認識を一定の成果として捉えつつも、それを疑うことによって可能になる。その際に、単に疑り深い態度で終始しないためには、新たな認識を求めようとする構えが前提されていなければならない。言うなれば、自らの行く末を見越すヴィジョンが必要である。思弁とは、自らの現在の認識を進めてゆく方向を見定めるために、照らし合わされるべき、先に想定される自らの認識であって、言うなれば他在において己れを見ることであった。したがって、ヘーゲルにあって思弁的理性は、本来的に、知をたずねるにあたって予め求められる構えであった。

こうした前提とは意味が違う前提もある。哲学への準備段階と言っていい。『差異論文』にあってヘーゲルは、哲学的営為にあっては、何ら前庭を想定せず、自らをもって自らの端緒となさなければならない、と考えていた(Vgl. GW. IV, 15 u. 81)。確かに、この場合、「基礎づけ」に終始するラインホルトの思索に対する批判が基調となってはいる。しかし、イェーナ時代初期においては、暫定的に哲学を始めることをヘーゲルは斥け、いわば、哲学をもって哲学を始めることを求めていた。しかるに、『精神の現象学』では周知のように、本来の知になるためには、精神は「長き道程を耐え抜いて労苦しなければならない」として、「ピストルから発射されでもしたかのように、無媒介的に絶対知から始める感激」（GW. IX, 24）を斥けている。この間にあったヘーゲルの哲学的な経験こそが、ヘーゲルに『精神の現象学』を誕生させた契機だと言ってよい。

一八〇三年の「絶対的なものについてのアフォリズム」でシュルツェは、次のように、絶対的なものを前提することについて述べている。「絶対的なものは、もっぱら理性の内に含まれている。〈絶対的なものとは何か〉ということについての理念によれば、ただ、自己自身に即していて、自己自身によって、自己自身のためにある。絶対的なものは何も前提しないし、それから区別されるものによって条件づけられもしない、また、自らに対立するものに関連することもない。むしろ、絶対的なものは、すべての他のものにとって、前提されなければならない。それは、自分の本質と自分の存在の完全な原理を、もっぱら自己自身の内にもっている」（Trans. u. Spek. 344）。

こうした絶対者観にヘーゲルは些かなりとも共感を覚えはしなかったであろう。なぜなら、ヘーゲルは、講義で、次のように、展開を欠いた哲学に対して異論を語ったと伝えられているからである。「フィヒテの知識学もシェリングの超越論的観念論も、双方いずれも、論理学もしくは思弁哲学を純粋にそれだけで叙述しようとする試みに他なりません。（……）シェリングは、なるほど、フィヒテ哲学から出発して、しかものちにこの立場を止揚しもしました。しかし、思弁哲学そのものに関しては、これらの試みにあって、思弁哲学以外に何も重要ではなかった、という意識はもちあわせていなかったようですね。シェリングは、その後の哲学観においては、思弁的理念を樹てはしますが、理念そのものにおける展開を欠いたまま、一般的に提示しているだけです」（GW. V, 472）。知の〈展開〉をヘーゲルが重視していたことが窺える話である。ヘーゲルにとって思弁哲学に到るには、知の〈展開〉の行程が知のうちに組み込まれていなくてはならなかった。

思弁哲学、さしあたりは超越論的観念論の陣営の乱れをシュルツェはつく。「思弁哲学の体系はいずれも、我々の意識に与えられている世界の謎（Räthsel）を解決しようとして、絶対的に必然的なものを証明しようとする試みである。すなわち、その絶対的に必然的なものとは、そこからすべての偶然的なものがその現存在を引き出したとされるのである。ところで、すべての制約されたものの基礎とか起源とかに対して、思弁的な哲学者たちによっていろんな規定が付与されているが、それらの諸規定にあっては、重要な違いのあることが分かる」（Trans. u. Spek. 364）。

「こうした謎の鍵を、概念的なものにおいて見出したと信じてきた党派」（Trans. u. Spek. 365）に対して、シュルツェは、次のように嘲弄する。「彼らの言う絶対的なものは、ただ、突飛なファンタジーの所産でしかなく、その際に悟性はなにも考えることができないのである」（Trans. u. Spek. 365）。「すべては無であり、無こそすべてである」（Trans. u. Spek. 353）と考えるシュルツェには、「世界の謎」を語る構造が理解できない。「絶対的なものについてのアフォリズム」（一八〇三年）、そして「人間の認識についての懐疑的思考様式の主要契機」（一八〇五年）、これらシュルツェの二つの論稿にあって繰り返される「無」や「闇夜」のメタファーは、十分にヘーゲルを辟易させたであろう。

であればこそ、「自らの絶対的なものを、言い慣らわされているように、すべての牛が黒くなる闇夜だと言い立てることは、認識の空虚さを示す素朴さ（Naivität）である」（GW. IX, 17）と、巷間、シェリングの同一哲学を揶揄した箇所だと受け止められている論述は、実のところ、ヘーゲル自身に向けられた「素朴さ」という言葉を用いて、シュルツェに切り返すために、『精神の現象学』に書き込まれた叙述だったのではないか、ヘーゲルにしてみればシュルツェ批判のつもりであったのではないか、と考えられるのである。

とはいえ、そのことをシェリングも理解していたとしても、既にシェリングとヘーゲルは、思想を共有できる境位にはいなかったはずである。ただ確かなことは、シュルツェに対するヘーゲルによる再反論の音調が、『精神の現象学』から、そして微かに『エンツュクロペディー』からも聴き取れるということである。『エンツュクロペディー』で、〈学問においては無前提性が先行されるべきだという要求〉が斥けられた背景に、以上のようなイェーナ時代におけるシュルツェやラインホルトとの論争の残照を見ることができるであろう。

『エンツュクロペディー』という名の書物を、ヘーゲルに先駆けて一八一四年に世に出した人こそ、シュルツェその人であった。第二版が一八一八年、第三版が一八二四年に刊行されている。たとえば、次のような叙述がある。「古代の懐疑論は、単に、往時の独断論者たちが学問においてなした努力の挫折に基礎づけられているだけではない。むしろ、我々の本性の仕組みにすべての人間の認識が依存していることを引き合いに出すことによって、正当化されるものであった。本性の仕組みに依存することで、人間の認識は、ただ、何か主観的に妥当するものだ、としてしか見ることができない、これに対して近代の懐疑論は、自らの攻撃を、とりわけ形而上学に向けて、哲学のこの部門の学説の基礎づけに応用される諸原理の不確実性を呈示しようとするのである」(EdpW. 17f.)。こうしたシュルツェによる懐疑論把握にヘーゲルは、そもそも懐疑論をもって哲学への緒論とするのでは具合が悪いとの思いを強くしたに違いない。

シュルツェの側では、ヘーゲルに対して、反応を控えている。いや、それどころではない。「我々はこれまで、人間の認識の起源について、人間の認識における真なるものについて、近年提起されている諸体系に即して、たとえそれらが希有の才能の成果であろうと、真理を求める熱心な要求によってその教養形成を獲得したものであれ、多大な不完全性を残していることを指摘してきた」(EdpW, 313)と総括しているが、カント、フィヒテ、シェリングについての論及は多いものの、ヘーゲルについてはその名は挙げられていない。参考文献表にすら、無視するかのように、その名は出てこないのである。

結語　弁証法的思惟の原像

ヘーゲルをして、シュルツェに対する論駁的な態度を、根深いほどにまでとらせたものは何であったのだろうか。もとより、ヘーゲルと知己を結んだニートハンマーが、セクストス・エンペイリコスの『ピュロン哲学綱要』を独訳しているので、ヘーゲルには古代懐疑論の素養が早くからあったのは確かである。(5) それだけではない。ヘルダーリンが一七九五年九月四日付でシラーに宛てた書簡に、次のように「合一哲学」の構想について語っている箇所がある。「絶対的なものにおける主観と客観の合一は、なるほど美学的に、知的直観においては可能ではありますが、理論的には、平方根が極限に近づくのと同様、無限に接近することによってのみ可能だ、ということを小生は示そうと試みております。また思惟の体系を実現するためには、行動の体系にとってそうであるのと同様、不滅性が必須になることを、示そうと試みております。それによって、どの程度まで懐疑論者たちが正しいか正しくないか、証明できると思います (StA, VI-1, 181)。

シラーが『人間の美的教育についての書簡』の第六書簡で指摘していた近世の宿痾とも言うべき「分裂」、「分かたれた人生行路 (getrennte Bahnen)」(Schiller, 586) を通って教養形成を積まざるを得ない宿命、これを克服する「合一」に寄せる思いは、親密な魂を引き寄せ、「合一哲学」の構想が思潮へと合流する。一七九六年二月二四日付のニートハンマー宛書簡でヘルダーリンは、『人間の美的教育についての新書簡』の構想を書き送る。「哲学的な書箇において、私は、私たちがそのなかで思索し、生存している分離（Trennung）を私なりに説明する原理を見出そうと思います。しかしながら、この原理はまた、対立抗争（Widerstreit）を、つまり、主体と客体との間の、私たちの〈自己〉と世界との間の、それだけでなく理性と啓示との間の対立抗争を、私たちの実践理性の助けを借りずに、理論的に知的直観において消滅させることができるものとなりましょう。そのために私たちに必要なのは、美的な感覚です。私は私の哲学的書簡を、『人間の美的教育についての新書簡』と名づけるでしょう」（StA. VI-1, 203）。

この頃のヘルダーリンの思索からは、フィヒテへの感激とともに、そのフィヒテ哲学の克服を目指す意図が看て取れる。そしてイェーナで知り合って以来、ヘルダーリンと魂の交わりをもつことになったイザーク・フォン・ジンクレーア、精神の薄明に閉ざされた詩人を親身になって世話をしたヘルダーリンにとって最も身近な人、ヘーゲルも信頼を寄せていた共通の友人、イザーク・フォン・ジンクレーアその人こそ、一七九五年頃に「合一哲学」の構想をヘルダーリンと共有するとともに、実は、分離を克服する論理においてはヘルダーリンを超え、そしてヘーゲルに先駆けて懐疑論について思索をめぐらせていたのである。そこには、合一に到る前提として、矛盾や分離が捉えられていた。

「自然的な反省は、意識から始まる。懐疑的な反省は、我々の精神における矛盾から始まる。構成する学的な反省は、懐疑的な反省が認めるものから始まる。懐疑的な反省が主張するのは、非我における多様なものが、規定する自我の所産だ、ということである。しかしながら、自我が非我を対置するということを懐疑的な反省は否定しない。したがって、自然的な反省の第二の所産は、学的な提起において、自我は自らを非我に対置する、というように規定されなければならない。／哲学は、超越的であることなしに、意識を超出することができる。しかし哲学は、ただ否定的に対処するに違いない」（Hannelore Hegel: Isaak von Sinclair zwischen Fichte, Hölderlin und Hegel. 250）。分離や矛盾を認識することが、合一への前提になるという強い意志のようなものが感じられる思索である。「生き生きとした矛盾を叙述すること、というのは、しかし、こうした誤謬に陥ることではない。人は、ただ、この最も単純な分離をもって、存在するべき和合に矛盾するのではなく、ただ、存在している和合に矛盾しているだけである。すなわち、人は、分かたれた一つのものを、他のものに対して分かたれて現存在しているものとして、措定するであろう。が、しかし、いわば懐疑論者がするように、佇んでいるのではない」(Ebenda., 267)。懐疑論を克服して、矛盾のさなかにあっても生きてゆくという、しなやかな姿勢が漲っている。

これに対してヘルダーリンは、矛盾や分離に積極的な意義を見出すことができなかった。『ヒュペーリオン』の「最終前稿序文」(一七九五年秋～冬)における「離心的人生行路(eine exzentrische Bahn)」では、子ども時代から成年へと遍歴するなかで、「魂の一致」は喪われ、「平安な世界のヘン・カイ・パン」から引き裂かれてしまったとして、「私たちの〈自己〉と世界とのあの永遠の抗争を終わらせ、(……)私たちと自然とを合一して、一つの無限な全体」(StA. III, 236)を回復することが希求されたのである。これは、根源的な自然、傷のない無垢な生への復帰の思想である。帰り来ぬ親しき世界への帰一を願ったヘルダーリンは、近代の病弊をめぐって思索の荒野を彷徨い、親しき人たちとの別離に苦悩し、生きて精神の夜の虜囚となった。

一八〇一年の冬、イェーナ大学での最初の講義である「哲学入門」で、学生たちに次のように語った時に、ヘーゲルの心胸を去来したのは、ヘルダーリンに対する思いではなかっただろうが、「哲学の欲求の一般的なものに関しては、私たちは、哲学は人生に対してどのような関連をもつのか、という問いに対して答える形で、それを明確にしたいと思います、その問いは、どの程度哲学は実践的であるか、という問いと一つです。なぜなら、哲学の真の欲求は、他でもありません、哲学によって、哲学を通して、生きることを学ぶことを目指すからです」

（GW. V. 261）。概念の労苦の半ばにして倒れた友の思索のあとを承けて、自分は哲学的思索を貫徹することで生き抜いて、分離、矛盾を克服するという決意が響いてくる言葉でもある。そして、その方法論が弁証法であった。

ところがシュルツェは、一八〇五年の論稿で、「弁証法的な小手先の技」（Trans. u. Spek. 382）を弄する思弁的独断論にこそ懐疑論は対抗するとした。小技が生み出す幻惑を懐疑論が破壊したなら、人間が「自然の声」を聴解できるようになると、ヘーゲルを揶揄したのである。「懐疑論は人間を、その本当の故郷へと誘ない、結局のところ、独断論を、いかに完全な技術であろうと完全に無力化したあとで、もう一度自然（Natur）に帰るのである」（Trans. u. Spek. 382）。魂の故郷を目指して、そこへ行きつくことができなかったヘルダーリンに代わって、自らが哲学的思索を貫徹するなかで、統一の回復への理路を拓こうとして「弁証法」の具体化に苦闘していたヘーゲルにしてみれば、生涯、決して許すことのできない言葉であったのかもしれない。

「死を耐え忍び、死の内に自らを保持する生こそ精神の生である。精神がその真理を獲得するのは、ひとえに精神が絶対的な分裂において自分自身を見出すからである」（GW. IX. 27）。『精神の現象学』で、意識が、自らの相対性を徹底的に自己否定することを貫徹して生き延びることを、精神の自己分裂からの回復として捉え返した（Vgl. GW. IX. 112）時、ヘーゲルにとってそれは、弁証法的否定を貫徹する論理を、自らの青年期の疾風怒濤を生き抜いて、思弁的理性に内在させて『精神の現象学』を構築するに到ったことを、アポロに撃たれ、今は精神の闇の帳の中に閉ざされた友に伝える言葉でもあったに違いない。

註

（1）『ヘーゲル論理学研究』創刊号（一九九五年）には、小坂田英之・木村博・黒崎剛・藤田俊浩氏らによる解説と訳、

「G・W・F・ヘーゲル『一八一七年の論理学と形而上学講義』について」が収載されている。

（2）「懐疑論論文」については、二律背反論とも併せて立ち入って考察した拙論、「懐疑と否定——ヘーゲル『懐疑論論文』の研究」（東北大学哲学研究会刊、『思索』一三号、六一～七九頁、一九八〇年）を参看賜われば幸甚である。

（3）セクストス・エンペイリコス『ピュロン主義哲学の概要』金山弥平・金山万里子訳、京都大学学術出版会、一九九八年、一〇二頁。

（4）拙著『ドイツ観念論の歴史意識とヘーゲル』（知泉書館、二〇〇六年）の第八章、「懐疑の自己実現と無限性——講義と著作を通してイェーナ期ヘーゲルを貫いたモチーフ」では、この経緯をより詳細に論じたので、参看賜れば幸甚である。

（5）拙論、「懐疑論は、生まれ変わった木の葉のように哲学の島を目指す知の小舟を難破させる岩礁か？」（加藤尚武編『ヘーゲルを学ぶ人のために』世界思想社刊）四七頁を参照賜れば幸甚である。

付　記

本稿の成稿にあたり、Kurt Rainer Meist: »Sich vollbringender Skeptizismus«. G. E. Schulzes Replik auf Hegel und Schelling. in: Transzendentalphilosophie und Spekulation 2. hrsg. von Walter Jaeschke (Meiner)（栗原隆訳「自己実現する懐疑——G・E・シュルツェによる、ヘーゲル及びシェリングに対する再反論」、高山守・藤田正勝監訳『論争の哲学史』、理想社、三四九～四二一頁）から、執筆の機縁を得た。

あとがき

本を出版していただくたびに、不思議な人の縁というものに感じ入る。本書『ドイツ観念論からヘーゲルへ』を未來社から上梓するにあたっては、その縁は二〇年以上前に遡る。

一九九一年の春まだ浅い頃だったと思う。加藤尚武先生と一緒に、ヘーゲルの『懐疑主義と哲学との関係』を刊行していただくことになっていた未來社の西谷能英社長を、詰めの打ち合わせのために訪ねたのである。その時の筆者は、まだ神戸で、神戸大学の助手を辞して以降の、身過ぎ世過ぎの生活を送っていて、海のものとも山のものとも分からない状態だった。ところが、西谷社長は、「いずれ栗原さんの本を出しましょう」と仰ってくださったのだ。びっくりしたのは筆者自身である。未來社と言えば、日本のヘーゲル研究を世界水準へと引き上げた革命的な書物である、加藤先生の『ヘーゲル哲学の形成と原理』(一九八〇年)や『哲学の使命』(一九九二年)など、良心的かつ良質の書物を世に送る出版社だと思っていたからである。

幸い、新潟大学に職を得ることができ、研究者としての経歴をスタートさせてからは、安定したペースで論文を書くことができたが、未來社から出していただくのなら、論文集というよりは、もっとまとまりのある、一冊を通して完結するテーマのものを、と思っていただけに、なかなかイメージどおりの研究が展開できないままに、いつしか二〇年が経ってしまっていた。一連の、手ごたえのあるまとまった論考を書き上げることができて、出版を依頼するために西谷さんに再度お目にかかった時、一九九一年のことを覚えておいでであったことにも驚いた。

本書のタイトルである『ドイツ観念論からヘーゲルへ』は、さらに遡って、筆者が神戸大学大学院博士課程に在学当時、故清水正徳先生のご指導を受けながら、公私の分け隔てのないお世話を賜っていた頃にまで戻る。先生の研究室で、銘酒で気合を入れながら、いろんなお話をうかがうことができた、そういう会話のなかで、「君がやがて出す本のタイトルはやなぁ、『ドイツ観念論から「精神現象学」へ』がいい。ぼくが揮毫してあげるよ」と仰ってくださったのだ。このお言葉も実に示唆的で、まだその頃は、ヘーゲルの「懐疑論論文」や「信と知」を理解するために、シュルツェやヤコービ、そしてラインホルトなどを繙き始めた段階だったからである。その後はそういう方向性へと研究を進めて、ヘーゲル自身の哲学的な経験を追体験するために、いつしかドイツ観念論の思潮の中にヘーゲル哲学のモチーフを探るような研究スタイルを自覚するようになったのは、新潟に赴任してからのちのことである。清水先生には、あれだけお世話になっていながら、ご恩返しなどままならないままだったことが悔やまれる。筆者の最初の単著、といってもわずか七〇頁のブックレット『新潟から考える環境倫理』(新潟日報事業社、二〇〇二年)を差し上げた時には、「単著やないか！」と喜んでくださっただけに、本書をご覧いただけたら、どんなに喜んでくださったことかと偲ばれる。

本書に収録した論考は、本書全体で、ドイツ観念論がどのようにして発生して、どのように『精神の現象学』へと収斂していったかを明らかにする一つの研究になるよう、新潟大学に赴任するきっかけともなった一九九〇年の「事実から事行へ」から、二〇一〇年に『思索』(東北大学哲学研究会刊)に発表した「信念と懐疑――ヤコービによるヒュームへの論及とドイツ観念論の成立」までの、一〇篇の論考から成っている。それぞれの初出は、その一部が「はじめに」へと転用された論考も含めて掲げると、次の通りである。

はじめに　「意識の事実と観念論の基礎づけ」（日本フィヒテ協会編『フィヒテ研究』一八号、二〇一〇年、二三〜三八頁）
第一章　「信念と懐疑――ヤコービによるヒュームへの論及とドイツ観念論の成立」（東北大学哲学研究会編『思索』四三号、二〇一〇年、三一〜五〇頁）
第二章　「ヤコービ／ヘルダー」『哲学の歴史　7』（中央公論新社、二〇〇七年、二二〇〜二五七頁）
第三章　「ヘーゲルとスピノザ――実体と主体」（『知の教科書　ヘーゲル』講談社選書メチエ、二〇〇四年、四四〜六一頁）
第四章　「合理化と神秘化」（シェリング協会編『シェリング年報』一七号、二〇〇九年、四八〜五八頁）
第五章　「虚無への供物としての知――フィヒテのニヒリズムに対するヤコービの批判」（『ドイツ・ロマン主義研究』御茶の水書房、二〇〇七年、三五四〜三七五頁）
第六章　「事実から事行へ――ヘーゲルによるシュルツェ批判、クルーク批判の前哨」（『講座　ドイツ観念論　5』弘文堂、一九九〇年、五五〜九五頁）
第七章　「表象もしくは象が支える世界と哲学体系――知的世界を構築する神話としての〈基礎付け〉と自己知の体系」（『ヘーゲル体系の見直し』理想社、二〇一〇年、四一〜六一頁）
第八章　「意識と無――シュルツェとドイツ観念論」（日本ヘーゲル学会編『ヘーゲル哲学研究』一二号、二〇〇六年、一二四〜一三八頁）
第九章　「精神と世界――歴史的世界を創建する神話としての超越論的観念論」（日本ヘーゲル学会編『ヘーゲル哲学研究』一四号、二〇〇八年、七一〜八五頁）

第十章　「懐疑と思弁——ヘーゲル弁証法の原像と彫琢」（ヘーゲル論理学研究会編『ヘーゲル論理学研究』第七号、二〇〇一年、二一〜三七頁）

こうして見ると、以前の論考は『ドイツ観念論の歴史意識とヘーゲル』（知泉書館、二〇〇六年）に収められたとはいえ、ここ数年のうちに書かれた論考がほとんどであることに、我ながら驚かされる。還暦を前にして、生産性を維持できているのは、二〇〇四年以降、科研費を受託して、共同研究を展開することができたことが大きかったと実感している。二〇〇四年から二〇〇五年にかけて、科学研究費補助金（基盤研究A）を受託して、「芸術終焉論の持つ歴史的文脈と現代的な意味についての研究」を、二〇〇六年から二〇〇七年にかけては、科学研究費補助金（基盤研究B）を受託して、「『新旧論争』に顧みる進歩史観の意義と限界、並びにそれに代わり得る歴史モデルの研究」を、二〇〇八年から二〇一〇年にかけては、科学研究費補助金（基盤研究B）を受託して、「空間における形の認知を介した『主体』の存立の基底に見る感覚の根源性についての研究」を、東北大学大学院で学んだ時のように、加藤尚武先生を中心に、三〇年以上にわたって加藤シューレの絆となって筆者を支えてくださっている座小田豊さんをはじめ、変わることのないご厚誼を賜っている伊坂青司さん、そして、新潟大学で同僚だったという以上に筆者を導いてくれている山内志朗さん、神戸大学ですれ違いに終わった無念の思いを新たに共同研究を進めるなかで実らせることを願っている小田部胤久さん、といった気の置けない方々と共同で展開できたことによって、持っている以上の力が筆者に与えられたように思う。したがって、共同研究の成果として本書が生まれたと言っても過言ではない。縁こそ力であると、感謝とともにあらためて感じ入る次第である。

思い起こせば、幾度も研究を断念せざるを得ないような状況に瀕しながらも、非力であるにもかかわらず、一つの研究をまとめるまでに筆者がやってこれたのは、いろんな局面でそのつど苦境のなかを導いてくださった多くの方々に、そして運のめぐりに助けられてきたことが大きい。あらためてお名前を挙げることはないまでも、そうした方々に心から感謝の意を捧げるものである。

西谷能英さん、そして高橋浩貴さんに原稿を託してからの、入念・緻密な編集作業に驚いた、というのも正直な気持ちである。本書に収められた論考は、もともとは別々の媒体に、それぞれの課題に応える形で、スタイルも幾分違う形で書き上げられていた。もし、本書が統一ある構成のもとで、ヘーゲルが経験したドイツ観念論を明らかにするという一貫したスタンスを採ることに成功しているとしたら、その多くは、西谷さん、高橋さんの編集作業のお蔭であることを告白しなければならない。あらためて、未來社から刊行していただけたことに感謝する次第です。

そして、筆者のドイツ観念論研究に目を留めてくださった読者の方々には、筆者の更なる励みになることから、まだまだ研究を先へと進めてゆこうとしている筆者に、忌憚のないご意見をお寄せくださるよう念じながら、篤くお礼を申し上げます。

二〇一一年二月春の兆しのなかで

栗原　隆

人名索引

近世の哲学者にのみ、スペルと生没年を書き加えた。

ア行

アイネシデモス　146
アスト, F.（Friedrich Ast: 1778-1841）　240–242, 244
アビヒト, J. H.（Johann Heinrich Abicht: 1762-1816）　232
アリストテレス　233, 242, 243
アルケシラオス　214, 220, 265, 266, 268
ヴィーラント, C. M.（Christoph Martin Wieland: 1733-1913）　140
ヴォルテール（Voltaire, 1694-1778）　15, 16
ヴォルフ, C.（Christian Wolff: 1679-1754）　58, 232, 234
エーネジデムス＝シュルツェ　146–149, 151, 173, 179, 195, 201, 202, 207, 209

カ行

加藤尚武　13, 170, 276
カント, I.（Immanuel Kant: 1724-1804）　13–15, 18, 21–24, 27, 28, 33, 35, 36, 38–40, 43, 45, 74, 95, 99, 100–107, 109, 115–119, 128, 130–133, 138, 140–143, 146–150, 156–160, 165, 166, 169–178, 182, 190, 193, 197, 201–203, 207, 223, 229, 243, 249, 251, 253, 256, 271
カンパネッラ　243
クルーク, W. T.（Wilhelm Traugott Krug: 1770-1842）　13, 137–139, 166–169, 176, 207
クロイツァー, C. A. L.（Christian Andreas Leonhard Creuzer: 1768-1844）　160, 161, 176
ゲーテ, J. W. v.（Johann Wolfgang Goethe: 1749-1832）　43, 46, 47, 51, 59, 60
コンディヤック（E. B. de Condillac: 1715-1780）　16

サ行

シェリング, F. W. J.（Friedrich Wilhelm Joseph von Schelling: 1775-1854）　22, 41, 42, 50, 66, 72, 75–79, 86, 87, 95, 99, 109, 110, 130, 137, 178, 179, 184, 185, 187, 216, 218, 220, 221, 223, 224, 227–229, 232–234, 242, 248, 249, 261–264, 269–271
ジャン・パウル（Jean Paul: 1763-1825）　124
シュヴァーブ, J. C.（Johann Christph Schwab: 1743-1821）　232, 233
シュトール, G. C.（Gottlob Christian Storr: 1749-1821）　99–102
シュミット, C. C. E.（Carl Christian Erhard Schmid: 1761-1812）　138, 139, 157, 158, 161–165, 169, 170, 175, 176
シュルツェ, G. E.（Gottlob Ernst Schulze: 1761-1833）　13–15, 17, 18, 22, 25, 28–30, 32, 40, 137–139, 152–156, 166, 167, 173, 180, 181, 183, 184, 195, 196, 201–223, 248–254, 256, 258, 260, 263–267, 269–272, 275, 276
シュレーゲル, A. W.（August Wilhelm Schlegel: 1767-1845）　120, 229
シュレーゲル, F.（Friedrich Schlegel: 1772-1829）　120, 224–231
シラー, F.（Friedrich Schiller: 1759-1805）　272

ジンクレーア, I. von（Isaak von Sinclair: 1775-1815）　273
ステファニー, H.（Heinrich Stephani: 1761-1850）　174, 201
スピノザ, B. de（Baruch de Spinoza: 1632-1677）　13, 14, 18, 41–44, 47–69, 71–92, 121, 126, 127, 131, 192, 195, 197, 228, 262
セクストス・エンペイリコス　249, 250, 265, 272, 276
ソクラテス　65, 121

タ行

チェセルデン, W.（William Chesselden: 1688-1752）　16, 18
ディドロ, D.（Denis Diderot: 1713-1784）　46
デカルト, R.（René Descartes: 1596-1650）　23, 61, 62, 68, 69, 197, 202
テンネマン, W. G.（Wilhelm Gottlieb Tennemann: 1761-1819）　254
鳥居修晃　18
トロクスラー, I. P. V.（Ignaz Paul Vital Troxler: 1780-1866）　248

ナ行

ニートハンマー, F. I.（Friedrich Immanuel Niethammer: 1766-1848）　77, 106, 113, 174, 272
野田又夫　195

ハ行

ハイデガー, M.　243
バウムガルテン, A. G.（Alexander Gottlieb Baumgarten: 1714-1762）　234
バークリー, G.（George Berkeley: 1985-1753）　18, 24
バッゲセン, J. I.（Jens Immanuel Baggesen: 1764-1826）　120, 166
ハーマン, J. G.（Johann Georg Hamann: 1730-1788）　44
バルディリ, C. G.（Christoph Gottfried Bardili: 1761-1808）　41, 170
ヒューム, D.（David Hume: 1711-1776）　14, 15, 18, 22, 25–27, 30, 31, 33–35, 37, 147, 148, 198, 207, 251–254, 256
ピュロン　26, 31, 255, 266
フィヒテ, J. G.（Johann Gottlieb Fichte: 1762-1814）　41, 42, 44, 48, 65, 66, 73–76, 85–87, 99, 103, 104, 106–108, 112, 113, 116–125, 127–133, 137–139, 150–156, 160–166, 169, 170, 173–176, 185–190, 192–197, 201, 202, 206–212, 229–231, 239, 244, 249, 269, 271, 273
フォーベルク, F. K.（Friedrich Karl Forberg: 1770-1848）　106, 107, 113–116, 118, 119
フラット, J. F.（Johann Friedrich Flatt: 1759-1821）　150
プラトン　240, 249, 250, 267
ブルーノ, G.（Giordano Bruno: 1548-1600）　72
ヘーゲル, G. W. F.（Georg Wilhelm Friedrich Hegel: 1770-1831）　13–15, 18, 21, 41, 42, 50, 66, 69, 71, 72, 75–92, 95–99, 101–105, 108, 111, 129–133, 137–139, 166–170, 176, 186, 188–194, 197, 202, 207, 212–223, 228, 236, 239, 240, 242, 244–250, 256–276
ベッツィガー, K. A.（Karl August Böttiger: 1760-1835）　175
ヘルダー, J. G.（Johann Gottfried Herder: 1744-1803）　15, 41–48, 59, 61–65, 68, 69, 83
ヘルダーリン, J. C. F.（Johann Christian Friedrich Hölderlin: 1770-1843）　42, 66, 72–74, 77–

79, 91, 167, 272–275
ヘンリッヒ, D.　194

マ行

マイモン, S.（Salomon Maimon: 1753-1800）　40, 138, 179–182, 184, 187–189, 194–197, 202, 254
宮田眞治　244
メンデルスゾーン, M.（Moses Mendelssohn: 1729-1786）　32, 38, 40, 42, 44, 47–58, 60, 62, 72, 83, 95–97, 104, 107, 110, 112, 126, 194, 228
モリヌー, W.（William Molyneux: 1656-1698）　16, 46

ヤ行

ヤコービ, F. H.（Friedrich Heinrich Jacobi: 1743-1819）　14, 15, 18, 22, 32–44, 47–55, 58, 60, 61, 63–68, 72, 74, 78, 80, 84, 91, 92, 107, 108, 112, 120–133, 189–193, 197, 215, 228, 248, 249
山口祐弘　243

ラ行

ラーヴァター, J. K.（Johann Kaspar Lavater: 1741-1801）　119
ライプニッツ, G. W.（Gottfried Wilhelm Leibniz: 1646-1716）　26, 56–58, 61, 66, 83, 84, 232–234
ラインホルト, K. L.（Karl Leonhard Reinhold: 1758-1823）　14, 15, 18, 22, 25–32, 40, 41, 44, 82, 83, 85, 95, 120, 128, 137–148, 150–155, 158–161, 166–175, 178–185, 187–189, 191, 193, 196, 201–203, 205–211, 232–234, 244, 249, 251, 254–256, 260, 268, 271
リード, T.（Thomas Reid: 1710-1796）　14, 18, 36–38
ルソー, J. J.（Jean-Jacques Rousseau: 1712-1778）　43, 230
レッシング, G. E.（Gotthold Ephraim Lessing: 1729-1781）　43, 44, 46–49, 51–55, 57, 58, 62–64, 66, 68, 72, 83, 84, 86, 95–98, 228, 243
レーベルク, A. W.（August Wilheim Rehberg: 1757-1836）　229
ロック, J.（John Locke: 1632-1704）　16, 26, 35, 46, 198

書名索引

ア行

カ行

サ行

タ行

ナ行

ハ行

ヤ行・ラ行

著者紹介

栗原 隆（くりはら・たかし）

1951年11月、新潟県生まれ。

1979年3月、東北大学大学院文学研究科（博士前期二年の課程）修了。

1984年3月、神戸大学大学院文化学研究科（博士課程）修了、学術博士。

神戸大学大学院助手、神戸女子薬科大学講師を経て、1991年4月から新潟大学教養部助教授。現在、新潟大学人文学部教授。（近世哲学・応用倫理学専攻）

主要著書
『新潟から考える環境倫理』（新潟日報事業社、2002年）
『ヘーゲル――生きてゆく力としての弁証法』（ＮＨＫ出版、2004年）
『ドイツ観念論の歴史意識とヘーゲル』（知泉書館、2006年）
『芸術の始まる時、尽きる時』（編著、東北大学出版会、2007年）
『人文学の生まれるところ』（編著、東北大学出版会、2009年）
『空間と形に感応する身体』（共編著、東北大学出版会、2010年）
『現代を生きてゆくための倫理学』（ナカニシヤ出版、2010年）
『共感と感応――人間学の新たな地平』（編著、東北大学出版会、2011年）
他

主要訳書
Ｇ・Ｗ・Ｆ・ヘーゲル『懐疑主義と哲学との関係』（加藤尚武・門倉正美・栗原隆・奥谷浩一訳、未來社、1991年）
Ｇ・Ｗ・Ｆ・ヘーゲル『イェーナ体系構想』（加藤尚武監訳、座小田豊・栗原隆・滝口清栄・山﨑純訳、法政大学出版局、1999年）
他

ドイツ観念論からヘーゲルへ

発行――二〇一一年三月三十日　初版第一刷発行

定価――(本体三八〇〇円＋税)

著　者――栗原　隆

発行者――西谷能英

発行所――株式会社　未來社

〒112-0002 東京都文京区小石川三―七―二
振替〇〇一七〇―三―八七三八五
電話・代表〇三―三八一四―五五二一
http://www.miraisha.co.jp/
Email:info@miraisha.co.jp

印刷――精興社

製本――榎本製本

ISBN 978-4-624-01183-3 C0010

（消費税別）

ヘーゲル著／加藤・奥谷・門倉・栗原訳
懐疑主義と哲学との関係
「懐疑主義論文」として有名な標題論文をはじめ、同時代の哲学的傾向へのポレミカルな批評的論文三篇を訳出・収録。完璧な訳注を付し、難解なヘーゲル哲学論文を蘇生させる。
二八〇〇円

ヘーゲル著／田辺振太郎ほか訳
論理学・形而上学〔新装版〕
〔ヘーゲル哲学大系初期草稿1〕ヘーゲルのイェーナ草稿と呼びならわされているラッソン版のなかの「論理学」「形而上学」部分。巻末にラッソンの解釈を付す。
四八〇〇円

加藤尚武著
ヘーゲル哲学の形成と原理
〔理念的なものと経験的なものの交差〕ヘーゲルを「経験の哲学者」として捉え、従来のヘーゲル像を一八〇度転回させることによって概念を明確にし、その哲学を具体化する。山崎賞受賞。
三二〇〇円

加藤尚武著
哲学の使命
〔ヘーゲル哲学の精神と世界〕ヘーゲルとともに近代をめぐるさまざまなアポリアを抉り出し、今日の哲学の使命である新たな「知識の見取図」を構想する加藤哲学会心の達成。和辻賞受賞。
三三〇〇円

加藤尚武著
二十一世紀のエチカ
〔応用倫理学のすすめ〕先端医療における生命の質と尊厳を問い、地球環境の危機への人類の対処を模索する。来たるべき世紀の倫理を見つめ、新たな「学」の誕生を告知する書。
一八〇〇円

岩佐茂・島崎隆・高田純編
ヘーゲル用語事典
ヘーゲル哲学の主要な用語九四項目を選び、七つの大きな主題別ブロックのなかに配置し平明な解説を加えた意欲的な「読む事典」。年譜文献解説なども収録したヘーゲル哲学案内。
二八〇〇円